戦後政治史 第四版

石川真澄 Masumi Ishikawa
山口二郎 Jiro Yamaguchi

岩波新書
1871

第四版　まえがき

本書は、二〇一〇年に発行された第三版に、その後の約一〇年の政治の展開を記述する章を追加したものである。第四版でも、著者・石川真澄氏が述べたように、日本政治を論じるのではなく、出来事をコンパクトに記述することを第一義としたつもりである。ただ、まえがきでは個人的な感懐を述べることをお許しいただきたい。

石川氏による初版が出版されたのは戦後五〇年の一九九五年であった。それから二五年の歳月が経過し、戦争を経験したことのない世代が国民の圧倒的多数を占める今、「戦後」という言葉の意味も変化しているように思える。戦後とは、単なる時代区分ではなく、ある種の理念や信条を含む規範的な言葉であるという前提を、石川氏(一九三三年生まれ)と私(一九五八年生まれ)は共有していた。その理念は憲法前文に書かれている通り、「政府の行為によって再び戦争の惨禍が起ることのないよう」にすべきということである。

コロナ禍による引きこもり生活の中、戦後七五年に当たる二〇二〇年八月、私はネット配信で『軍閥』(堀川弘通監督、東宝、一九七〇年)、『戦争と人間　三部作』(山本薩夫監督、日活、一九七

○―七三年）など、半世紀前の戦争映画を見た。映画を見て、自分たちは戦争で死んだ学徒兵の無念を背負って学問をする最後の世代だと感じた。そのことが戦後の理念を受け継ぐということであろう。それを次の世代に引き継ぐことに本書が役立つことは、石川氏と私の共通した願いである。

安倍晋三政権の下で憲法九条の改訂が実現していれば、「ここに戦後政治は終わった」という結語で『戦後政治史』の最終版を書かなければならないのかと危惧した時期もあった。しかし、ともかく新しい版を出すことができ、安堵している。これからも「戦後」の政治が続くことと祈るばかりである。

なお、国政選挙のデータに関しては、法政大学兼任講師の及川智洋氏にお世話になった。深く感謝したい。また、岩波書店の小田野耕明氏には行き届いたご配慮をいただきお礼申し上げたい。

二〇二一年一月

山口二郎

新版　はじめに

この本は一九九五年一月に出た旧版に、以後の約一〇年分を北海道大学の山口二郎教授が書き足してできたものである。本来、旧版著者の義務であるそのような仕事を、筆者が体調不良と聞き、的確な内容を、しかも猛烈なスピードで増補していただいたことに、まず深く御礼を申し上げねばならない。まさに、「六分の俠気、四分の熱」の友人によって、この著書の命はつながったことになる。

今から六〇年ほど前、一九四五年の日本敗戦の日、私(石川)は旧制中学の一年生であった。したがって戦後六〇年はほぼ全期間が私の生きてきた時間に重なる。とりわけ最初の一〇年が一二歳から二二歳までであったことは個人的に重要であったと思える。

たとえば日本国憲法である。私たちは学校で英和対訳の副読本を与えられ、まだ中学生なのに英語を主にして憲法を教わった。当時、占領軍に「押し付け」られたことは新聞やラジオではタブーだったのだろうが、教師は平然と「これはもとが英語だから英語で勉強しましょう」と言ってはばからなかった。それこそが戦後教育の根本欠陥だといきり立とうとする人々にぜひ知ってほしいのだが、当時、日本政府が用意した憲法改正案（松本烝治・憲法担当相甲、乙案）も世間に知られていて、「押し付け」の日本国憲法案が民衆にとってどんなに素晴らしいものであるかは教師に教わらずとも分明であったということである。戦後も初期はそういう時代であった。

大学を出たあと私は新聞記者になり、勤めた会社で「六〇年安保」の翌年、政治部に所属させられた。爾来、一九九六年三月の誕生日に定年を迎えた当日まで、新聞社内の持ち場は幾つか変わったが、ほぼずっと政治記者として書き続けた。

日本の新聞社の「政治部」については、丸山眞男氏の「正しくは「政界部」と呼ぶのがふさわしい」（『現代政治の思想と行動（上）』未来社、一九五六年、傍点原文、のち『丸山眞男集』第六巻、岩波書店、一九九五年）との痛烈な批評がある。私はいつもそれをかなり気にしながら仕事をしてきたが、批判はともかく、この職業についた者が政界の出来事を相当にこまごまと見聞できることは確かであった。事実の記録というより、その事実の背景となった人々の気分や雰囲気などを実感することができたのである。そして幸いに、若いときから年寄りの政治家とつきあうので、古い話も聞くことができたし、こちらが歳をとると、今度は若い政治家たちから刺激をうけることにもなる。

この本の多くの部分は、そのような政治記者だった者が書いた第二次大戦後の日本政治史である。もちろん、いくら政界を覗いていたからといっても、又聞きも含めて知っていることは膨大な事実のほんの一部である。本を書くに当たっては、当然、多くの先行記録や先学の論文などに頼らなければならなかった。それらの方々の名はいちいち挙げないが、厚く御礼申し上げたい。

この本は戦後日本政治を「論じる」ことを主な目的としていない。どんなことがあったかをコンパクトに記録することを少なくとも第一義にしている。しかしそれは、この本が石川や山口の主観から切り離されているということでは、もちろんない。まず石川の自己紹介をしたことでお分かりいただけるように、二人の経験や意識がおのずと滲み出るのを隠す気持ちもないのである。ただ、長年の習慣として、事実の文と意見の文とが、余りにも混然となってしまわないことには注意を払い、できるだけ事実を歪めないようにしたつもりである。

山口教授は私よりちょうど二五年後の一九五八年に生まれ、大学卒業後の二十余年、今日まででずっと学究生活を続けておられる。しかし、象牙の塔にこもることはけっしてなく、実際政治を精細に観察し、批評精神に溢れた多くの論文を世に問うておられることはよく知られている。その意味で、この本に前後の筆者の閲歴の違いによる違和感の全くないことを私は確信し、最適最優秀の増補を得たことに心から感謝している。

この本は内容を増補するため、旧著に約二〇ページあった「補論　民意の軌跡」を全部削除し、索引を付した。そのことで「論」ではない「史」に徹することができたと思う。それらの作業を含め、旧著から新版へのプロデュースは岩波書店の坂巻克巳氏にお願いした。実はこの本の原型は二〇年前に上梓した『データ戦後政治史』(岩波新書 黄版)であり、坂巻氏にはその時以来お世話になってきた。編集者が本を育てることにかけるエネルギーに頭の下がる思いであり、ここで三冊分の御礼を申し上げる。

二〇〇四年七月

石川真澄

著者、石川真澄氏は、この「はじめに」を書かれた直後、二〇〇四年七月一六日に長逝された。石川氏の最後の文章となった「はじめに」には、戦後の民主主義に対する思いがあふれており、胸を打たれる。石川氏が本書の刊行を見ることなく亡くなったのは残念であるが、今はただご冥福をお祈りするばかりである。

山口二郎

目次

戦後の首相一覧

	就任年月日	継続日数
東久邇稔彦	45. 8.17	54
幣原喜重郎	45.10. 9	226
吉田　茂	46. 5.22	368
片山　哲	47. 5.24	292
芦田　均	48. 3.10	220
吉田　茂	48.10.15	2,248
鳩山一郎	54.12.10	745
石橋湛山	56.12.23	65
岸　信介	57. 2.25	1,241
池田勇人	60. 7.19	1,575
佐藤栄作	64.11. 9	2,798
田中角栄	72. 7. 7	886
三木武夫	74.12. 9	747
福田赳夫	76.12.24	714
大平正芳	78.12. 7	554
鈴木善幸	80. 7.17	864
中曽根康弘	82.11.27	1,806
竹下　登	87.11. 6	576
宇野宗佑	89. 6. 3	69
海部俊樹	89. 8.10	818
宮沢喜一	91.11. 5	644
細川護熙	93. 8. 9	263
羽田　孜	94. 4.28	64
村山富市	94. 6.30	561
橋本龍太郎	96. 1.11	932
小渕恵三	98. 7.30	616
森　喜朗	00. 4. 5	387
小泉純一郎	01. 4.26	1,980
安倍晋三	06. 9.26	366
福田康夫	07. 9.26	365
麻生太郎	08. 9.24	358
鳩山由紀夫	09. 9.16	266
菅　直人	10. 6. 8	452
野田佳彦	11. 9. 2	482
安倍晋三	12.12.26	2,822
菅　義偉	20. 9.16	

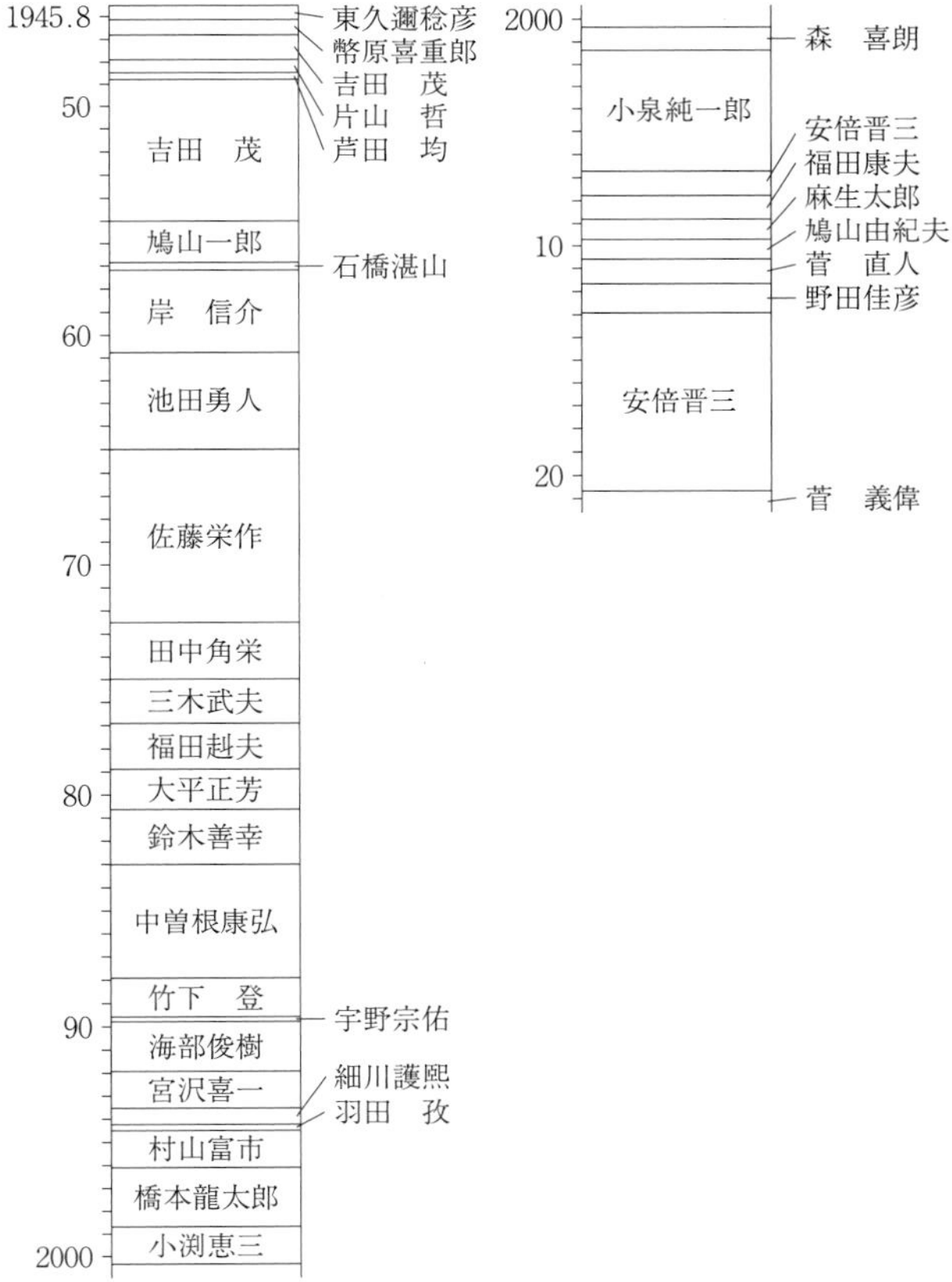
1945.8
50
60
70
80
90
2000
東久邇稔彦
幣原喜重郎
吉田　茂
片山　哲
芦田　均
吉田　茂
鳩山一郎
石橋湛山
岸　信介
池田勇人
佐藤栄作
田中角栄
三木武夫
福田赳夫
大平正芳
鈴木善幸
中曽根康弘
竹下　登
宇野宗佑
海部俊樹
宮沢喜一
細川護熙
羽田　孜
村山富市
橋本龍太郎
小渕恵三
2000
10
20
森　喜朗
小泉純一郎
安倍晋三
福田康夫
麻生太郎
鳩山由紀夫
菅　直人
野田佳彦
安倍晋三
菅　義偉

1　敗　戦

ポツダム宣言

一九四五年八月一四日、米英中ソなどの連合国と交戦中の日本政府は、「全日本国軍隊の無条件降伏」等を求めたこれら諸国によるポツダム宣言の受諾を決めた。日本国民は翌一五日正午、天皇が音盤に録音したラジオの放送で敗戦を知った。大部分の国民は、天皇の声を聞くのはこれが初めてであった。ポツダム宣言は、ドイツ・ベルリン近郊のポツダムでトルーマン米大統領とチャーチル英首相とが会談して作られ、蔣介石中華民国総統も共同で宣言することに電報で賛成して七月二六日に三国の名で発表された。スターリン・ソ連首相はこの会談に出席していたが、共同宣言には八月八日の参戦後、参加した。

御前会議

降伏は、八月九日と一四日に昭和天皇が出席して開かれた御前会議での天皇の決断によって決まった。御前会議は旧憲法にも定められていない超憲法的機関で、出席者の範囲は一定していなかった。降伏決定にとって最も重要な場面となった九日の会議には、鈴木貫太郎首相、東郷茂徳《しげのり》外相、阿南惟幾《あなみこれちか》陸軍大臣、米内《よない》光政海軍大臣、梅津美治郎《よしじろう》陸軍参謀総長、豊田副武《そえむ》海軍軍令部総長(以上、最高戦争指導会議メンバー)に平沼騏《き》一郎《いちろう》枢密院(重要な国務について天皇の諮問に答え、意見を述べる機関。正副議長各一、顧問官二四人で構成)議長が加わった。ほかに、迫水《さこみず》久常内閣書記官長（重臣岡田啓介の女婿《じょせい》。のち衆院議員、参院議員、経企庁長官）、記録をとった保科《ほしな》善四郎海軍軍務局長（のち衆院議員）らが陪席していたが、もちろん意見は言えない。

九日の御前会議に先立つ最高戦争指導会議では、宣言受諾を主張した者が首相、外相、海相、徹底抗戦派が陸相、参謀総長、軍令部総長と、三対三に分かれた。そのため天皇の異例の決断を仰ぐことになったのである。しかし、天皇の決意が生まれる背後には、内大臣（天皇の側近にあって皇室事務、国務の双方について意見を言い、御璽《ぎょじ》（天皇印）、国璽《こくじ》を保管する。また後継首相を推薦する）の木戸幸一や首相経験者の公爵・近衛文麿、海軍大将・岡田啓介、同・米内光政ら「重臣」と呼ばれた人々を中心に進められていた、反軍部の立場からの戦争終結工作があった。その工作は開戦時の東条英機内閣を前年七月に倒したあたりから形をとりはじめていた。侍従長や枢密院議長として天皇の側近にいたことのある鈴木首相も同じ考えであった。また、戦後の日本政治にきわめて大きな役割を果たす吉田茂も重臣牧野伸顕《のぶあき》の女婿で近衛らに近く、これら重臣グループに属して、工作に参加した。

国体護持

敗戦を受け入れるのにあたって、重臣たちの関心事は唯一、「国体護持」であった。その点では軍部もむろん同じであった。

国体とは、要するに「万世一系の」天皇に統治権があるとする国家の政治体系のことである。

九日の御前会議の結果を受け、政府は一〇日、ポツダム宣言の受諾を中立国を通じて連合国に打電するが、それには「宣言に挙げられたる条件中には天皇の国家統治の大権を変更するの要求を包含し居らざることの了解の下に」受諾すると書かれていた。

これに対して連合国側は、バーンズ米国務長官名で一一日付(日本政府が受け取ったのは一三日朝だったとされる)で次のように回答した。

「降伏の時より天皇及び日本国政府の国家統治の権限は……連合軍最高司令官の制限の下に置かるるものとす」「最終的の日本国の政府の形態はポツダム宣言に遵《したが》ひ日本国国民の自由に表明する意思により決定せらるべきものとす」

このうち統治権が最高司令官「の制限の下に置かるる」のくだりは、原文では「subject to(に従属する)」となっていたのを、外務省が、これでは主戦論者を刺激すると恐れてこのように訳したのだという。この文章は「天皇……の国家統治の権限は」と、天皇の権限を前提にしている、つまり暗黙のうちに認めているとする解釈も成り立つものであり、事実、米側はそれを匂わしたつもりであったことが、のちに分かる。しかし、これをめぐっても日本側の議論は沸騰し、一四日に再び「聖断」を仰いで、ようやく正式に受諾が決まった。

このように、戦争終結は重臣たちを中心としたひと握りの指導者たちによって、「国体護持」か否かだけを最大の気がかりにして実現した。この間、内閣は最高戦争指導会議の首相、外相、陸海軍相以外は、政治意思の決定に当たってほんの脇役に過ぎなかった。

厭戦気分　一般国民の中には厭戦気分もあったことが、戦後の特別高等警察(特高。思想・言論取り締まりを主任務とした警察)資料などによって知られるが、それらが広く形をとり、さらに指導層に影響を与えるということはなかった。ただ、九日の御前会議で阿南陸相が、降伏した場合には抗戦する国民がいて、内乱に至るかもしれないという意味のことを述べたのに対して、平沼枢密院議長は、食糧危機などからみて「戦争を止《や》めることよりも、続くることは却《かえっ》て国内治安の乱るることも考へ得《う》べし」と言ったことが記録されている。治安のうえからも継戦不能という形で、国民は顧みられたのであった。

帝国議会は戦争終結に向けてほとんど何の関与もしなかった。旧政党人の斎藤隆夫、植原悦二郎らが天皇の終戦決断を求める上奏を計画したが木戸に拒まれた、というエピソードが残っている程度である。

翼賛議会　戦争末期の衆議院は「翼賛議会」と呼ばれるものであった。翼賛議会を構成する議員は一九四二年四月三〇日の「翼賛選挙」によって選ばれた。

もともと衆院は、一九三七年林銑十郎《せんじゅうろう》内閣のときに行われた総選挙による議員の任期が四一年春には満了するはずだった。それを第二次近衛内閣が、日中戦争の戦時下であるという理由で一年延ばしていたのだが、東条内閣は四一年一二月八日に戦端を開いた対アメリカ・イギリス戦争での緒戦の勝利で、政府や軍の人気が高まっている機会に選挙をすることとし、政府・軍部に全面協力する議会を一気につくりあげようとした。そのため、四二年二月二三日、貴族院議員一八人をはじめ三三人の協力者を集めて翼賛政治体制協議会(略称「翼協」、会長＝阿部信行元首相・陸軍大将)をつくり、この団体が候補者を推薦する形をとった。これが政府・軍の推薦そのものであることは明らかだった。

「翼協」推薦と非推薦

「翼協」は四六六人の定数いっぱいの候補者を推薦したが、非推薦で立候補した者も六一三人に及んだ。政府は翼協推薦候補には臨時軍事費から五〇〇〇円の選挙資金を与えるなどして当選をはかり、非推薦候補の運動に対しては、警察、憲兵隊が露骨に妨害した。結果は、推薦候補が三八一人当選した。八一・八％の当選率であった。しかし、激しい選挙干渉のなか、八五人の非推薦当選者があったことも特筆できることであった。

非推薦で当選したなかには、東方会の中野正剛《せいごう》、木村武雄(のち自民党)ら、皇道会の平野力三(のち社会党、農相)、国粋大衆党の笹川良一、建国会の赤尾敏など、右翼系の人々が多数いた。しかし、戦後の保守政治を担う次のような人々も非推薦で当選した。

鳩山一郎、安藤正純、花村四郎、河野一郎、川島正次郎、芦田均《ひとし》、斎藤隆夫、星島二郎《にろう》、犬養健《たける》、三木武吉《ぶきち》、楢橋渡《ならはしわたる》、尾崎行雄、三木武夫。

また、戦後の社会党をつくった次のような人々も非推薦で当選した。西尾末広、水谷長三郎、河野密《みつ》、三宅正一、川俣清音《かわまたせいおん》。この翼賛議会が敗戦まで、形ばかりの日本の議会として存在していたのである。

2　占領と改革の開始

降伏文書調印

一九四五年八月一五日、ポツダム宣言受諾を国民に知らせて鈴木貫太郎内閣は総辞職し、後継首相には降伏・占領に対する軍の抵抗を懸念して、皇族の東久邇宮稔彦《ひがしくにのみやなるひこ》王《おう》(のち皇族を離れ東久邇稔彦)が指名された。

八月三〇日、連合軍最高司令官ダグラス・マッカーサー元帥がマニラから沖縄経由で神奈川県の厚木海軍航空隊基地に到着した。同じ日、米第一一空挺師団の輸送機一五〇機が四二〇〇人の部隊を乗せて飛来、占領が始まった(最初に日本に進駐したのは、この二日前、二八日に厚木基地に着いたテンチ大佐の率いる先遣隊一八八人)。九月二日には横須賀沖の米戦艦ミズーリ号上で降伏文書の調印式が行われた。日本側は重光葵《まもる》外相、梅津美治郎陸軍参謀総長が署名した。

日本国内、アジア各地に展開していた日本軍は、ほとんど抵抗らしい抵抗もなく、約六〇日で武装解除された。満州(中国東北部)、南樺太(サハリン)、千島列島などにいた日本軍兵士数十万人（八六万人といわれる）は、ソ連軍によって武装解除後シベリアをはじめとするソ連領内に連れ去られ、一年から数年にわたって過酷な自然と劣悪な待遇のもとに強制労働に服し、約六万八〇〇〇人が死んだ。

日本は、「本州、北海道、九州及四国並に吾等（連合国）の決定する諸小島」（ポツダム宣言）を米国によって単独占領され、同じ敗戦国のドイツのような連合国による分割占領を免れた。ソ連は参戦後に釧路と留萌《るもい》とを結ぶ線より北の北海道を占領する意向を示したが、米国が拒否したのだった。しかし、朝鮮半島の北緯三八度以北はソ連が占領した。以南は米国が占領し、ここに朝鮮分断の基礎がつくられた。

間接統治

マッカーサーは初め日本を直接に統治する軍政を布《し》こうとし、九月三日にその旨布告しようとしていた。しかし、二日にこの方針を知った日本政府の要請を受け入れ、結局、日本政府を通じた間接統治の形をとることとした。もっとも、米国の対日政策立案を一九四四年暮れから手がけていたＳＷＮＣＣ（スウンク＝国務・陸軍・海軍三省調整委員会）が、八月二二日から三一日にかけて起草した「降伏後における米国の初期の対日方針」（ＳＷＮＣＣ－一五〇／三～四。のち九月六日に大統領の承認を得て、一五〇－四／Ａの「ホワイトハウス指令」となり、九月二二日公表された）には、「最高司令官は……天皇を含む日本政府機構及諸機関を通じて其権限を行使すべし」との原則、つまり間接統治が掲げられていた。ただ、この方針も現存の政治形態を「利用せんとするものにして之を支持せんとするものに非ず」と注釈されていた。

「初期対日方針」

「初期対日方針」には、このほか、①封建的・権威主義的傾向を改めようとする「政治形態の変更は日本国政府に依ると日本国民に依るとを問はず許容せられ且《かつ》支持せられる」こと、こうした変更のために政府や国民が実力を行使しても、占領軍は自らの安全と占領目的にとって必要な場合以外は干渉しないこと、②「宗教的信仰の自由」「集会及公開討論の権利を有する民主的政党の奨励」「政治的理由により……監禁せられ居る者」の釈放など、基本的人権の保障、③財閥解体を示唆する「日本国の商工業の大部分を支配し来りたる産業上及金融上の大コンビネーションの解体」などが示されていた。占領の始まりは民主主義奨励の始まりでもあった。

この初期対日方針には、おおまかな占領政策の方向が示されていたが、同時に、こうした民主化や自由化を日本政府なり国民なりが自ら進めていくことへの期待が語られていた。もちろん、武力を背景にした絶対権力が許し、奨励する自主性にどれほどの意味があるか疑わしいが、それにしても敗戦後四〇日のころ、日本政府はほとんど「自主的」努力を放棄していた。というより、「民主」について理解することが全くといっていいほどできなかったのである。

天皇・マッカーサー会見

まず、初期対日方針が政治犯釈放を指示した四日後の九月二六日、この年三月から治安維持法違反容疑で拘留されていた哲学者・三木清が獄死した。法務大臣・岩田宙造は一〇月三日になっても、「政治犯人の釈放の如きは考慮してゐない」（九月五日付『朝日新聞』）と放言をしている。

九月二七日、天皇はアメリカ大使館にマッカーサーを訪ねた。この時、天皇が自らの戦争責任を認め、自分に関する処遇をマッカーサーに任せると述べた「潔さ」に、マッカーサーも感動したという美談が伝わった。しかし、二〇〇二年に外務省が公表した会見記録には、天皇の戦争責任に関する記述は存在しない。また、天皇・マッカーサー会談は、その後も計一一回行われた。それらの会談の中で、天皇は戦後の日本を取り巻く世界情勢や日本の安全保障のあり方について意見を表明したことが、通訳の松井明が残したメモに記されている。特に天皇は冷戦対立における共産主義の脅威に言及し、アメリカに対して日本の安全保障に関する積極的関与を求めた。また、最後の会談では、東京裁判において天皇が訴追の対象から外されたことについて、天皇はマッカーサーに感謝している。

話を四五年九月に戻せば、このとき米軍が撮った写真は、軍服だが略装の開襟シャツ姿で、腰に両手を当て、足も開き気味にゆったりと立つマッカーサーの隣に、首一つ背丈の低い天皇がモーニング姿で直立不動の姿勢をとっているものだった。勝者と敗者との対照が歴然としていた。二九日付の各新聞はいっせいにこの写真を一面トップに掲げた。ところが、内閣情報局はそれを「不敬」だとして即日発売禁止にした。ＧＨＱ（総司令部）はすぐこの措置を撤回させた。

人権指令

一〇月三日、岩田法相の政治犯釈放否認発言と同じ日、山崎巌内相はロイター通信記者に対し、「思想取締の秘密警察は現在なほ活動を続けてをり、反皇室的宣伝を行ふ共産主義者は容赦なく逮捕する、また政府転覆を企む者の逮捕も続ける」「共産党員である者は拘禁を続ける」「政府形体の変革とくに天皇制廃止を主張するものはすべて共産主義者と考へ、治安維持法によつて逮捕される」(一〇月五日付『朝日新聞』)と語った。しかし、同じ紙面には「政治犯の即時釈放　内相らの罷免要求　思想警察も廃止　最高司令官通牒」との記事がトップに掲げられていた。GHQは四日付の米軍機関紙『スターズ・アンド・ストライプス(星条旗)』に内相発言の記事が載ったのを見て、直ちに行動を起こしたのだった。

「人権指令」と呼ばれたこの命令によって、治安維持法をはじめ「思想、信教、集会、言論の自由に対する制限を確立または維持する」ための一五の法律と関係法令が廃止され、また、特高などの思想警察や内務省警保局といった機関も廃止された。そして、内相、内務省警保局長、警視総監、大阪府警察局長、道府県警察部長、大都市の警察部長、都道府県警察部特高課の全課員ら約四〇〇〇人が罷免・解雇された。一方、一〇月一〇日以降、二四六五人の政治犯、思想犯が釈放された。なかに徳田球一、志賀義雄、宮本顕治らの共産主義者が含まれていた。徳田、志賀は獄中に一八年、宮本は一二年を非転向で過ごしていた。

一〇月四日にこの命令を受けた東久邇内閣は、実行不可能だとして翌五日、総辞職した。在任五四日の短命政権であった。後継内閣の首相には、ＧＨＱの了解を得て、英米派として知られた元外相(一九二四〜二七年、二九〜三一年)の幣原《しではら》喜重郎が天皇から任命された。

首相が替わっても、ＧＨＱは「上からの民主化」の手を休めなかった。一〇月一一日、マッカーサーは新任挨拶に来た幣原に「憲法の自由主義化」を求め、そのほかに次のような「人権確保の五大改革」を指令した。

五大改革

一、選挙権付与による日本婦人の解放。
二、労働組合の結成奨励。幼年労働の弊害の矯正。
三、より自由なる教育を行ふ為の諸学校の開設。
四、秘密警察及びその濫用に依り国民を不断の恐怖に曝《さら》し来りたるが如き諸制度の廃止。人民を圧政から保護する司法制度の確立。
五、独占的産業支配が改善せらるゝやう日本の経済機構を民主主義化すること。

これらの命令は、治安維持法などの廃止(一〇月一五日、勅令)、婦人参政を盛り込んだ衆議院議員選挙法改正(政府提出法案、一二月一五日成立)、労働組合法成立(一二月一八日、施行は四六年三月一日)などで実行にうつされた。また、財閥解体について政府は三井、三菱、住友、安田の四大財閥の自発的解体計画を一一月四日、ＧＨＱに提出した。ＧＨＱは同六日、これを基本的に受け入れながらも、より一層の解体を進めるとの覚書を出した。

指導者の交代

こうした制度の改革と並行して、日本の指導者の交代も急ピッチで進められた。最も急いで行われたのは戦争犯罪人の摘発であった。九月一一日、東条英機ら開戦時の閣僚を含む三九人のA級戦犯容疑者の逮捕が命じられた。このとき東条はピストル自殺をはかったが、弾が心臓を外れて失敗した。一二月六日にはさらに木戸幸一侯爵、近衛文麿公爵ら九人のA級戦犯容疑者が指名された。近衛は一一月二二日に帝国憲法改正「近衛案」を天皇に報告していたが、逮捕直前の一二月一六日、服毒自殺した。

A級戦犯

A級戦犯は結局、次の二八人が開戦の共同謀議、奇襲による殺人、戦中の残虐行為などで起訴され、四六年五月三日から東京・市ケ谷で開かれた極東国際軍事裁判を受けた。判決は四八年一一月一二日に行われた。二八人とその裁判結果は次の通りである。

［絞首刑＝七人］東条英機（首相、陸相）、広田弘毅《こうき》（首相、外相）、土肥原《どひはら》賢二（陸軍大将、奉天特務機関長）、板垣征四郎（陸軍大将、陸相、関東軍参謀）、木村兵太郎（陸軍大将、東条内閣陸軍次官）、松井石根《いわね》（陸軍大将、中支那方面軍司令官）、武藤章（陸軍中将、陸軍軍務局長）

［終身禁固＝一六人］荒木貞夫（陸軍大将、陸相・文相）、橋本欣五郎（陸軍大佐、急進派将校らの「桜会」中心人物、衆院議員）、畑俊六（陸軍元帥、陸相、支那派遣軍司令官）、平沼騏一郎（首相、枢密院議長）、星野直樹（国務相・企画院総裁、東条内閣書記官長）、賀屋《かや》興宣《おきのり》（東条内閣蔵相、赦免後衆院議員、池田内閣法相）、木戸幸一（内大臣）、小磯国昭（陸軍大将、首相）、南次郎（陸軍大将、

陸相、朝鮮総督)、岡敬純《たかずみ》(海軍中将、海軍省軍務局長)、大島浩(陸軍中将、駐ドイツ大使)、佐藤賢了(陸軍中将、陸軍省軍務局長)、嶋田繁太郎《しげたろう》(海軍大将、東条内閣海相)、白鳥敏夫(駐イタリア大使、衆院議員)、鈴木貞一(陸軍中将、東条内閣国務相・企画院総裁)、梅津美治郎(陸軍大将、参謀総長)

[禁固二〇年＝一人]東郷茂徳(東条内閣・鈴木内閣の外相)

[禁固七年＝一人]重光葵(東郷のあと東条内閣外相、刑期満了後改進党総裁、鳩山内閣副総理・外相)

[その他＝三人]松岡洋右《ようすけ》(満鉄総裁、第二次近衛内閣外相)＝裁判中病死、永野修身《おさみ》(海軍元帥、軍令部総長)＝同、大川周明(国家主義運動家)＝裁判中に精神病を発病、免訴・釈放

東条ら七人の絞首刑は判決の三九日後、四八年一二月二三日に執行された。その翌日には不起訴となったA級戦犯容疑者一九人が釈放された。のち首相となる岸信介《のぶすけ》(東条内閣商工相)もその中にいた。禁固刑の人々のうち小磯、東郷、白鳥の三人は服役中に病死した。その他は多くが病気などで五五年ころまでに仮釈放となり、講和後の五八年四月、全員赦免になった。

A級戦犯のほかに、連合国は東アジア各地に四九の軍事法廷を設け、捕虜虐待などの罪で日本の軍人・軍属らを裁いた。被告数は五七〇〇人といわれ、九八四人が死刑となり、無期刑四七五人、有期刑二九四四人を数えた。刑を受けた人々のなかには、朝鮮や台湾の人々もいた。

公職追放

ＧＨＱは一〇月四日付の指令で思想警察の要員を追放したあと、同月三〇日、「教師と教職者の調査、精選、資格決定に関する覚書」を出し、職業軍人や軍国主義鼓吹者の教育界からの追放、敗戦までに自由主義・平和主義を理由に教職を追われた人々の復帰を指示した。政府は四六年五月にこれを勅令で実施、約七〇〇〇人の教職者が追放された。

さらに大規模な追放が、四六年一月四日付の「好ましくない人物の公職よりの除去に関する覚書」であった。これには、「軍国主義的国家主義と侵略の活発な主唱者」「一切の極端な国家主義的団体、暴力主義的団体、又は秘密愛国団体及びそれらの機関又は協力団体の有力分子、大政翼賛会、翼賛政治会、大日本政治会の活動に於ける有力分子」などを公職から追放し、公共性のある職業につくことを禁止するとあった。のち追放基準は拡大され、民間の有力会社や経済団体、マスメディアなどの戦争中の幹部らも追放された。占領の全期間を通じて追放された人は二一万余人とされる。このうち最も多かったのは軍人の約一六万三六〇〇人、次いで政治家の約三万四九〇〇人であった。

追放令は、基準を恣意的に解釈する余地があったため、鳩山一郎、平野力三、石橋湛山らの追放など、とくに有力政治家に適用する場合に問題があった。また、のち五〇年六月六日には、マッカーサーの吉田茂首相宛書簡で共産党幹部二四人が追放されたが、これも四六年追放令の適用とされた。しかし、それらの欠陥はあったものの、日本政治の戦前と戦後との不連続をつくるにあたって、大きな効果をもったのは確かであった。

第一次農地改革

ＧＨＱは日本軍国主義を徹底的に破壊するためには、その基礎になっている経済構造を改革しなければならないと考えていた。財閥解体はその一つであった。もう一つは農地改革である。それは、戦前日本の人口の四五％を占める最大の階層である農民が、最も貧しく、最も大きな不満を抱いており、それが軍国主義の宣伝を受け入れ、心からの支持を与える土壌となっていたという分析に基づいていた。

日本農林省の「革新官僚」たちも、日本の貧困の根元に小作農民の問題があることを痛感していた。自作農創設は彼らの課題でもあった。それは戦後の食糧確保の要請に合うことでもあった。四五年一一月二二日、幣原内閣の松村謙三農相は農地改革要綱を閣議に提出、一二月四日帝国議会に提出された改正農地調整法が一八日には成立、二九日に公布された。「第一次農地改革」と呼ばれるものである。不在地主が小作人に貸し付けている農地の全部と、在村地主の五ヘクタール以上の農地を、小作人の希望により、田は小作料の四〇倍、畑は四八倍の価格で譲渡するという内容だった。買収に政府は介入せず、地主・小作間の直接交渉に任された。

第二次農地改革

ＧＨＱはしかし、これに満足しなかった。第一次農地改革案が議会で審議中の一二月九日、より徹底した改革案を四六年三月一五日までに提出するよう政府に指令する覚書を出した。さらに、政府の三月の回答はなお不徹底だとしてＧＨＱは即日拒否、問題を対日理事会の審議に委ねた。連合国は総司令部の上部機関として極東委員会をワシントンに設け、東京にその出先として対日理事会を置いていた。マッカーサーにとっては目の上のこぶで、GHQのほうから審議を仰ぐことはめったになかったのだが、これは例外だった。理事会には農地改革の英国案やソ連案が出され、結局四六年六月一七日、「一層の徹底化」をGHQに勧告、GHQは同月中に「第二次農地改革」案を政府に指示した。

その内容は、在村地主の保有上限が平均一ヘクタール(北海道は平均四ヘクタール)とされ、不在地主の貸し付け農地全部と在村地主の保有限度以上の農地は政府が強制的に買収し、四五年一一月二三日現在の小作人に優先的に売り渡されることになった。また、改革の完了は「第一次案」が五年以内だったのを、二年に短縮した。この案に沿った関係法は同年一〇月二一日、公布された。これにより、一九四一年には二八%に過ぎなかった自作農の戸数が五五年には七〇%となった。しかし、のち一九六五年五月には、このとき農地を手放した旧地主に対して政府が報償金を払う農地報償法が、佐藤栄作内閣の手で成立する。

3　憲法改正

近衛案

日本の民主化を志す初期の占領政策は、憲法改正で一応完成する。四五年一〇月四日、GHQが思想警察全廃などの人権指令を発して東久邇内閣が瓦解したのと同じ日、マッカーサーは同内閣の副総理格の国務相・近衛文麿と会い、憲法を改正して自由主義的要素を入れる必要があると語り、「敢然として〔改正作業の〕指導の陣頭に立たれよ」（外務省『外交文書』）と励ました。それは誤解、または通訳の間違いだったとの説もあるが、当日同席したアチソン駐日米大使のメモなどによっても、事実だったらしいことが裏付けられている。近衛は内閣総辞職後は内大臣御用掛《がかり》に任命してもらい、京都大学名誉教授・佐々木惣一をやはり御用掛として素案の起草に当たらせるなどの活動を始めた。これに対してアメリカの新聞は、「近衛は戦犯ではないか」と反発し、「もし彼が憲法を起草するにふさわしいなら〔ナチスの〕ゲーリングをして連合国の首領につかしめるべきだ」（一〇月二八日付『ニューヨークタイムズ』社説）などと批判した。このためGHQスポークスマンは一一月一日、近衛の仕事についてGHQは関知しないと声明した。しかし、近衛は自分はGHQではなく皇室との関係で仕事を進めているとし、同月二二日、天皇に憲法改正「近衛案」を報告した。

憲法問題調査委

一方、幣原首相は、一〇月一一日にマッカーサーと会った際、五大改革の指令と同時に「憲法の自由主義化」を指示され、一三日の閣議で松本烝治《じょうじ》国務相を憲法改正に関する研究の主任とすることを決めた。松本は憲法問題調査委員会を政府内に設けたが、近衛と違って幣原、松本は、はじめのうち憲法を改正する必要があるかどうかをまず調査するのだという態度であった。当時の憲法学界でも、「天皇機関説」で戦前に弾圧された美濃部達吉博士などは、改正の必要はないとの考えだった。しかし、やがて松本も改憲の必要を認め、私案をつくることになる。それは、このころ天皇制についての議論がだんだん盛んになってきたため、「天皇の統治権総攬《そうらん》の大原則には変更を加えない」(四五年一二月八日、帝国議会松本答弁)ことではっきり決着をつけたかったからだった、と当時自ら説明している。

天皇の権限について近衛案では、その大権を制限して議会の地位を強化することなどを盛り込んでいた。それに対し松本の考えははるかに旧憲法に囚われていた。

アメリカでは、近衛らが憲法改正案の作成に着手したのをみて、SWNCCが検討を始める。その結果はSWNCC二二八文書「日本の統治体制の改革」として四六年一月七日付で採択された。また、GHQでもGS(Government Section=民政局)の軍服を着た法律家たちが、松本の言動や、民間の憲法研究の動向に注意を払いながら、政府案が出てきたときのチェック・リストの準備を進める。とくにGS法規課長M・E・ラウエル中佐の準備研究は、日本の戦前の憲法論などについての調査研究にまで及ぶ、かなり周到なものであった。

政府以外の改憲案

四六年一月末までに政府関係以外のところが発表した憲法改正案とその内容の重点は次の通りである。

日本共産党「新憲法の骨子」(四五年一一月一一日) ▼主権は人民にあり ▼選挙権被選挙権は一八歳 ▼政府は民主議会に責任を負う

憲法研究会「憲法草案要綱」(四五年一二月二七日) ▼日本国の統治権は日本国民より発す ▼天皇は国政を親《みずか》らせず ▼天皇は国民の委任により専ら国家的儀礼を司る ▼国民は法律の前に平等にして出生又は身分に基く一切の差別は之を廃止す ▼国民の言論学術芸術宗教の自由を妨げる如何なる法令をも発布するを得ず ▼国民は健康にして文化的水準の生活を営む権利を有す

高野岩三郎「改正憲法私案要綱」(四五年一二月二八日) ▼天皇制に代えて大統領を元首とする共和制の採用

日本自由党「憲法改正要綱」(四六年一月二一日) ▼統治権の主体は日本国家なり ▼天皇は統治権の総攬者なり ▼天皇は万世一系なり ▼天皇は法律上及政治上の責任なし ▼第一院を衆議院、第二院を参議院とす ▼参議院は学識経験の活用と政治恒定の機関とす

GHQはこれらのうち高野岩三郎、馬場恒吾《つねご》、杉森孝次郎、森戸辰男、岩淵辰雄、室伏高信《むろぶせこうしん》、鈴木安蔵らの憲法研究会案にとくに注目したようである。杉森らは、これをGHQに説明したとき、天皇について「象徴」の語を用いたという。

松本甲案

松本国務相らの憲法問題調査委員会がつくった「憲法改正要綱」(「松本甲案」と呼ばれる)は、四六年二月八日、GHQに提出された。その主な内容は次のようなものだった。

一、天皇は至尊にして侵すべからざるものとする

五、天皇は軍を統帥するものとする

一一、日本臣民は凡《すべ》て法律に依るに非ずして其の自由及権利を侵さるることなきものとする

一三、「貴族院」を「参議院」に改む

松本案はGHQへの提出に先立って二月一日付の『毎日新聞』にスクープされた(実際には「松本乙案にきわめて近いもの」であった)。これを見たGSは、日本政府が世論の反応をみるために意図的に洩らした観測気球と判断し、自分たちで憲法をつくることを決意する。

マッカーサー草案

二月三日、マッカーサーは、①天皇は国家の元首(head)の地位にある、②戦争を廃棄する、③封建制度を廃止する、の三原則(マッカーサー・ノート)をGSに示して、日本国憲法の草案づくりを命じた。GSは翌四日から一〇日までの一週間で、「マッカーサー草案」と呼ばれるGHQ案をつくりあげた。この間に日本政府は八日、松本甲案をGHQに提出したが、GHQは一三日、外相公邸で松本と外相・吉田茂らに会い、拒否を回答するとともに、草案を手渡した。

マッカーサー草案は、国会を一院制としていたこととその他幾つかの点を除いて、現憲法の原型である。日本政府側はさまざまな抵抗を試みるが、基本的には押し切られ、三月六日、ほぼマッカーサー草案に沿った「憲法改正草案要綱」を発表する。

GHQが憲法改正(形式的には改正、実質的には新法制定)を急いだ背景には、形のうえでGHQの上部にある極東委員会で、ソ連、オーストラリアなどが天皇制廃止を主張しそうな情勢があった。極東委が決定してしまえば、円滑な占領政策のためにも天皇制存続を決意していたマッカーサーにとっては都合の悪いことになるからだった。

天皇の人間宣言

なお、天皇は四六年一月一日、詔書を出し、「朕《ちん》(天皇の一人称)と爾《なんじ》等国民との間の紐帯《ちゅうたい》は、終始相互の信頼と敬愛とに依りて結ばれ、単なる神話と伝説とに依りて生ぜるものに非ず。天皇を以て現御神《あきつみかみ》とし、且《かつ》日本国民を以て他の民族に優越せる民族にして、延《ひい》て世界を支配すべき運命を有すとの架空なる観念に基くものに非ず」(原文の仮名は片仮名)と述べていた。「天皇の人間宣言」と呼ばれる。幣原が外国の理解を求めようと英文で起草し、あとから詔書の形に翻訳した。

戦争放棄

「政治的権能を有しない」無害な象徴の形で残した天皇制とともに、マッカーサー・ノートで最初から示されていた重要な点は「戦争と軍備の放棄」であった。これがだれの発案なのかについて、マッカーサー自身はその後に公表された『回想記』その他の文書、談話などで一貫して、当時の首相・幣原の発案であると主張している。しかし、多くの証言がマッカーサー自身の考え方であったことを示しているのである。戦争放棄は、当時のマッカーサーの理想主義的な心情を表していると同時に、日本の侵略の思想的支柱であった天皇制を残す以上、日本が再び軍国主義国として復活することを恐れる国々に対して、「軍備なき国家」となったことで安心させなければならないという配慮から出たものであったとみることができる。

憲法改正草案は、平仮名・口語体の画期的な文章となって四六年四月一七日に公表された。この文体は小説家・山本有三、法律家・横田喜三郎らの「国民の国語運動連盟」が三月二六日に要望したものを入江俊郎内閣法制局長官ら政府が容れたもので、これをきっかけにすべての法律、裁判所の判決文をはじめ公文書が、それまでの片仮名・文語体(濁音、半濁音、句読点もなかった)をやめることになった。草案は六月二〇日、吉田茂内閣の手によって帝国議会に提出され、八月二四日衆院でGHQの要求を容れるなどした修正をして可決、一〇月六日貴族院で修正可決、衆院へ回付、翌七日衆院がこれに同意して成立した。公布は同年一一月三日、施行は翌四七年五月三日であった。

4　政党の復活

延期された初の総選挙

敗戦後最初の総選挙は一九四六年四月一〇日に行われた。幣原内閣は、はじめ総選挙を四六年一月二一日または二二日に行う予定だった。そのため四五年一一月一日には全国人口調査を実施（総人口七一九九万八一〇四人、東京都三四八万八二八四人）し、衆議院議員選挙法の改正案を同月二七日に臨時議会に提出、一二月一五日にはこれが成立した。衆院は一八日に解散され、一九日、総選挙の期日を閣議決定した。ところがGHQは翌二〇日、総選挙の延期を指令した。理由は選挙法の検討のためと説明されたが、それよりも、このあと四六年一月四日に出された公職追放令の準備を進めていたことが延期の理由であっただろう。GHQは、四二年の翼賛議会に当選した政治家たちが引き続き戦後議会に席を占めるのを阻もうとしていたのである。

選挙法の改正

選挙法の改正は堀切善次郎内相、坂千秋《さかちあき》内務次官が主導して進められた。改正作業は、全過程を通じてGHQの介入がほとんどなかったという点で、戦後改革上の稀有の例といっていい。堀切らは占領政策の方向をある程度察知して、先手を取ろうとしていたらしい。とくに婦人参政権については、四五年一〇月一一日の閣議で堀切が閣僚に提案し、基本的な賛成を得たとされる。この閣議後、幣原は新任挨拶のためマッカーサーを訪ね、「人権確保の五大改革」を口頭で指示される。そのなかには、前述のように婦人参政権が含まれていた。しかし、この部分だけは堀切提案のほうが何時間か早かったことになる。

改正の骨子は、①女性に参政権を与えるほか、②選挙権、被選挙権を得る年齢をそれまでより五歳ずつ引き下げて二〇歳、二五歳とする、③大選挙区・制限連記制を採用する、④選挙運動の取り締まりを緩和する、などであった。

①と②によって二〇歳以上の国民がすべて選挙権をもったことで、有権者数は四二年の翼賛選挙では一四五九万四二八七人と全人口の二〇・四%に過ぎなかったのが、三六八七万八四一七人、人口の五一・二%にまで拡大した。

大選挙区・制限連記制

大選挙区・制限連記制とは、次のような内容であった。

原則として各都道府県をそれぞれ一つの選挙区とするのが「大選挙区制」である。選挙区の定数は人口に比例して配分する。実際には四五年一一月一日現在の人口七二四九万一二七七人(全国人口調査の数七一九九万八一〇四人に、当日までに帰郷していなかった軍人など四九万三一七三人を加えた推定人口)を衆院議員数四六六で割った値一五万五五六〇人を基礎数に、単純比例最大剰余式によって配分する方法だった。この方式はニーマイヤー式ともいい、戦前から今日まで続く日本の伝統的な定数配分の方式である。算出された基礎数で選挙区の人口を割り、その商の整数部分をまず配分定数とする、さらに小数部分の大きい選挙区順に総定数を満たすまで一ずつを加える、という方法である。

この結果、定数が一五人以上になる選挙区は二つに分割された。北海道、東京、新潟、愛知、大阪、兵庫、福岡の七都道府県がそれに該当した。投票にあたっては、議員定数一〇人以下の選挙区では二人の候補者名を、一一人以上の選挙区は三人を一枚の用紙に書いた。これが「制限連記制」である。

戦前は官憲が選挙運動に干渉するのはごくあたりまえだったが、改正によって、候補者の選挙運動は原則自由となった。残された主な制限は、戸別訪問の禁止、選挙事務に関係する官公吏の関係区域内での運動の禁止、選挙運動の費用の制限だけとなった。

戦後最初の総選挙は帝国議会議員を選ぶ最後の総選挙でもあったが、こうした選挙法の改正によって、区制の是非はともかく、民主選挙の始まりと一応位置づけることのできるものとなった。

政党の結成、再編

総選挙を前に、各政党の結成、再編も進んだ。政党結成の日付は、次のように四五年一一月に集中し、日本社会党＝一一月二日、日本自由党＝一一月九日、日本進歩党＝一一月一六日、日本協同党＝一二月一八日と続いた。共産党は一〇月二〇日に機関紙『赤旗』を復刊し、一二月一日から三日間、戦前から通算して第四回の大会を開いた。

敗戦直後の九月一日召集された臨時帝国議会は実際にはほとんど審議をしなかったが、このときの会派は、まず翼賛議員らの大日本政治会が三七八人と大部分を占め、次が翼壮議員同志会の二一、無所属二七(欠員四〇)であった。さすがに彼らは九月六日に翼壮議員同志会、一四日に大日本政治会と相次いで解散した。

日本進歩党

大日本政治会のなかの多数を集め、衣替えしてできたのが日本進歩党である。当初二七三人の議員が参加した。町田忠治《ちゅうじ》、中島知久平《ちくへい》、金光庸夫《つねお》、桜内幸雄、山崎達之輔、鶴見祐輔、大麻《おおあさ》唯男、前田米蔵、三好英之、清瀬一郎、斎藤隆夫、松村謙三、犬養健、保利茂らの名があった。また、のちの首相、宮沢喜一の父・裕、同羽田孜《つとむ》の父・武嗣郎《ぶしろう》らもいた。党内で主導権争いが激しく、結成の一六日には党首が決まらずに幹事長・鶴見祐輔だけを決めた。一八日、旧民政党総裁で当時八四歳の町田忠治が総裁になった。

日本自由党

日本自由党は旧議会内で反東条(英機)系の院内交渉団体「同交会」(一九四一年一一月一〇日から一四日にかけて、鳩山一郎ら三七人で結成)にいた人々を中心に作られた。四五年八月、敗戦が近いとみた安藤正純(元『東京朝日』編集局長、のち吉田内閣国務相、鳩山内閣文相)が芦田均、植原悦二郎(のち吉田内閣国務相・内相)、矢野庄太郎(のち片山内閣蔵相)らと東京・銀座の交詢社で会うことにしていた日がちょうど一五日だった。鳩山を中心に据えた新党結成の話は急速に進み、二三日にはその話に西尾末広、水谷長三郎、平野力三ら、社会党結成の中心人物たちも加わった。西尾らとの協力については、しかし、一〇日間ほどの話し合いののち、西尾が「われわれ指導者同士は大人だから、大局的に考えてあるいは協調できるかも知れないが、お互いの背後にいる多勢のものを協調させることは、なかなか困難であると思う」と言い、鳩山も「結局、諸君と自分たちとは育ちが違うから」と言って、「政治的余韻を残したままで別れた」(『西尾末広の政治覚書』毎日新聞社、一九六八年)。

　鳩山らは九月一〇日に新党創立事務所を開き、一〇月一三日には常任創立委員を決めた。鳩山、安藤、芦田、植原、矢野らのほか、のちの参院議長・松野鶴平や、のちに自民党実力者となる河野一郎、「文壇の大御所」菊池寛らが委員となった。資金は、戦時中に右翼の児玉誉《よ》士《し》夫《お》が海軍の「児玉機関」の長として中国で物資調達にあたったときの資産だったと称する金品をもらった。一一月九日、東京・日比谷公会堂での日本自由党結党大会では総裁に鳩山、幹事長に河野、総務会長には一〇月から参加した三木武吉がなった。所属議員は四六人だった(自民党結成に至る保守諸党の動きについては、七二～七三ページの図3参照)。

日本社会党

　日本社会党は、戦前の右派系労働・農民運動で活躍した西尾、水谷、平野の三人が中心となって作った。西尾は大阪で敗戦の放送を聞き、すぐに京都の水谷を誘い、八月一七日、東京へ出発、平野と落ち合った。二二日、三人は侯爵・徳川義親邸で片山哲、加藤勘十(のち芦田内閣労相)、鈴木茂三郎らと会った。鳩山らと会ったのはその翌日である。

戦前の社会主義運動は四分五裂という表現ではまだ生易しいくらいに分裂していたが、大きく分けると、戦争に最も協力的であった河上丈太郎、河野密、三輪寿壮《じゅそう》、浅沼稲次郎、三宅正一らの日本労農党(日労)系、右派だが反軍部色が強かった片山、西尾、水谷、松岡駒吉(のち衆院議長)らの社会民衆党(社民)系、最左派で「容共」といわれた鈴木、加藤、黒田寿男《ひさお》らの日本無産党(日無)系の三つの流れがあった。西尾らはそれらをすべて集め、自分たちが主導権を握って出発するのに成功したが、初めからそうした内部対立を抱えていたともいえる。

九月二二日、労働・農民運動の長老、安部磯雄、高野岩三郎、賀川豊彦の呼びかけでまず結成準備懇談会があり、一〇月一五日の会合で党名、綱領を決めた。党名は「社会党」説と「社会民主党」説とが対立したが、投票の結果、一票差で前者に決まった。そのかわり英語の党名は「Social Democratic Party of Japan」とした。右派系が多かったのに「社会党」と決めたのについては、右派のなかにも「共産党との関係をあいまいにする考え方がひそんでい」たのではないかと、河野密はのちに語っている(中村隆英ほか編『現代史を創る人びと』第一巻「河野密」、毎日新聞社、一九七一年)。「獄中一八年」を過ごした共産党の徳田球一、志賀義雄らが釈放され、歓呼で迎えられたのは五日前の一〇月一〇日だった。

一一月二日、東京・日比谷公会堂で開いた結党大会では委員長を空席とし、書記長に片山を選んだ。西尾は議会対策部長。所属議員数は一五人だった。

日本協同党 日本協同党は、千石《せんごく》興太郎（農協の草分け、東久邇内閣農商務相）、黒沢酉蔵《とりぞう》（酪農指導者）らが協同組合主義を掲げて結成した。委員長に改造社（出版社）社長の山本実彦《さねひこ》を迎え、船田中《なか》（のち衆院議長）、赤城宗徳（のち農相、防衛庁長官）らが加わった。当初の議員数は二三人だった。二階堂進（のち自民党副総裁）は四六年総選挙で同党から初当選した新人の一人である。三木武夫は四六年四月総選挙後に、協同党が協同民主党に衣替えしたとき参加した。

日本共産党 日本共産党は一二月一日からの第四回大会で、徳田を最高指導者である書記長に選んだ。翌四六年一月一二日には、一九三一年モスクワに渡り、四〇年からは中国延安に行き、通算一六年間の亡命生活を送った野坂参三が帰国し、大歓迎を受けた。野坂は帰路について、四五年九月一〇日に延安を発ち、華北・満州を巡り、朝鮮を縦断して博多に上陸したと説明したが、実は一〇月から一一月にかけて極秘にモスクワを訪問していた。「ソ連崩壊後、日本共産党が入手した各種の内部資料によって、野坂のモスクワ滞在中に、ソ連情報機関の工作員、内通者としての任務をあたえられ……たことが明白となった。……このときのモスクワ訪問の事実を、野坂は四十数年にわたって党指導部にかくしつづけ」（同党中央委『日本共産党の七十年』新日本出版社、一九九四年）たのだった。

野坂は一月一四日朝、党員の歓迎会に出席した。そこで野坂が述べた「愛される共産党」とならねばならないとの言葉は流行語となった。

「民主人民戦線」

この共産党と社会党とを中心にした広範な人々を「民主人民戦線」に結集しようと提唱したのが、戦前から労農派マルクス主義者として知られた山川均《ひとし》であった。四六年一月はじめに出た雑誌『改造』二月号でこれを発表すると、反響は大きかった。『朝日新聞』は一四日付の一面トップに「人民戦線の急速結成／政局安定の先決要件」という記事を載せた。野坂も上京の車中で「民主戦線結成に全身の努力傾注」と語った。二六日、東京・日比谷野外音楽堂で行われた野坂帰国歓迎大会は、さながら「民主人民戦線」旗揚げの集会のようだった。石橋湛山(のち自民党総裁・首相)が世話人に名を連ね、尾崎行雄がメッセージを寄せたほどだった。

しかし、社会党は「共産党に食われる」ことを心配して終始消極的で、共産党もやがて社会党攻撃に転じ、「民主人民戦線」は四月の総選挙前に消滅した。

5　戦後最初の総選挙と第一次吉田内閣

追放

四五年中にほぼ陣容を整えた諸政党は、しかし四六年一月四日GHQが発表した公職追放令で、共産党以外は大きな打撃を受けた。

幣原内閣自身、堀切内相、松村謙三農相ら五閣僚を更迭しなければならなかった。「翼協」

推薦議員の全員三八一人が追放されたから、大部分が翼賛議員であった進歩党が壊滅に瀕したのは当然だった。町田総裁、鶴見幹事長をはじめ二六〇人が追放され、結党時の議員は一四人しか立候補できなかった。自由党は四三人中三〇人が追放された。このときは鳩山、河野、三木武吉らは免れたが、総選挙後に追放となる。社会党は一七人中一〇人、協同党は二三人中二一人を失った。

総選挙の結果は、鳩山の率いた自由党が一四一議席で第一党となった。以下、進歩党が九四、社会党も九四と続いた。共産党も日本の議会史上初の議席を五つ得た。解散時に比べると、自由党が三倍以上に増え、逆に進歩党は三分の一となった。社会党は五・五倍という急成長であった。社会党の躍進はある程度予想されてはいたが、それでも当時の人々に時代の変化を強く印象づけるものであった。そして、同じ保守政党でも大日本政治会の後身である進歩党を沈め、反東条だった人々のつくった自由党を第一党に押し上げたのも、時代の力であった。

新人が八割　しかし、この選挙で注目しなければならない最大の変化は、大部分の前議員が追放されたあと、どのような新人たちが登場するかであった。四六六の総定員のうち、新顔が三七九（法定得票数に達した者では定数が埋まらず再選挙となった東京二区、福井の二人を含む）と、八一・三％を占めたが、もともと全候補者二七七〇人のうち二六二四人、九五％が新人であった。前・元議員で立候補できた一四六人が全部当選したとしても、七割は新顔が並ぶほかなかったのである。旧勢力に代わって新時代の政治に新鮮な感覚で取り組もうとする人々が多数現れたことの意義は強調しなければならないが、新人が八割だったという数字の大きさ自体は、追放があった以上、驚くべきことではない。

旧勢力の地盤

むしろ驚かねばならないのは、これほど厳しい追放令が旧勢力に浴びせられたのにもかかわらず、旧政友会、民政党など戦前の支配政党の系譜にある人々が多数当選したことのほうであった。これは、追放された政治家たちのかなりの部分が自分の血族や、いわゆる息のかかった者を身代わりに立て、当選させたからであった。それほど旧勢力の地盤は固かったということでもあった。

その目で見るなら、社会党の驚異的進出も、意外に大きくはなかったということもできる。戦前の「無産」政党は最大の勢力となったときでさえ一九三七年総選挙での三九人に過ぎなかった。それを社共合わせて九八人と、一〇〇近い議席にしたことは、たしかに大躍進ではあった。この選挙は、戦後の政治を半世紀近く律し続けた「保守対革新」の枠組みを、はやばやと設けたものであったと位置づけていいだろう。

しかし、敗戦から八カ月たったこの時点では、政治が戦前から切れ目なく続いていると考えるわけにはいかないことが、多くの人々に意識されていたはずであった。大都市では「民主人民戦線」への期待が盛り上がったりしていた。当時の占領軍は、共産党から「解放軍」と規定されたように、多少「左」に振れ過ぎることもいとわずに、日本人を軍国主義、封建思想から解き放ち、民主化することに熱心だった。新聞、映画、それにＮＨＫだけしかなかったラジオなど、すべてのマスメディアは、過去の反省に立って、やはり民主化の宣伝に懸命であった。選挙は、それにもかかわらず国民の多くが、基本的には未だに旧勢力の後継者たちを支持していることを正確に告げていた。総選挙のあと、無所属や諸派などが主要政党に吸収されるなどで整理されたあとの議席数(特別議会最終日の四六年一〇月一六日現在)でみると、保守政党は三三六、革新政党は一〇二(無所属二八)で、新しくできた「保守対革新」の勢力比は、三対一以上に開いていたのである。

ただ、この選挙には史上初めて女性が七九人立候補し、約半数の三九人が当選して政治史に新しいページを開いた。加藤シヅエ、山口シヅエ、戸《と》叶《かの》里子、近藤鶴代らである。

第一次吉田内閣

さて、総選挙後の首相をだれにするかは、かなりもめた。まず、幣原が進歩党を与党にし、ＧＨＱの一部の激励もあって居座ろうとした。これは自由、社会、協同、共産四党の猛反対でつぶれた。次いで、第一党の自由党総裁・鳩山が社会党の閣外協力を得て組閣しようとしたが、その矢先、五月三日付でＧＨＱは鳩山を追放令Ｇ項(「罷免及び排除すべき種類」として列挙された七項目中の最終項、「その他の軍国主義者及び極端なる国家主義者」)に該当するとして追放した。米国はじめ連合国の東京特派員たちが鳩山の旧著などを理由にＧＨＱに働きかけていたのが大きな原因だった。

そのあと社会党が単独内閣を目指したりしたが、結局、自由党総裁の後継者に吉田茂をあて、自由・進歩二党連立で第一次吉田内閣が四六年五月二二日に成立した。総選挙から四二日も経っていた。吉田は当時議席をもっていなかったが、旧憲法下では必要なかった。彼は天皇の「大命降下」で首相となった最後の人となる。

この内閣の大仕事は、新憲法をはじめ皇室典範などの諸法律の改正を議会で成立させることであった。憲法の審議過程で、憲法担当国務相・金森徳次郎は、象徴天皇の意味を「いわば憧《あこが》れの中心」と説明した。また、戦争放棄について吉田首相は六月二五日、「近年の戦争は多く自衛権の名に於《お》いて戦われた」ことを指摘し、第九条は「自衛権の発動としての戦争も、又交戦権も抛棄《ほうき》したものであります」と答弁した。

食糧メーデー

このころ、敗戦後の極端な食糧不足、インフレの昂進、さらには発疹チフス、天然痘の流行などによる国民の生活苦が続いていた。五月一九日には飯米獲得人民大会、いわゆる「食糧メーデー」が宮城（当時は皇居をそう呼んだ）前広場に二五万人を集めて開かれた。このとき一労組の共産党員が書いた「国体はゴジされたぞ　朕はタラフク食ってるぞ　ナンジ人民　飢えて死ね　ギョメイギョジ（御名御璽＝天皇の署名と印のこと。詔書の末尾に必ず書かれていた）」というプラカードを工員が掲げて歩いたことが、当時の刑法にあった不敬罪(天皇、皇族、神宮、皇陵などに不敬の行為をする罪)にあたるとして起訴される。一審は一一月二日、不敬罪の適用は認めず、名誉毀損《きそん》で有罪(懲役八カ月)とした。しかし、判決の当日、新憲法公布に伴い不敬罪犯を含む大赦が出されたため、四七年六月二八日の二審判決は不敬罪で有罪としたうえで大赦により免訴とし、最高裁は四八年五月二六日、何の罪にあたるかには触れないで免訴とした。不敬罪は四七年一一月一五日施行された改正刑法で、姦通罪(妻の不倫だけを罪としていた)とともに廃止された。

二・一ゼネスト

労働争議は頻発し、四六年の一年間で六二二件のストライキがあった。吉田首相は四七年元旦のラジオ放送(当時はNHKだけ)で、こうした争議行為をする労働者たちを「不逞《ふてい》の輩《やから》」と呼んだ。そのころ全官公庁労組拡大共同闘争委員会(議長・伊井弥四郎=国鉄労組)は、賃上げと「民主政権」の樹立を要求し、二月一日に交通、通信関係労組を中心に四〇〇万人が参加する空前の規模のゼネラル・ストライキ(二・一ゼネスト)を行うことを計画していた。吉田の発言はかえって労組員らを怒らせ、ゼネストは成功するようにみえた。

しかし、直前の一月三一日午後、マッカーサーはこの計画の中止を指令した。ゼネストは交通、通信をマヒさせ、国民を飢餓状態にし、電力、ガスの原料である石炭の移動を困難にし、細々と操業している産業を止めてしまうだろうという理由であった。占領軍は解放軍であって労働者の味方であり、ストを禁止するはずがないと信じていた共産党や労組幹部は衝撃を受けたが、伊井議長は同夜GHQに強制され、中止をラジオ放送した。

6　社会党、第一党に

国民主権下の第一回総選挙

一九四七年四月の一ヵ月間に、都道府県知事など自治体の首長選挙を皮切りに、参議院議員、衆議院議員、自治体議会議員の順で、公職の選挙のすべてが行われた。前年の一一月三日に公布された新憲法―「日本国憲法」が、この年五月三日に施行されるのを前に、その統治体制を整えようとしたもので、知事、市町村長、参議院議員は、これが史上初の選挙であった。

このときの衆議院議員総選挙は帝国議会時代から通算した「第二三回」選挙と呼ばれた。しかし、この回から、天皇の「協賛」機関に過ぎなかった「議会」は、「国権の最高機関であって、国の唯一の立法機関」である「国会」となり、衆院には参院より優越した第一院の地位が与えられることになった。また、内閣総理大臣も、この選挙以降は天皇の「大命降下」によらず、国会議員のなかから、衆院での投票による指名で事実上決まることになった。非議員で首相であった吉田も、この選挙に実父・竹内綱(第一回帝国議会総選挙から三回当選した)の選挙区だった高知県から立候補して議席を得た。

むろん、敗戦による連合国の占領は続いていた。したがって、「天皇の大命」も「国会の指名」も、連合軍最高司令官の気にいらなければ変えられる運命にある点では同じこととも言えた。しかし、そのことを考慮に入れてもなお、主権が天皇から国民に移ったことを形に示す初の総選挙であるという意義は、きわめて大きかったと言わねばならない。その意味でこの衆院選は、第二三回でなく、やはり第一回と呼ぶのがふさわしいものであった。

中選挙区・単記制

この回から選挙区制は、四六年選挙時の「大選挙区・制限連記制」から「中選挙区・単記制」に復帰した。中選挙区制は一九二八年の第一回普通選挙から四二年の翼賛選挙まで続いていた。区制を変える衆院選挙法の改正は、四七年三月三一日に議員立法の形で自由、進歩両党の賛成により成立した。しかし、旧制度への復帰は政府の強い決意でもあった。植原悦二郎内相は二月一日、内閣改造による就任後初の記者会見で選挙区制に言及し、「二大政党主義による政党政治の安定確立という建前より、小選挙区単記制がもっとも理想的だと思う。小党分立は民主主義の発展を阻害する。しかしこのような一足とびの態勢は直ちに(は)困難だから、まずは中選挙区単記制をとりたい」(二月二日付『朝日新聞』)と語っていた。改正の本音は、保守派が連記制によって共産党と女性が多く進出すると考え、それを快く思わなかったことにあったが、すでにこのころから保守勢力と内務省(のちの自治省)が小選挙区制を理想としていたことは、注目に値する。

四七年四月二五日に行われたその総選挙では、片山哲を委員長(四六年九月三〇日の第二回大会で選出)とする社会党が第一党となった。この結果、史上初の社会党首班内閣が誕生する。

片山内閣の成立

社会党は第一党になったとはいえ、その議席数は、五月二〇日の第一回特別国会召集日に一四四、総議席四六六の三一%に過ぎず、単独政権をつくれる数ではなかった。「片山首相」だけは五月二三日、衆院で六票の白票等以外は満票で決まったが、連立の組み合わせは曲折ののち、芦田均を総裁とする一三二議席の民主党、三木武夫を書記長とする三一議席の国民協同党との三党連立となった。民主党は大日本政治会―進歩党の大部分を主体に、四七年三月三一日、自由党からの九人、国民協同党からの一五人などが参加してできた。総裁には自由党政務調査会長の芦田が五月一八日、迎えられた。国民協同党(国協党)はこれより先の同年三月八日、協同民主党と岡田勢一、早川崇《たかし》らの国民党、無所属などで「人道主義に立脚した協同主義」を掲げ、七八議員で出発した保守第三党である。この選挙では三一人に激減していた。

片山内閣の実質的な成立は六月一日であった。芦田は外相、三木は逓信相、西尾が国務相・官房長官、水谷が商工相、平野が農相になった。

保守優位の勢力比

片山は総選挙直後に「次の政権は資本主義から社会主義へ移行する性質をもった政権でなければならない」と語ったが、与党勢力三〇七のうち社会党は四七%と、半数に満たなかった。閣僚の配分も首相を含めて一七人のうち社会七、民主七、国協二、参院緑風会一となった。緑風会の和田博雄国務相・経済安定本部長官(のち社会党副委員長)を社会党に数えても、保守派が過半数だった。

また、衆院全体を当時いわれていたイデオロギー対立軸である「資本主義か社会主義か」によって分け、その勢力比を見ると、「社会主義」勢力は社会、共産両党の一四八議席だけだったのに対し、無所属を除く自由、民主、国協、日本農民党の「資本主義」四党は合計三〇〇議席を得ていた。つまり、のちに成立する「五五年体制」の実態である「$1\frac{1}{2}$政党制」(「二大政党制」をもじって言った)の構成に必要な勢力配置は、すでにこのときの復活第一回中選挙区制選挙から用意されていたのである。

さらに各党の得票数でみると、社会党のそれは約七二〇万票で、有効投票の二六・三%と、四分の一を得ただけであった。これに対し、議席のうえでは第二党となった自由党は、選挙後に一部が民主党に鞍替えしたものの、その分を差し引いてなお約七二六万票と、第一党社会党を僅かながら上回っていた。そして、「保守対革新」は、票数のうえでも一六七二万対八二〇万と、やはり二対一以上の開きがあったのである。

炭鉱国家管理と傾斜生産

片山内閣はそれでも、社会主義らしい政策実現を求める党内左派の「重要産業国有化」方針に押されて炭鉱国家管理法(正式には臨時石炭鉱業管理法)を、与党・民主党の分裂や国会内乱闘などの波瀾を冒して四七年一二月八日に成立させる。しかし、これは炭鉱の私有制のもとで国家管理を実施したもので、左派も満足せず、民主党も反発するといった法律だった。もともと三年の時限立法だったが、五〇年五月二〇日廃止された。

ただ、当時の経済政策の重点は、吉田内閣のときから、有沢広巳、稲葉秀三、都留重人らエコノミストの唱えた石炭への「傾斜生産」に置かれていた。GHQに懇請して輸入した乏しい重油、コークスなどを鉄鋼生産につぎ込み、鉄鋼はあげて日本の唯一の天然資源である石炭生産に向け、炭鉱労働者にはコメを増配するなど、すべての経済を石炭生産に「集中的に傾斜」させ、その石炭を鉄鋼、電力(火力発電)、国鉄(蒸気機関車)、化学肥料(硫安など)に回すのが「傾斜生産」であった。鉄鋼も石炭もコストより安く売り渡され、その差額は政府が価格差補給金として支払った。炭鉱国管はそうした生産方式の国家による管理の強化策でもあった。

片山内閣は内紛とGHQによる追放の示唆によって、四七年一一月四日、農相・平野力三を罷免した。新憲法によって可能となった首相の閣僚罷免権の初行使だった。

党内抗争と総辞職

社会党内の左右の抗争は結党当初からあった。炭鉱国管問題、平野の後任人事など、ことごとにそれは顔を出した。それとは別に政府内の経済安定本部(安本《あんぽん》)と大蔵省との暗闘もあった。それらが四八年二月一〇日の総辞職に結びつく。

二月五日、社会党左派の総帥といえる鈴木茂三郎を委員長とする衆院予算委員会は、野党と社会党左派だけの出席でようやく定足数を満たしたうえで、政府提出の追加予算案に対して「撤回と組み替え」を要求する動議を抜き打ち的に可決した。追加予算は、公務員に〇・八カ月分の生活補給金を支給する財源として国鉄運賃と郵便料金を倍に値上げするという内容だった。左派はこれを公務員組合と国民とを離間させる策謀だと反対していた。また、和田博雄を長官とする安本は、財源は値上げによらなくともインフレによる所得税の自然増収でまかなえると主張していたが、大蔵省が公共料金値上げを譲らなかった。

この事件が総辞職の原因であったとする常識的見方に対しては、片山、西尾、鈴木らの証言が、その後食い違っている。とくに片山は、七六年三月になって、当時マッカーサーとの私的な会談で再軍備を示唆され、それをきらって辞めたのであって、左派の謀反が原因ではないと述べる。しかし、鈴木らが総辞職に至ると見ていたかどうかはともかく、左右対立を少なくとも総辞職の重要な背景から外すわけにはいかないであろう。

語り継がれる「失敗」

当時、左派は片山内閣が「社会党の政策を遂行する熱意に欠け」(四八年一月の第三回党大会の決議)ていることを非難してやまなかった。しかし、当時の与党内での勢力比、衆院内での保守・革新の勢力比、得票率などに示された有権者の意思を量的にきちんとはかることができたなら、不満はともかく、攻撃は控える気持ちになって当然だったのではないかと思える。

もっとも、当時の社会党を取り巻く雰囲気、わけても永田町や都市の若い知識層のなかに広がっていた「革新」「社会主義」待望の気分からすると、左派の攻撃には、その後冷静に見るのとは違った熱い根拠があったといえるのかもしれない。

ところが、それは一時的な右派攻撃にとどまらなかった。「片山内閣の失敗」はその後長く、社会党の左派優位のもとで、繰り返してはならない右寄り路線の過ちとして語り継がれる。たとえば、片山の思想には「プロレタリアートの階級支配の確立、といった考え方はまったくみられない」(月刊社会党編集部『日本社会党の三十年(1)』社会党機関紙局、一九七四年)などと、党の正史が非難の調子で三〇年近く後になっても書くほどなのであった。そして「片山内閣」は、安易に政権につくこと、とりわけ保守政党と連立政権をつくるようなことは、革命を遠ざけるから避けねばならないという左派流の考え方を証明する教訓として、党内に生き続けた。

7 初の単独過半数政党

芦田内閣

片山内閣が倒れたあとは、社会、民主、国協の三党が与党である状態をそのままに、首相を民主党の芦田均総裁に替えた、いわゆる「政権たらい回し」による芦田内閣が四八年三月一〇日に成立した。芦田が外相を兼務、民主党から北村徳太郎が蔵相に、苫米地《とまべじ》義三が国務相・官房長官に、社会党からは西尾が副総理に、水谷は商工相に留任、森戸辰男が文相となった。社会党左派からも初めて、加藤勘十（労相）と野溝勝（国務相）の二人が「現実左派」として入閣した。首相を含む閣僚の配分は、民主党六、社会党八、国協二となった。

民主党と社会党の配分が七—七から六—八に変わったのは、民主党の議席数が四七年総選挙直後の一三二から八三に減っていたからである。民主党からは、まず炭鉱国管問題で四七年一一月二八日、幣原をはじめ根本龍太郎、原健三郎（のち衆院議長）、田中角栄（のち首相）らが脱党して同志クラブをつくり、片山内閣崩壊後の後継を争う各党の多数派工作のなかでさらに斎藤隆夫らが脱党、四八年三月、同志クラブに合流して民主クラブをつくった。三月一五日、自由党と民主クラブは合同して衆院一五二人の「民主自由党」（総裁・吉田茂）となった。のちに「第一次保守合同」と呼ばれる。

昭電疑獄　芦田内閣は同年一〇月七日、総辞職に追い込まれる。七カ月余の寿命だった。

原因は、GHQ内の派閥争いも絡んだ昭和電工疑獄事件であった。食糧増産に欠かせない化学肥料のメーカーである昭和電工が、当時の復興金融金庫から資金を借り出そうとして政府要人に贈賄したという疑いで、まず大蔵省主計局長・福田赳夫《たけお》（のち首相）、元自由党幹事長・大野伴睦《ばんぼく》、蔵相・栗栖《くるす》赳夫らが逮捕され、次いで副総理・西尾が逮捕されるに及んで内閣は崩壊した。

芦田首相自身も総辞職から二カ月後に別件の収賄容疑で衆院の許諾を得て逮捕された。しかし、これらの疑獄事件では、一四年後の六二年一一月に栗栖の有罪が最高裁で確定したほかは、芦田、西尾、大野、福田ら全員が五一年から五八年にかけて無罪となった。芦田は二〇〇万円、西尾は一〇〇万円をそれぞれ受け取ったのは事実だったが、賄賂ではなく政治献金と認められた。また福田は一〇万円を受け取ったが、もともと昭電側もこれを賄賂だと考えていなかった。

この事件には総司令部の幕僚部民政局(GS)と参謀第二部(G2)との対立が関係していた。GSは三党連立内閣に好意的だったが、G2はそうではなく、昭電の日野原節三社長がGS次長のケーディス(日本国憲法作成の中心人物)にとりいっていたことを材料にケーディスを陥れ、内閣も瓦解させようとしたふしがある。

幻の山崎首班事件

芦田内閣のあとは、四八年一〇月一五日、民主自由党総裁・吉田茂の第二次内閣が成立するが、その前に「幻の山崎首班事件」と呼ばれるものがあった。吉田を日本の旧勢力のなかの最も反動的な人物とみなし、その背後にはG2が存在するとにらんだGS局長のホイットニー、次長・ケーディスらは、同じ民自党の幹事長である山崎猛を首相にすることで吉田内閣の実現を阻止しようと画策した。山崎ははじめその気になり、民自党の大勢は山崎首班に傾いたが、友人らに説得されて山崎の心境が変わり、議員を辞職した。議席がなければGHQといえども首相にはできない。「山崎内閣」は幻に終わった。

第二次吉田内閣は、成立時に議席数一五〇、欠員を除く衆院議員四四七人の三四%しか持たない民自党単独の少数与党内閣として出発した。当然、選挙管理内閣の色彩の濃い政権であった。しかし、疑獄の摘発の続いているなかで選挙となったのでは、前政権与党の社会、民主、国協三党の不利は目に見えていた。そこへ出てきたのが解散権をめぐる論争である。

解散権論争　内閣成立後ひと月も経たない一一月八日付の『朝日新聞』に、憲法学者・宮沢俊義の論文「解散の憲法的意味」が載った。次のような趣旨であった。

内閣が衆院から不信任されたときに内閣が憲法六九条によって衆院を解散するのは議院内閣制の定石である。しかし、衆院解散はその場合に限られるのではない。憲法七条に定める天皇の国事行為の一つである衆院解散は、必ず内閣の助言と承認に基づくのであるから、結局、解散を決める権限は内閣にある。つまり、七条だけによっても解散はできる。

この憲法解釈は、解散・総選挙をできるだけ後に引き延ばしたい野党にとっては都合の悪い見解であった。ふたたびGSは、肩入れする野党に有利になるよう、「憲法六九条によるほか解散はできない」ことを強く主張し、片山社会党委員長にそれに沿った見解を発表させたりした。しかし、政府、与野党はGSとも協議のうえ歩み寄る。吉田の『回想十年』(新潮社、一九五七年)には、マッカーサーが、少数与党内閣に解散権がないのでは国政運営に困るだろうから、なんとか解散の途をつけてやれ、と裁断した結果だという意味の記述がある。

馴れ合い解散

この時の解散は、結局、形のうえでは六九条解散であった。四八年一二月二三日夜、野党は吉田内閣不信任案を出し、衆院がそれを可決したのを受けて内閣は衆院を解散するという手順を踏んだのである。解散してほしくない野党が解散につながる不信任案を出してGHQ説の形式を守ったわけで、解散詔書には「日本国憲法第六九条および第七条により……」と書かれた。この解散は「馴れ合い解散」と呼ばれた。

総選挙は翌四九年一月二三日に行われた。結果は民自党の地滑り的勝利であった。解散前の一五二議席(直前の党籍異動や補欠選挙で内閣成立時より二人増)から七七%増の二六九議席(当選後入党者を含む)となり、単独で五八%という過半数を獲得したのである。

社会、民主、国協の激減

社会、民主、国協の三党は激減した。最もひどく減ったのは前回総選挙の第一党、社会党であった。当選者数はわずかに四八。解散前の一一一議席の四三%、前回選挙で当選した一四四に比べると、ちょうど三分の一に落ち込んだ。委員長の片山、書記長だった西尾(選挙時は無所属)をはじめ、芦田内閣に入閣した「現実左派」の加藤、野溝、それに逓信相だった冨吉栄二らが枕を並べて落選した。

民主党の減少は、社会党に比べると少なかった。解散時の九〇から七〇へ、二割強で済んだ。選挙の直前に逮捕、起訴された芦田も、京都二区の最高点で当選した。

国協党は解散前の二九議席を一四に半減させた。また、芦田内閣の予算案に反対して社会党を四八年七月八日に除名された最左派の黒田寿男、岡田春夫、松谷天光光《てんこうこう》(四九年、民主党・園田直《すなお》代議士〔のち外相・厚相など〕との「白亜の恋」で有名)らの労農党(労働者農民党)は、解散時に一二人だったが、この選挙で七人に減った。

社会党からは農相を罷免された平野力三や鈴木善幸(のち首相)ら全農派と呼ばれた人々も四八年一月脱党した。これに国協党から早川崇、秋田大助らが合流して二〇人で三月一一日に社会革新党が結成された。この党も五人が当選しただけだった(鈴木善幸は選挙時には民自党公認となっていた)。

このほか野党としては、民自党や民主党から分かれた人々一一人で四八年一二月に結成された新自由党があったが、この党も選挙の結果は二人の当選にとどまった。

野党の中で飛躍的に議席を伸ばしたのは共産党である。前回の四人から一挙に三五人への躍進であった。「絶対得票率」(有権者数を分母とした得票率)が前回の二・五%から七・一%へ、四・六ポイントも増えていた。これに対して社会党と労農党との合計は一七・六%から一一・三%へ、六・三ポイント減った。前回社会党に期待した人々のうちかなりの部分が、この選挙では共産党に転じたことを、この数字は推測させるものである。

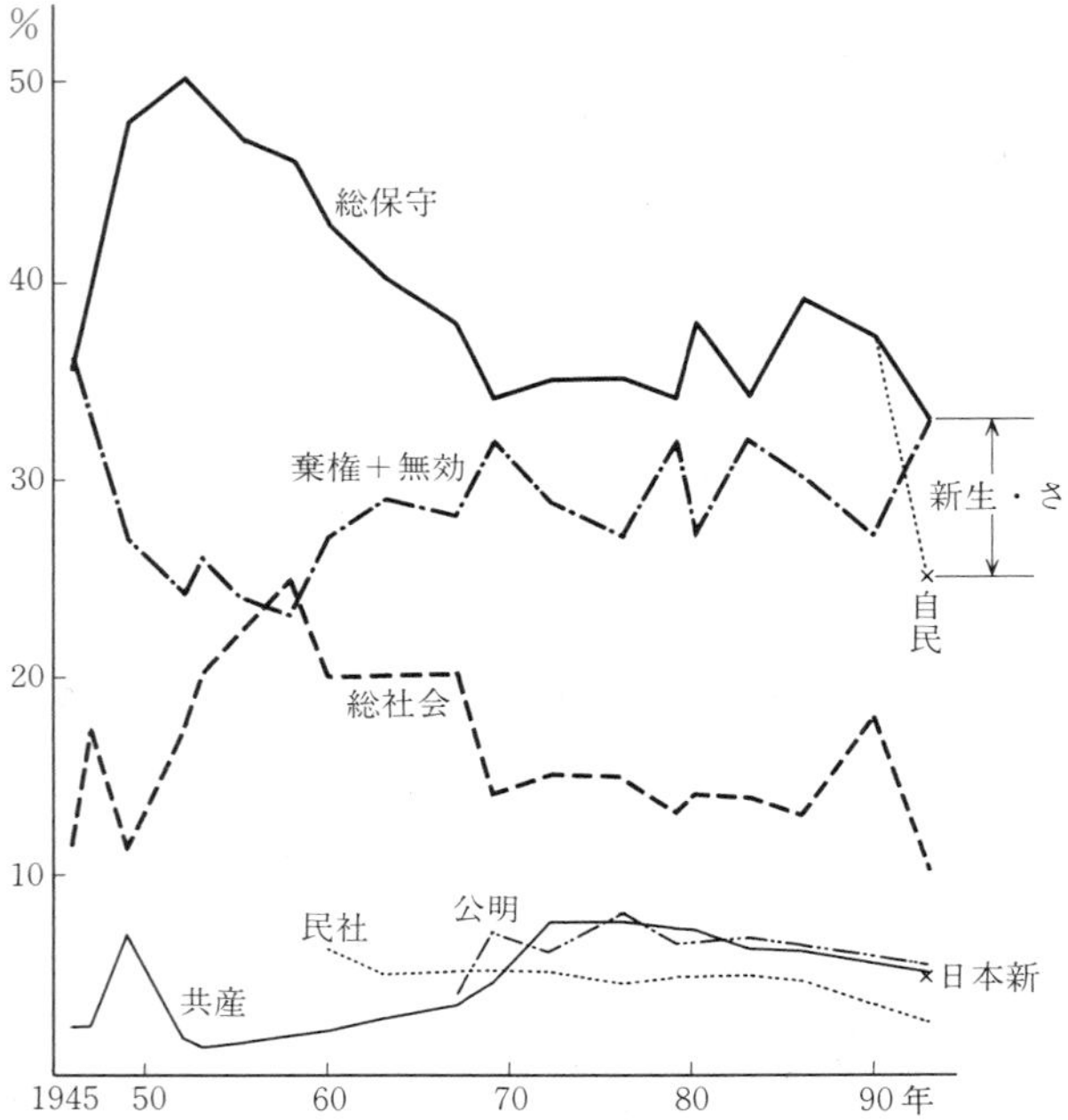

注 1） 総保守：90年まではすべての保守党と保守系無所属．93年は自民，新生，さきがけ3党と3党系の無所属及びその他の保守系無所属（日本新党系を除く）．
2） 総社会：左右両派，労農，社民連，社会党系無所属を含む．
3） 日本新党も同党系無所属を含む．
4） その他の党も各党系の無所属を加算してある．

図1　総選挙・党派別絶対得票率の推移（1946-93年）

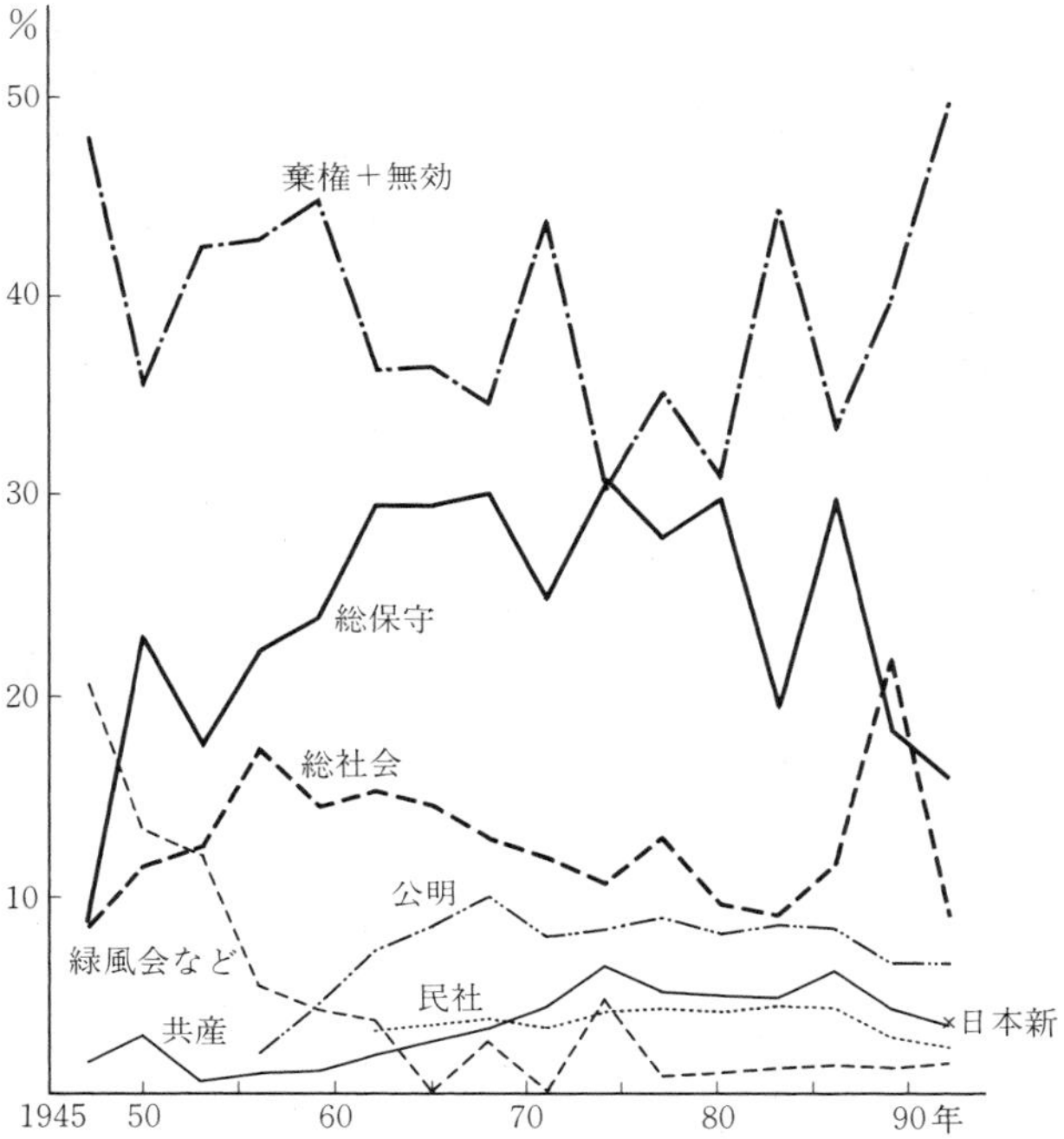

注1）総保守：すべての保守党と保守系無所属.
2）総社会：左右両派，労農，社民連，社会党系無所属を含む.
3）日本新党も同党系無所属を含む.
4）その他の党も各党系の無所属を加算してある.
5）83年以降の参院選比例区には無所属の得票はない.

図2　参院選（全国区—比例区）**党派別絶対得票率の推移**（1947-92年）

高級官僚出身議員

四九年総選挙で特筆しておかなければならないもう一つのことは、高級官僚出身議員の大量登場である。民自党は野党であった四八年七月に、追放によって人材難に陥った党に優秀な血を入れるとして、各省の次官、局長級だった官僚を多数入党させていた。このうち岸信介の実弟で運輸次官だった佐藤栄作は、選挙前に議席のないまま第二次吉田内閣の内閣官房長官(当時は閣僚とは限らなかった)に抜擢されている。また、北海道長官だった増田甲子七《かねしち》も既に第一次吉田内閣で運輸相に登用され、その後の四七年総選挙で議席を持った。

そうした官僚出身者で、四九年総選挙に初当選した主な顔ぶれは、佐藤のほか次の通りである(かっこ内は官僚としての最終履歴)。

池田勇人《はやと》(大蔵次官)、岡崎勝男(外務次官)、吉武恵市(労働次官)、橋本龍伍(内閣官房次長)、大橋武夫(戦災復興院次長)、前尾繁三郎(大蔵省主税局長)、西村英一(運輸省電気局長)、小金義照(商工省燃料局長官)、遠藤三郎(農林省畜産局長)、周東《すどう》英雄(農林省総務局長・物価局長官)、西村直己(高知県知事)

第三次吉田内閣

四九年総選挙から五二年総選挙までの間、つまり第三次吉田内閣の三年八カ月は、五一年九月のサンフランシスコ講和条約の調印、五二年四月のその発効を挟んで、内外にきわめて多くの事件が起こり、政治はめまぐるしく、激しく動いた。

四九年総選挙で単独過半数を占めた民自党の吉田首相らは、一層の安定を求めて、同じ保守党である民主党に連立を働きかけた。民主党は、昭電疑獄で総裁を退いた芦田に代わって犬養健が総裁となっていたが、党内は、苫米地義三、北村徳太郎、中曽根康弘らの芦田派と保利茂、小坂善太郎らの犬養派とが反目していた。衆院議員七〇人のうち犬養派の三三人は連立に賛成し、芦田派を中心に三七人が反対であった。

しかし、四九年二月一一日、首相の指名を受けた吉田は、一六日の組閣で連立派から稲垣平太郎を商工相に、木村小左衛門を地方財政委員会委員(のち地方自治庁長官)として入閣させ、連立内閣をつくった。民主党は、このあと三月二六日正式に分裂する。そしてほぼ一年後の五〇年二月、連立派のうち二二人は民自党に合流し、三月、民自党は名を「自由党」に改めた。また、野党派は複雑な離合を繰り返していた国協党などとともに、五〇年四月二八日、国民民主党をつくり、五二年二月八日には改進党となる。

第三次吉田内閣の組閣では、民主党との連立のほか、初当選の池田勇人を蔵相にし、同じく初当選の佐藤を民自党の政務調査会長に据えたことが目立った。

この内閣はまず、四八年暮れの衆院解散直前一二月一八日に、GHQが米国政府から直接要求があったとして発表した「日本経済の安定と復興を目的とする九原則」（経済安定九原則）を実施しなければならなかった。

経済安定九原則

九原則は超均衡予算や輸出体制の整備などを強く求めたもので、米デトロイト銀行頭取のジョセフ・ドッジが、トルーマン大統領からの依頼を受けた占領軍総司令官顧問として来日し、その実現の采配を振るった。とくに補助金と米国の援助物資とは日本経済の「竹馬の脚」であるとして、その両脚を切って窮乏生活に耐え、インフレを克服し、経済を自立させることを日本国民に要求したので、「ドッジ・ライン」「竹馬経済」は流行語になった。

日本は、減税なし、補助金全廃、公共料金値上げ、国鉄など公務員二三万人の首切りなどを内容とする均衡予算と引き替えに、一ドル三六〇円の単一為替レートを与えられ、国際経済に復帰する。

民主化から復興へ

今日、米国の外交文書などによって、九原則こそは米国の冷戦政策の一環であったことが明らかとなっている。米国側には、日本を経済危機から立ち直らせることで、共産主義につけいる隙を与えない、つまり「全体主義に対する防壁」にしたい、という動機があった。四八年の後半には、中国の国共内戦は共産側の勝利に帰すだろうと多くの人がみていたという情勢も、動機に切迫感を与えていただろう。

しかし、当時の日本人は、不景気、首切りの嵐、そして下山事件(四九年七月五日、下山定則国鉄総裁が轢死体となって発見)、三鷹事件(一五日、中央線三鷹駅で無人電車が暴走、六人死亡)、松川事件(八月一七日、東北本線松川駅近くで旅客列車転覆、三人死亡)などの怪事件(いずれも国鉄の一〇万人にのぼる人員整理や労組弾圧との関係が取りざたされた)に怯《おび》えながら、自らの生活を守ることで精一杯であった。

政府も少なくとも初期は、米国の対日政策がそれまでの「民主化」から「復興」へと重点を移したことを、どこまで的確に捉えていたかは明らかでない。

ただ、老練な外交官であった吉田と、その考え方に忠実な池田、さらにその池田の有能な秘書官であった宮沢喜一らは、ドッジの登場のなかに米本国政府と占領軍当局との不協和音を感じとり、本国とじかに接触することも含めて両者の摩擦を利用し、日本政府の立場、とくに講和条約についての立場を有利にすることを考えるようになる。もっとも、それらにしても、いろいろなことが一般国民に分かるのは、一九五〇年代の半ば以降になってからである。

講和論争　こうした曲がり角を曲がって、日本は講和——占領の終結——に向かう。

講和についてのは、それまでにも政府や国民の話題になることはあったが、本格的に論議が活発になるのは、四九年秋にアチソン米国務長官らが対日講和の検討に動き始めたという情報が伝わったころからである。ほとんど同時にそれは「単独(片面)講和か全面講和か」、つまり米英仏など西側諸国だけとの講和か、ソ連など社会主義国が参加する講和かという議論に国中を巻き込んでいく。

政府は冷戦下の現実を見れば片面講和しか可能性はないとの立場をとり、社会党は四九年一二月四日の中執委で「全面講和、中立堅持、軍事基地反対」(講和三原則、のち五一年一月一九日からの第七回大会で「再軍備反対」を加えて平和四原則)を決めて鋭く対立した。いわゆる進歩的学者・文化人らも五〇年一月一五日、三五人の知識人による「平和問題談話会」が声明を発表して全面講和の必要を説くなどした。いらだった吉田首相が五〇年五月三日、全面講和論者の一人である南原《なんばら》繁・東大総長を名指しして「曲学阿世《きょくがくあせい》の徒」という非難を投げつけ、論戦の火に油を注ぐなどのこともあった。

ダレス来日　実は同じころ、五月の二日か三日、渡米してドッジと経済再建について会談していた池田、宮沢らは、「講和後の米軍の日本駐留を日本側から申し出てもいい」という吉田の言葉を極秘で伝えていた。吉田は早期講和のためには米軍駐留を認めるほかないと考えていた。それはまた、全面講和の途はとれないことを前提にした交渉でもあった。

これに先立ってトルーマン米大統領は四月六日、外交問題に深く関与していた弁護士、J・F・ダレスを国務省顧問に任命、対日講和問題に当たらせることにしていた。ダレスは六月二一日来日し、日本国民に講和問題が本格的に動き出したことを感じさせた。

ダレス滞日中の六月二五日未明、北朝鮮軍が三八度線を越えて南進を始め、朝鮮戦争が始まった。対日講和問題にとっては、これによって、もともと微《かす》かにあるかどうかだった全面講和の可能性が決定的に失われた。

朝鮮戦争と特需

朝鮮戦争では、日本は米軍を主体とする国連軍(厳密には国連憲章に定義された国連軍ではなかった)の補給基地として大量の物資調達を受け、「朝鮮特需」で潤った。それは朝鮮の人々の流した血に対する後ろめたさを一部の人に感じさせながらも日本経済の活性化をもたらし、ひいては五〇年代後半以降の高度経済成長に結びついていった。日本人の飢えがほぼ解消されたのも、このころである。

再軍備

当時の日本が望んでいなかった再軍備も、この戦争をきっかけに事実上始まった。

在日米軍が朝鮮に派遣され、手薄になった国内警備を補うためという理由で、マッカーサーは戦争開始から旬日後の七月八日、吉田首相への書簡の形で、七万五〇〇〇人の国家警察予備隊の創設と、海上保安庁の八〇〇〇人増員を命令した。八月二三日には最初の約七〇〇〇人が入隊するという、慌ただしく有無を言わさぬ再軍備であった。

朝鮮戦争には、中国の人民義勇軍も五〇年一〇月二五日、鴨緑江《おうりょくこう》を越えて南下、参戦した。これに対して国連軍最高司令官マッカーサーは五一年三月二四日、中国本土攻撃も辞さないと声明し、これが主な原因となって四月一一日、トルーマン大統領から罷免される。一六日、羽田空港から帰米するマッカーサーを見送って、沿道には二十数万の日本人がびっしりと立ち並んで別れを惜しんだ。同日午後、衆参両院は彼に対する感謝決議を可決した。

講和会議

七月二〇日、日本政府に講和会議出席の招請状がとどいた。その一〇日前七月一〇日には、開城で朝鮮休戦会談が始まった。サンフランシスコ市内のオペラハウスで対日講和条約が、日本を含む四九カ国によって調印されたのは九月八日だった。講和会議に招かれた五二カ国のうち、ソ連、チェコ、ポーランドは調印を拒否、中国(中華人民共和国)、台湾(中華民国)はともに招請されなかった。

講和会議に「野党も含めた強力な代表団」を派遣するよう求められた吉田首相は、共産党を除く各党に全権団参加を呼びかけたが、曲折の後、野党からは国民民主党最高委員長の苫米地義三だけが加わった。全権は主席全権の吉田のほか、自由党の星島二郎(のち衆院議長)と池田蔵相、苫米地、参院緑風会の徳川宗敬《むねよし》、日銀総裁・一万田尚登《いちまだひさと》、計六人だったが、同時に米国との間で結んだ安全保障条約(日米安保条約)には吉田だけが署名した。講和条約が発効し、日本占領が終結したのは五二年四月二八日であった。

社会党分裂

社会党は講和条約の批准承認をめぐって左右両派の対立がついに爆発し、五一年一〇月二三日の第八回大会で乱闘の末分裂する。右派は「講和賛成・安保反対」、全面講和論を推進した左派は「両条約反対」だった。賛成者は白票を投じ、反対は青票というのが国会の決まりなので、この対立は「白・青か青・青か」と表現された。分裂直後の議員数は衆院が右派二九人、左派一六人、参院は右三〇人、左三一人。右社は委員長空席、書記長・浅沼稲次郎、左社は委員長・鈴木茂三郎、書記長を空席とした。

総評の結成　この時期には労働組合の組織にも大きな変化が生まれた。「総評」の結成である。敗戦後初期の労働運動では、産別会議が中心的な役割を果たしていた。しかし、同会議が共産党に主導されていることに不満な組合や組合員たちは「民主化同盟」をつくって対抗し、やがて産別会議を脱して新しい組織に発展した。

五〇年七月一二日に結成された新組織が「日本労働組合総評議会」(総評)であった。総評ははじめ、その反共姿勢から、米政府やGHQ、米AFLなど有力労働組織の支援を受けて出発し、発足一年後の五一年半ばには、組織労働者約五七〇万人のうちの二九〇余万人、過半数を占めるまでになった。

しかし、総評の主導権はかなり早い段階から「民同(民主化同盟)左派」が握っており、五一年三月一〇～一二日の第二回大会では「全面講和、中立堅持、軍事基地反対、再軍備反対」の社会党と同じ平和四原則を運動方針とし、高野実を事務局長にした。結局、総評は米政府、GHQ、日本政府などを後ろ盾として出発しながら、このときからそれら権力に反対する有力な勢力となった。これは当時「鶏がアヒルになった」と言われた。

一方、この時期の共産党は、三五人という衆院の議席を当初持ちながら、暗い党史を綴っていく。

レッド・パージ

まず五〇年一月六日、コミンフォルム（欧州九カ国の共産党・労働者党情報局）の機関紙『恒久平和と人民民主主義のために』が、日本共産党の指導者・野坂参三とその理論を名指しで非難する論文を掲載した。野坂の占領下での平和革命論を批判したもので、共産党はこれをきっかけに野坂、徳田球一ら「所感派」と、志賀義雄、宮本顕治らの「国際派」に分かれて激しく争うようになる。

ちょうどそのころ冷戦激化に伴って反共色を強めていたGHQは、六月六日マッカーサー書簡で共産党中央委員二四人全員の公職追放を指令した。さらに朝鮮戦争が始まった後の七月二四日には新聞、通信社、日本放送協会などの従業員のレッド・パージを勧告、約五〇社の七〇〇人ほどが追放されたのを皮切りに、電気産業、映画、運輸、炭鉱、鉄鋼、電機などの民間企業一万余人に広がった。

また、政府は九月一日、政府機関職員のレッド・パージを閣議で決め、一一月一五日までに約一二〇〇人を追放した。

この間に共産党は一〇月、北京に亡命した徳田、野坂らにより、志賀、宮本らを排除してつくられた地下指導部が武装闘争方針を決めた。絶望的な火炎びん戦術がとられ、農村に武装闘争の根拠地をつくる「山村工作隊」が組織され、それらが一層の弾圧を招いた。五二年五月一日、集会の禁止された皇居前広場に向かったデモ隊が警官隊と衝突、二人が射殺され一二三〇人が検挙された「血のメーデー」も、実力行使に走りやすかった当時の左翼と、口実をとらえて弾圧を強めようとしていた警察との鋭い対立を示す事件であった。

9 吉田対鳩山、左社対右社

追放解除

追放令が共産党に適用されるようになった一年後には、もともとその対象であった旧日本帝国の指導者に対する追放の解除が、講和をまたずに始まった。五〇年一〇月一三日に解除された一万九〇人のなかには、安藤正純、大久保留次郎(のち行政管理庁長官)らの政治家がいた。翌五一年六月二〇日には石橋湛山、三木武吉、河野一郎ら二九五八人、八月六日には鳩山一郎ら一万三九〇四人が相次いで解除となった。

自由党が四六年総選挙で第一党になったときの総裁で、その直後に追放されたため吉田に総裁を譲って隠棲《いんせい》していた鳩山や、三木、河野らは、吉田の自由党では独立後にふさわしい政治はできないとして、追放解除後に新党結成をもくろんでいた。ところが肝心の鳩山が解除の直前に脳出血で倒れ、そのため、とりあえず自由党に復帰し反吉田運動に情熱を傾けることになる。

一方、追放解除者のうち、主に旧民政党系の大麻唯男、松村謙三らは、国民民主党の幹事長・三木武夫らに呼びかけて新党の結成に動いた。そして五二年二月八日、改進党が衆院六九人で誕生する。

逆コース　吉田首相は五一年一二月二四日付でダレス米国務省顧問に書簡を送り、台湾の国民政府との間に平和条約を結ぶ用意があるという趣旨を述べた。その条約は「国民政府の支配下に現にあり又は今後入るべきすべての領域」に適用され、共産政権との間には条約を結ぶ意図はないことを明言した内容であった。当時は日本が国府を中国を代表する政府と認めなければ、米上院は講和条約の批准承認をしない情勢であったという。この「吉田書簡」は、のちに六四年五月七日付で台湾の張群秘書長宛に、日中貿易進展に関係して台湾政府をなだめるために出された私信としての吉田書簡と区別し、ときに「第一の吉田書簡」と呼ばれる。日華平和条約はサンフランシスコ条約発効当日の五二年四月二八日に台北で調印、八月五日に発効し、以後七二年九月の日中国交正常化までの二〇年間、日中間の不正常な関係を律するものとなった。

同じころ政府、与党は、占領権力がなくなったあとの治安を強化するためとして五二年七月四日、破壊活動防止法を成立させ、二一日公安調査庁を設け、三一日には警察予備隊を「保安隊」に改め、防衛庁の前身となる保安庁を発足させた。一連の「逆コース」の始まりに対して批判の声が高まったが、一方で改進党や自由党の鳩山派は、もっと正々堂々と再軍備すべきだなどと批判した。

抜き打ち解散

こうしたなかで吉田らが、批判を強める鳩山ら自由党内の反吉田分子に打撃を与える目的で仕組んだのが、八月二八日の「抜き打ち解散」である。鳩山派の選挙準備ができていないうちに総選挙をしてしまおうというもので、参院議長・松野鶴平と池田、佐藤、保利ら側近で画策し、衆院議長・大野伴睦をはじめ、自由党の幹事長・林譲治、総務会長・益谷秀次らにも知らせず、隠密裡にことを進め、衆院を解散した。憲法第七条だけによる初めての解散であった。

自由党の選挙は完全な分裂選挙であった。鳩山派は党本部とは別の事務所を東京ステーション・ホテルに置いて運動した。ただ、林、益谷ら執行部は、資金不足に苦しむ鳩山派候補の面倒はみたという。それは同時に鳩山派の切り崩しでもあった。

一〇月一日の選挙は日本が占領のくびきから脱して初めての総選挙であった。結果は、与党の自由党が二四二人になった。過半数は保ったが、解散前には二八五人だったので、四三議席を減らし、議席率では六一％から五二％へ、かなりの転落であった。しかも、そのなかの鳩山派の強硬派を中心とする六四人は、選挙後、「民主化同盟」(民同派)をつくり党内野党となったから、吉田支持の勢力は事実上過半数を割った。

改進党は六九人から八九人に、二〇議席を増やし、社会党は左右を合わせると一一六と、四九年選挙で四八議席に落ち込んだのを再び二・四倍に増やし、かなりの回復力をみせた。共産党は当選者ゼロであった。その極左冒険主義が国民から嫌悪されていた証拠であった。

これらの党や派の消長よりも、この選挙で注目されたのは、追放解除者の復元力がどの程度かということであった。

追放解除者の復元力

この回、追放解除者が全部で三二九人立候補し、そのうち一三九人が当選した。全衆院議員のちょうど三〇%を占める。もっとも、これがすべて戦前・戦中の代議士であったわけではない。地方政治家や旧官僚たちが多く含まれる。旧代議士で復活した人は、自由党三九、改進二三、社会八、その他三の計七三人だった。ほかに、戦後第一回の四六年総選挙で当選したあと追放された二二人がいる。このなかには戦前派も戦後派もいる。鳩山もこれに入る。結局、追放解除で返り咲いた代議士は九五人、全体の二割であった。逆にいえば、戦後七年の歳月は衆院に戦後派を七、八割確保させたということになる。

もう一つの特筆点は、この選挙が、戦後の「保革」対立時代では最も多くの保守支持者の足を投票所に運ばせたということである。自由、改進、それに旧民政系で追放解除者である三好英之を理事長とし、A級戦犯容疑者だったが四八年暮れに釈放された岸信介を顧問とする日本再建連盟を加えた保守党全体の絶対得票率は五〇%を超えた。これに対して左右両社、労農、共産、協同の「革新」は二〇%を切っていた。保守は革新の二・五倍以上の票を集めたのである。

吉田派と鳩山派

講和後最初の総選挙であった五二年選挙と、次の五三年選挙との間は、ちょうど二〇〇日しかない。与党の自由党内が吉田派と鳩山派との政争に明け暮れ、あげくに内閣不信任案が可決されて、再び衆院解散(バカヤロー解散)となったからである。

五二年選挙で自由党が得た二四二議席は、過半数の二三四議席を八つしか上回っていなかった。無所属を除いて、野党は全部で二〇九だったから、与野党の差は三三。一五人の無所属の多くは保守系ではあっても吉田に近いとはいえなかったから、衆院本会議で野党が結束して自由党に当たった場合、与党の内部から二十数人の反逆者が出て採決に欠席すれば、野党の意思が通るという数字であった。

そのことは、第四次吉田内閣ができて一ヵ月も経たない五二年一一月二八日に池田勇人通産相の不信任案が可決されたことで実証された。池田は衆院本会議で「五人や一〇人の中小企業が倒産し、自殺するのはやむをえない」と答弁、不信任案の採決では自由党「民主化同盟」から二五人が欠席して七票差で可決したのである。

バカヤロー解散

バカヤロー解散も同様の経過であった。五三年二月二八日、衆院予算委で右派社会党の西村栄一(のち民社党委員長)が国際情勢の見通しについて質問中、吉田首相が自席についたまま「バカヤロー」と言った。吉田はすぐ取り消し、西村も了承したが、右社は懲罰動議を出し、それが翌々日の本会議で可決された。自由党の民同派に加え、同党の広川弘禅《こうぜん》(当時、農相)一派が欠席したためであった。広川はもともと吉田側近を任じていたが、追放解除で自由党入りした緒方竹虎(元朝日新聞主筆、小磯内閣情報局総裁、東久邇内閣書記官長)を吉田が重用し、第四次内閣の副総理にしたことで動揺し、さらに五三年一月、幹事長に佐藤栄作が起用されたことで不満を爆発させた。吉田は懲罰動議が可決された日に広川農相を罷免した。

続いて三月一四日、左右両派社会党が内閣不信任案を出すと、民同派の二二人は自由党を脱党して同名の「自由党」(代表・三木武吉)を名乗り、不信任案に賛成投票した。マスメディアはこの党を鳩山自由党=鳩自、または分党派自由党=分自、対して元の自由党を吉田自由党=吉自、または単に自由党と呼んだ。不信任案は二二九対二一八の一一票差で通り、吉田は直ちに衆院を解散した。広川派は不信任案には反対したが一五人がこのあと脱党し、鳩山自由党に合流した。

五三年四月一九日投票の総選挙結果は、吉自が二〇二と、過半数を大きく割った。ただし、解散時すでに民同派と広川派が欠けて二〇七にまで減っていたので、実質は五議席減であった。

左派社会党の躍進

一方の鳩自も、三七議席から出発して三五議席にとどまった。広川（東京三区）は落選した。また、改進党が前回の八九から七七に、大きく減ったのが目立った。

保守政党が三党とも振るわなかったのに対して、「革新」側は好調だった。なかでも躍進したのが左社で、前回の五六から七二へ、一六議席増やした。右社も六議席増で六六となった。労農党は四から五へ一増、前回ゼロだった共産党も一人（大阪二区・川上貫一）が当選した。五一年秋に分裂したとき衆院に一六人しかいなかった左社は、一年半で四・五倍に増えて右社を初めて追い越した。

「青年よ、銃をとるな」

この選挙の争点は「再軍備」であった。鳩山自由党は憲法九条を改定してはっきり軍隊をもつことを主張し、改進党も清瀬一郎など一部に改憲反対派がいたものの、大体は改憲・再軍備説であった。吉田自由党は憲法はそのままに、「戦力なき軍隊」などの表現でごまかしながら、なし崩しに再軍備を進めていると思われていた。

これに対して、左右両社会党は、保安隊を解散する（左）か縮小する（右）かなどの違いはあったものの、ともに再軍備反対の立場をとった。選挙の結果は、国民の気持ちがこうした再軍備反対の側にやや傾いたことを示していた。とくに左社の躍進は、総評が「左社と一体」の方針で全面支援したことも大きな理由であったが、一般にはこの選挙で鈴木茂三郎委員長が叫んだスローガン、「青年よ、銃をとるな。婦人よ、夫や子どもを戦場に送るな」が、敗戦の苦しみからまだ七年あまりの時期の国民の心をつかんだとされた。

社会党の左派優位

絶対得票率でみると、大づかみには保守各党が合計で二％減り、その分革新が増えたことがこの結果をもたらした。実数にして約一〇〇万人の有権者の転回であった。

保守党はなお四八・七％の絶対得票率を保ち、相対得票率（有効得票数を分母とする、普通用いられる得票率）では、投票率と無所属票がともに減った影響を受けて逆に微増し、六六・三％を記録した。結局、保守勢力は後退したとはいえ、議席率でも相対得票率でも、依然として三分の二を確保していた。それは、この選挙が前回から半年しか経たずに行われたものである以上、むしろ当然であった。

にもかかわらずこの選挙結果は、社会党の「左派優位」を決定的にしたことで戦後政治史に大きな意味をもった。このあとしばらく、社会党は左派主導のもとで伸び続ける。そのことによって左派の路線は「正しさ」を獲得し、そうした左派＝正統の感覚がのちに社会党が「長期低落」に悩むことになってからも、長い間、党を呪縛し続ける。

10　保守一党優位体制の成立

五三年総選挙で過半数を割っても、吉田自由党は第一党であった。五三年五月一九日の首相指名は吉田と第二党、改進党の総裁・重光葵(東条、小磯、東久邇内閣の外相、A級戦犯で禁固七年)との決選投票となり、左右両社が棄権して吉田が二〇四対一一六で指名された。

第五次吉田内閣

第五次吉田内閣は少数与党政権であったから多数派工作が続けられた。改進党とは「保安隊を自衛隊にして直接侵略に備える」という意味の合意を材料に、部分的合意をとりつけた。さらに吉自執行部の説得で、「憲法改正調査会」を党内に設けることなどを条件に鳩自の鳩山、石橋ら二六人が五三年一一月末から一二月初めにかけて、吉自に復党した。しかし、三木武吉、河野一郎ら八人は帰らず、日本自由党(日自)を名乗った。

これで自由党は二二七人に回復したが、なお過半数の二三三(この時期には衆院に欠員一が生じていた)には六議席不足であった。このため、反吉田強硬派の三木ら日自党はわずか八人でもキャスティング・ヴォートを握っていた。鳩山らの復帰は、自由党にとって安定をもたらすものではなかったのである。

警官出動

この時期、政策の面では保守各党間に少なくとも基本的な対立はなかった。電力・石炭事業のスト規制法(五三年八月)、MSA協定(五四年三月に調印された米国との相互防衛援助協定。米国の対日経済援助と日本の防衛力漸増が内容)、日教組の活動制限を狙った教育二法(五四年五月)、警察法改正(自治体警察の廃止、国の警察監督権強化=六月)、防衛庁設置法・自衛隊法(六月)などは、いずれも保守各党が協力し、左右両社会党などの強い抵抗を押しのけて成立している。とくに警察法改正では、成立を目指して会期を延長しようとした保守側に対して、革新側は議長席を占拠するなどの「物理的抵抗」をし、堤康次郎議長は警官隊の出動を要請、このあと保守側だけで審議して通すという異常事態となった。警官隊出動、反対派欠席のままの審議は、どちらもこれが最初であった。

こうした無理押しは、軍備・治安立法などでは効いたが、内閣の延命には効果がなかった。

造船疑獄

五四年一月に明るみに出た造船疑獄は、海運再建のための計画造船に対する融資割り当てと、その利子補給のための立法をめぐって、海運・造船業界が保守政界に贈賄した事件である。造船工業会の丹羽周夫《かねお》会長(三菱造船社長)、土光《どこう》敏夫副会長(石川島重工社長)ら七一人が逮捕された。四月二〇日、最高検首脳は収賄側の頂点に立つ自由党の幹事長・佐藤栄作の逮捕について、衆院の許諾を求めることを決めた。しかし、法相・犬養健は吉田首相、緒方副総理らの意向に沿い、検事総長に対する法相の指揮権(検察庁法一四条)を発動して二一日、逮捕を阻止した。犬養は翌二二日、辞職した。これによって捜査は頓挫し、結局、業界と官庁の一七人が有罪となっただけで終わった。

四月二四日に出された内閣不信任案を自由党は一応乗り切るが、次の会期の開会を控えた一一月二四日、改進党のほぼ全員六九人、日自党八人、自由党鳩山派四三人の計一二〇人は新しく「日本民主党」を結成、倒閣を目指す。そして一二月六日、民主党と左右社会党は共同で内閣不信任案を出した。提案の三党で二五三人、可決は必至であった。吉田はここでも衆院解散に打って出るつもりであったが、緒方らが解散の閣議決定に署名しない強い決意で総辞職を説得したことなどで諦め、七日、内閣も党総裁も投げ出した。連続六年二ヵ月、第一次内閣から通算すれば七年二ヵ月の長期政権であった。

鳩山ブーム

吉田内閣総辞職を受け一二月一〇日に成立した第一次鳩山内閣は、一二〇人しかいない第二党が与党であった。首相指名に当たって左右両社会党が鳩山に投票しなければ、自由党総裁・緒方の票を凌ぐことはできなかった。当然に選挙管理内閣であり、民主・両社党は首相指名の当日、五五年三月上旬までに総選挙を行うと共同声明を発表した。総選挙は二月二七日に行われた。

選挙を前に、国民の間には「鳩山ブーム」が起きていた。腐敗した吉田長期政権に飽きていた国民が、「悲運の宰相」といった趣の鳩山の登場に期待したのであった。

これを見て、分裂していた社会党は統一への動きを早めることになる。すでに五三年選挙の少しあと、八月に、左社がまず「社会民主主義政治勢力結集特別委員会」をつくり、これに呼応して右社も翌月、「統一問題調査研究委員会」を設けていた。五四年三月には両委員会の合同会議が開かれもした。しかし、吉田退陣のころまでは、その動きは遅々としていた。それが鳩山ブームで急に進展したのは、統一のプログラムを示さなければ選挙に負けるという気持ちに、両党首脳が衝き動かされたからであった。

社会党、統一へ

五五年一月一八日には両党が同じ日に別々に党大会を開き、それぞれ同文の「社会党統一実現に関する決議」を採択した。こうして五五年二月総選挙は、社会党の統一が前提とされた選挙となった。

保守側でも、後に述べるように、すでに合同の必要性は論じられていた。しかし、五五年総選挙前には、保守政党の関係者からみても、その具体化からはほど遠い状況と感じられていた。「五五年体制」に向かう準備では社会党が一歩先んじていた。

五五年総選挙で鳩山、岸らの民主党は、政界復帰以来の主張である憲法改正、とくに第九条の改定による自衛軍の創設を正面に掲げた。両派社会党は「平和憲法擁護」を統一決議のなかに入れていた。再びこれが争点であった。

選挙の結果は、予想通り民主党が第一党になった。しかし、議席数は一八五で、過半数の二三四には遠く及ばなかった。自由党は一一四で、解散前の一八〇から三分の一以上を失った。鳩山ブームにもかかわらず、保守全体では前回五三年総選挙の三一四から二九九へ、一五議席の減少であった。

改憲阻止の議席確保

その分は、再び左社が奪った。前回の七二から八九へ、一七議席を伸ばした。これにひきかえ、右社は一議席増やしただけ、労農党は一議席減らした。共産党は一議席増えて二になった。前回に続き、再軍備反対派が伸び、統一社会党は左派が主導権を握ることが確定した。

この回はそれだけでなく、憲法改定を阻むのに必要な三分の一の議席を革新四党で確保したことに大きな意味があった。前回総選挙では革新側は一四四で、三分の一である一五六に足りなかった。それがこの回は一六二になったのである。民主党は改憲を諦めるほかなくなった。

しかし、そのことは同時に、「革新」側が伸びたとはいってもまだ三分の一確保がようやくであることも意味していた。絶対得票率も保守四八％対革新二四％と、みごとに二対一であった。しかも、投票率が上がったために、革新も一七〇万票増やしたけれど、保守も五〇万票増やす力を示していたのである。

保守合同へ

五五年総選挙で発足した第二次鳩山内閣の与党民主党は、衆議院の四割の議席しか持っていなかった。第一次内閣の一二〇から一八五へ五割以上の増ではあった

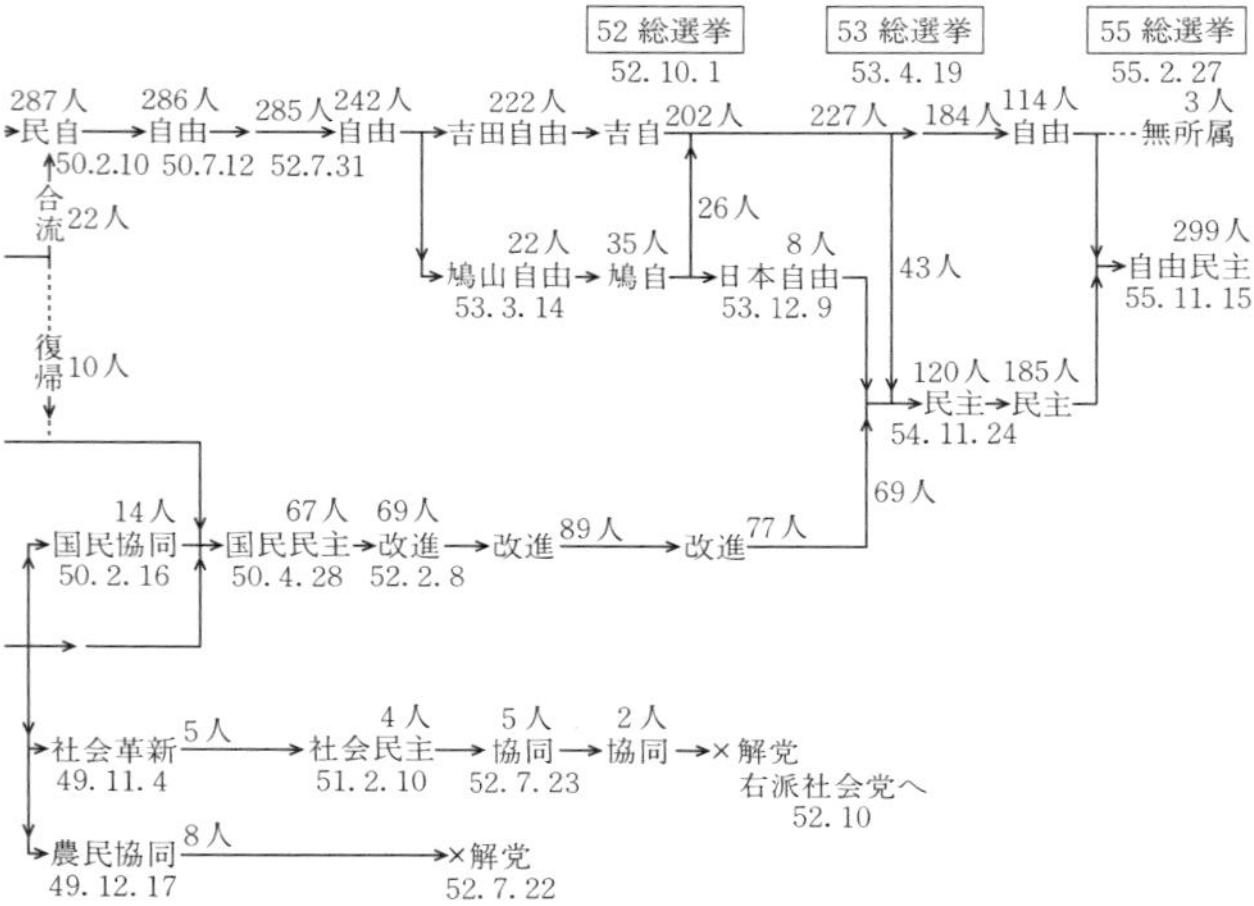

までの分離集合

が、過半数を持たない状態は続いており、吉田時代の末期とは逆に、自由党(首相指名選挙では鳩山に投票した)の攻勢にさらされる。総選挙から八カ月半のちに民主、自由両党が合同に至るのは、こうした少数与党の事情が引き金になったと見ていいだろう。

むろん保守合同には、それを必然とした、さまざまの理由があった。

社会党、とくに左派勢力が選挙のたびに伸びることは、財界を含めた保守勢力の不安を誘っていた。その社会党がこの秋には統一すると決めていて、いずれは政権を狙いそうな様子であることも、不安に拍車をかけた。左社は、五五年選挙の一年余り前、五四年一月

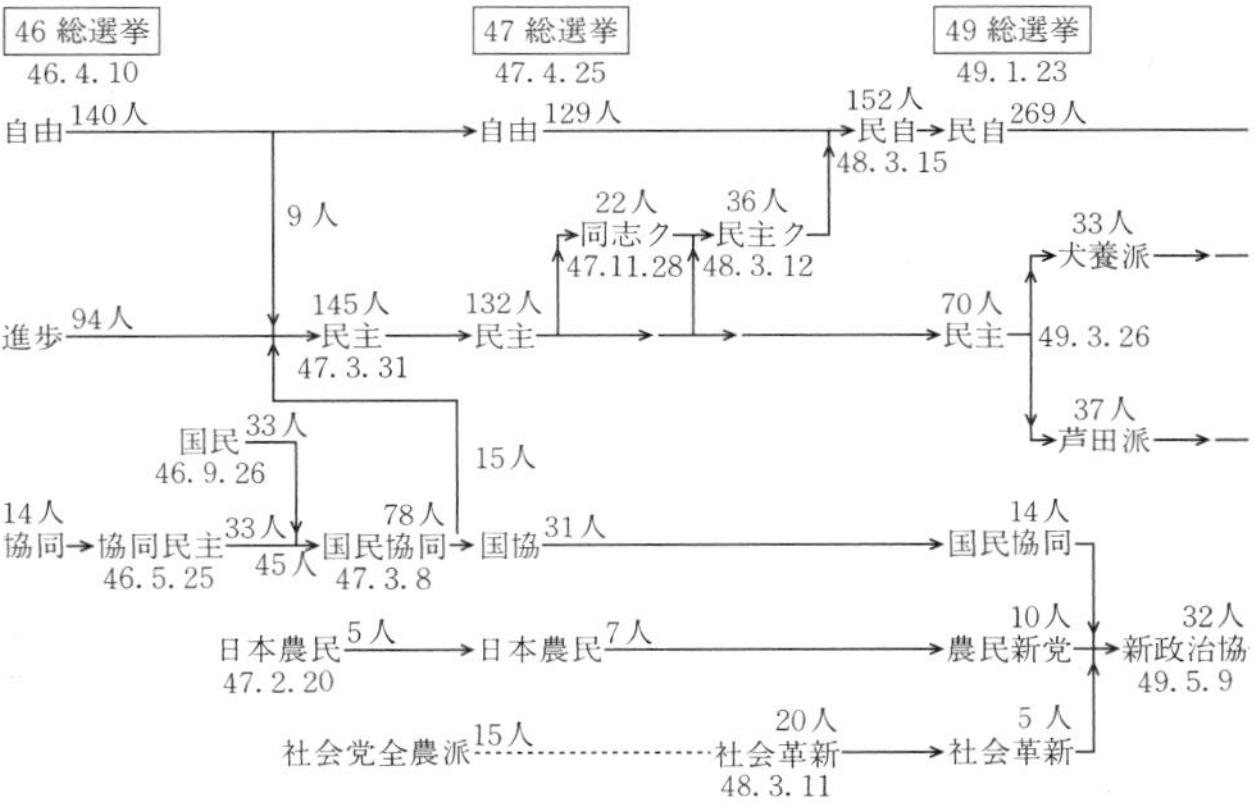

備考）1. 党名下の数字は，成立，合併，分離の年月日.
2. 各党の分離，集合は諸派，無所属議員らも参加して行われたので，人数の合計等は，必ずしも合わない.
3. 一部は省略してある.

図 3　保守合同

に、「プロレタリアート独裁の日本的形態」をめざす左社綱領を決めていた。日経連などの経済団体はこれを激しく論難し、他方で保守勢力が権力をめぐる互いの対立抗争をやめることを期待した。日経連総会は五四年一〇月一三日、「清新強力な政治力が急務」と決議し、同月二〇日、経済同友会は大会で「速やかに保守合同を実現せよ」と決議した。

　政党側でも、これに先立つ五四年三月二八日、吉田内閣副総理の緒方が保守合同構想を発表し、「時局を按《あん》ずるに、政局の安定は現下爛頭《らんとう》の急務であって……」と声明した。四月一三日には自由党が改進党に「両党解党・新党結成」を申し入れた。このときは吉田政権の延命策の色合いが濃く、総裁公選をめぐって意見が合わずに話は壊れたが、両党ともいずれ保守合同が必要なことは早くから認めている人が多かった。

総選挙のたびに保守党の候補が乱立し、共倒れが多いことも、総保守の観点からは切実な悩みであった。実際、合同前の保守全体の候補者数は、五三年総選挙が五八七人、五五年総選挙が五三四人と、総定数を超えていた。合同後は、それが四一三人と、七、八割に減ることになる。

両党の合同を妨げる要素のうち最大のものは、吉田・鳩山の長い間の確執であった。それが吉田の引退でいわばケリがついたのは、あとから見れば合同への条件を整えるものであった。

三木武吉の談話

しかし、こうした流れが現実化に向かって弾みがついたのは、総選挙から四〇日ほど経った四月一二日、民主党総務会長・三木武吉が東海道線車中談で、「保守結集のために、もし鳩山の存在が障害になるなら、鳩山内閣は総辞職してもいいし、民主党は解党しても一向差支えはない」と語ってからであった。三木は保守合同を以前から信念としていたとされるが、当時の印象ではほとんど唐突に言い出されたこの談話が、民主党が過半数、あるいはそれに近い数を持っていても表に出たかどうかは疑問である。

合同には民主党内では松村謙三、三木武夫ら、自由党内では池田、佐藤らが反対し、話し合いは難航するが、三木武吉と、これに自由党から同調した大野伴睦らの党人派が全体を引きずる形で進み、最後の難関である総裁を誰にするかについても、暫定的に「代行委員」制という集団指導を取り入れることで乗り切った。こうして一一月一五日、「自由民主党」の結成大会が開かれた。

総裁はいずれ党所属国会議員らの選挙で選ぶことになっていたが、鳩山の最大のライバル緒方が、合同後わずか二ヵ月余りのちの五六年一月二八日に急死したため、鳩山が同年四月五日の総裁選で対立候補なしに選ばれる。もっとも、この総裁選では旧吉田系の批判票が七六票もの無効票の形で出た。

保守合同のひと月前、一〇月一三日には両派社会党が統一大会を開いて統一した。なお、もう一つの「革新」政党、労農党が社会党に参加するのは五七年三月一六日になってからである。

11　日ソ国交回復、国連加盟

日ソ共同宣言と北方領土

保守合同が進んでいる間、一方で鳩山、河野一郎らはソ連との国交回復に力を尽くす。日ソ復交は、鳩山が政権について以来の念願であった。それは片面講和を選んだ吉田に対するアンチテーゼでもあった。

実際に動き出したのは、五五年総選挙のために衆院が解散した翌日、一月二五日に、占領時代のソ連代表部首席であったアンドレイ・ドムニツキーが鳩山私邸を訪ねて、国交回復への積極姿勢を示すソ連政府の文書を手渡したことに始まる。

ところが、ソ連代表部には公的外交資格がないとして、はじめこれを無視しようとした外務省および重光外相と鳩山らとの間はぎくしゃくするし、吉田系の反感はあるしで、交渉は難航をきわめる。ソ連側との対立の主題は、終始「北方領土」問題であった。それでも、保守合同後の第三次内閣になってからも交渉は断続的に続いた。そして五六年一〇月、復交後の引退を決意した鳩山自身が河野とともに訪ソして交渉し、領土問題を棚上げにして、一九日共同宣言に調印した。これによって同年一二月一八日、国連総会は満場一致で日本の加盟を認めた。鳩山内閣はその翌々日、総辞職した。

ハトマンダー

鳩山が政権をとって成し遂げたかったもう一つのことは憲法改正であった。しかし、前に述べたように、五五年総選挙で両派社会党が三分の一を超えて、国会による改憲発議ができなくなったことによって、その目論見は阻まれた。そこで次にその壁を破るために鳩山らが考えたのが、衆院の選挙制度を中選挙区制から小選挙区制に変えることであった。

鳩山内閣は五五年総選挙の三カ月後、五月二六日には第五次選挙制度調査会(会長・有馬忠三郎)を発足させ、その答申を受けた形で五六年三月一五日の臨時閣議で小選挙区制法案(公職選挙法改正案)を決めて一九日、国会に提出した。

この案は衆院議員定数を四九七へ、当時の定数に三〇をプラスし、選挙区は定数一の小選挙区四五五と、二一の二人区とを設けた、ほぼ単純小選挙区制と呼べるものであった。また、労組の選挙運動を禁止したり、立会演説会を廃止することも法案に盛り込まれた。

さらに、選挙区の区割りは、全体に自民党の現職に有利なように、また、なかでも旧民主党系に都合よく線引きされていた。この区割りは「ゲリマンダー」をもじって「ハトマンダー」と呼ばれた。ゲリマンダーとは、一八一二年、米マサチューセッツ州知事ゲリーが自分の属する党に有利なようにつくった州内選挙区の形が、ギリシャ伝説の火中の蛇「サラマンダー」に似ていたことを風刺して名付けられた選挙区の形のことである。

これは改憲の意図に反発する野党はもちろん、小選挙区制には賛成の与党からもきわめて強い反対があった。結局、小選挙区法案は世論の猛攻を浴びて、五六年六月三日、廃案となった。

石橋から岸へ

鳩山退陣のあとは、自民党総裁公選によって石橋湛山が総裁となり、一二月二三日、首相となる。五六年一二月一四日の党大会での第一回投票結果は、①岸信介(幹事長)＝二二三、②石橋(通産相)＝一五一、③石井光次郎(総務会長)＝一三七票であったが、三者とも過半数が得られず、決選投票で石橋が二五八対二五一、わずか七票差で岸に逆転勝利した。これは石橋側の石田博英《ひろひで》(のち労相など)、三木武夫と石井側の池田勇人の三人が大会前夜に会い、決選のときは第一回投票で上位の者に票を集める(二、三位連合)約束をしていたからであった。このとき自民党には後の派閥の母胎となるグループがいくつもでき、票の買収などに総計二億円のカネが動いたといわれた。また、石田が参議院自民党への対策として、票と引き替えに「参院から大臣三人」を約束したことが、その後自民党政権時代の全期間を通じて慣行となった。

しかし、その石橋は組閣からひと月余りのちに発病し、五七年二月二三日に総辞職する。わずか二カ月の短命内閣であった。

後継首相には、石橋病中の首相臨時代理を務めた外相・岸が、党内の抵抗なく、二五日、首相に指名された。

岸は五七年の五、六月、東南アジアと米国とを相次いで訪問し、さらに一一月には再度東南アジアを歴訪するなど、外交に力を入れる。米国では六月二一日、「日米新時代」をうたうアイゼンハワー大統領との共同声明を発表したが、訪米の主な目的は、岸の念願である日米安保条約改定の足がかりをつくることにあった。安保改定はやがて日本をゆるがすことになる。

話し合い解散

五八年に入ると国会には解散風が吹くようになった。すでに前回の総選挙から三年がたち、この間に内閣が三つも代わっているので、解散は近いとみられたことから、代議士たちが選挙運動に力をいれるようになったのである。岸首相もこの空気に応じ、四月二五日に衆院を解散した。岸と社会党の鈴木茂三郎委員長とが会談して、「内閣不信任案を社会党が出し、その採決直前に解散する」という筋書きをつくり、それに従った解散であった。「話し合い解散」と呼ばれる。

五八年五月二二日の総選挙は、保守合同、社会党統一後、初めての総選挙であった。もっとも、当時言われた「二大政党制」――実は成立時に自民二九九対社会一五五の「$1\frac{1}{2}$政党制」――下の国政選挙としては、すでに五六年七月の参議院選挙があった。この参院選では自民党の当選者が六一人と、前回より七人増えただけだったのに対して、社会党は実に二一人増の四九人と迫った。「五五年体制」のもとでの初の総選挙に社会党が期待をもったのは当然といえた。

この選挙で自民党は、候補者を前回の民主、自由両党合計五三四から四一三に絞り込んだ。そのかわり、非公認で立った無所属候補が前回より一八人増えた。一方、社会党のほうは、前回の左右、労農三党合計二五九人の候補者を二四六人に減らしただけであった。ここにも新しい体制での選挙に対する社会党の自信が見られた。

高い関心吸収した社党

投票の結果は、自民党の当選者が二八七、これに保守系無所属の当選者一一人を入党させて二九八人となった。前回の民主、自由二党と事後入党者計二九九から一議席だけ減ったことになる。

社会党は一六六人が当選した。直後に入党した一人と、選挙から四カ月たって入党した一人を加え、最大限に数えて一六八人であった。前回の三党合計一六〇人から八人増えていた。

これをもう少し細かく見ると、前回当選者のうち無所属と小会派クラブのなかの労農党を除く六人のうち、四人はその後保守両党に入り、二人は社会党に入っているので、前回との実質的な比較では、自民党が三〇三から二九八へ五議席減、社会党が一六二から一六八へ六議席増、ほかに共産党が二から一へ一議席減という収支になる。

絶対得票率では、自民党が四七・七％から四五・一％へ二・六ポイント減、社会党がちょうどその分、二・六ポイントを増やし、二二・七％から二五・三％になった。実数にすると、自民党への投票者がほとんど変化がなかったのに対して、社会党には前回よりざっと二〇〇万人も多くの人々が投票した。この選挙の投票率は七六・九九％と、戦後の中選挙区制のもとでの最高投票率を記録しており、そのような有権者の関心の高まりを吸収したのが社会党であったことが、これらの数字にはっきり現れていたのである。

社会党の「敗北」

ところが社会党はこの結果を「敗北」と受け止め、統一したばかりの党内に深刻な「再建論争」を巻き起こす。そして、それとは裏腹に、自民党は議席が減ったにもかかわらず、思ったよりもよかったという安堵感にひたり、岸首相は政局運営に自信を持つ。

社会党が「敗北」としたのは、同党がこの選挙の目標を、「第一にもっとも基本的なものとして、〝議席の過半数獲得〟＝〝社会党政権の樹立〟を達成することである」(五八年二月、一四回党大会決定の総選挙対策)と規定していたからであった。たしかにこの目標にてらせば、議席率三六％は不本意な結果であるに違いなかった。

しかし、それまでの総選挙を振り返ると、昭電疑獄の痛手を回復した五二年選挙を除き、社会党は躍進の目覚ましかった五三年、五五年の両選挙でも、議席の増加は二〇前後であった。それが、仮に倍の四〇増えたところで議席数は二〇〇にしかならない。

実のところ、社会党も本気で過半数がとれるなどとは思わず、景気づけのスローガンを掲げただけだったのであろう。候補者も二四六人しか立てなかった。これで過半数の二三四人が当選すれば、当選率は九五％にもなる。社会党の実績から見て、それはまず不可能だということくらいは誰にも分かっていたに違いない。

安易な方針

それにしても、五〇年代に入ってからのペースを守り、二〇前後は増えるのが当然だったのであって六議席増では少なすぎる、という考え方はできるかもしれない。しかし、目を得票に転じれば、前回の増加は一六二万票で前々回の一六・九％分、この回増えたのは一九八万票で前回の一七・八％分であった。これは、驚異的とされた前回までの上昇傾向が、なお上向きに保たれていることを示していた。この得票増がなぜ一層の議席増に結びつかなかったのかという問題の立て方はあっても、自ら「敗北」と決めつけるようなものではなかった。実に、あとから見れば、このときの得票率は社会党の史上最高率だったのである。

社会党にとっての反省は、安易に「過半数を目指す」などと浮かれた方針を立てたことのほうでなければならなかった。しかし、同党はあげて情緒的に選挙結果を眺め、大会の作文通りにいかなかったことを嘆いた。それはまた、国民の意思を正確に読みとる努力を放棄していることでもあった。

12 六〇年安保と政治の転回

勤評闘争

五八年総選挙から六〇年総選挙までの期間は、第二次岸内閣による日米安全保障条約改定をめぐる保革の激突と、その騒動によって退陣した岸に代わって池田勇人首相が、一転して高度経済成長のほうに国民の目を向けさせる、劇的な二年半である。「六〇年安保」の前奏となったのが、教職員に対する勤務評定(勤評)の実施と、警察官職務執行法(警職法)の改定の問題であった。

勤評闘争は、文部省が都道府県教委に対して教員の勤務成績を一般の公務員と同様に評定するよう指導したことに、日教組が猛烈に反対して起きた。五六年一〇月に教育委員がそれまでの公選制から任命制に変わった(「逆コース」の一つに数えられた)直後、一一月に愛媛県で始まったのが皮切りだったが、全国的な問題になったのは五八年春からであった。これを「教育反動化」のあらわれとして一斉休暇などの闘争を組んだ日教組に対して、岸内閣は強い態度で臨み、闘争は五八年九月から一二月にかけてのころをピークに、各地で繰り広げられた。結局、翌五九年二月に、日教組が教員の自己評定を取り入れた「神奈川方式」を認めたことなどによって終息するが、長い闘争と、それに対する処分を受けた組合員への救援資金の負担などは、日教組がその後弱体化する一因になったとされる。

警職法

警職法騒ぎは、五八年一〇月八日に政府が改正法案を突然出して起きた混乱である。勤評闘争や、そのころ激しい闘争ぶりが目立った王子製紙争議などを意識し、労働争議の「暴力化」を防ぐ狙いがあった。しかし、その内容は警官の職務質問や所持品調べ、土地・建物への立ち入りなどで警官の権限が大幅に強められるものであったため、「デートもできない警職法」といった社会党などの訴えが、広く一般国民の共感を誘った。

岸内閣はこの法案を強行成立させるために、五八年一一月四日、残り三日間となった国会の会期を抜き打ちに三〇日間延長した。これに対して社会党は、延長は無効だとして国会に全く登院しなかった。そのため与党内にも岸の強引なやり方に非難が出始め、一一月二二日、岸・

鈴木の自社党首会談で廃案と決めなければならなくなった。占領が終わって以後の、多くの「逆コース」攻勢のなかで、これは珍しい社会党の勝利であった。

岸の誓約書

当時の自民党主流派は、岸、佐藤、河野、大野などの各派であり、反主流派は池田、石井、三木などの派閥であった。岸の、野党に対してばかりでなく与党内反主流派をも押さえ込もうとする手口の高圧的なことに反発した池田国務相、三木経企庁長官、灘尾弘吉文相(のち衆院議長、石井派)の三人は五八年暮れの二七日、そろって閣僚を辞任する。

岸は主流派が独占する党役員の一部を反主流に明け渡すことで事態を収めようとするが、これには総務会長の河野や副総裁の大野が反対する。そこで岸は一計を案じる。翌五九年一月九日、「次の政権は大野に」という意味の誓約書を書いたのである。岸、佐藤兄弟が大野、河野に誓約し、それを大野らのスポンサー、後見人といった形の永田雅一・大映(映画会社)社長、萩原吉太郎・北海道炭礦汽船社長、児玉誉士夫の三人が確認して署名した密約であった。これによって主流派の結束が確認されたわけで、河野はこのあとすぐ党総務会長を降りて無役となった。後任には反主流の池田派から益谷秀次が入り、反主流の抵抗は弱まった(自民党の派閥については、一七七ページの図4参照)。

官僚派と党人派

岸時代の派閥の駆け引きには、続いてもうひと幕があった。五九年六月、参院選挙後の党役員、閣僚人事で、岸は幹事長を要求した河野を突き放し、一方で反主流の池田を入閣させる。河野は、反岸でさきに三木、灘尾とともに閣僚を辞任した池田は請われても入閣はしまいと読んでいた。そうであれば岸は河野を頼るほかないだろうという計算であった。それが裏切られたことによって大野、河野らの党人派が反主流に転じ、佐藤、池田、石井らの旧吉田系官僚派が主流派となる逆転が起きることになった。

新安保の性格

安保改定は、こうした事柄を背景に進められた。

岸は、追放解除となって「日本再建連盟」をつくって以来、占領軍の圧力のもとでつくられた諸制度を「正す」ことを政治的使命として自らに課した。岸にとっては、憲法と日米安保条約は正さなければならない二大課題であった。憲法九条を改めて日本が相当の軍事力を持てば、安保条約も日米間の相互防衛を双務的、つまり対等の内容にできるはずであった。その二大課題が岸の思い通りになることは、日本が戦前並みの軍事国家に復活する道につながっているのではないか――岸の履歴と相まって、多くの国民の不安はそこにあった。ただ、岸にしても国会に社会党が三分の一の議席を占めた以上、改憲することは当分諦めるほかなかった。残ったのが「安保」であった。

岸と外相・藤山愛一郎がまとめた新安保は、米軍の配置や行動について、その実効はともかく、政府間で事前協議できることにし、日本の内乱に米軍が出動できる部分を削り、条約の期限を一〇年としてそれ以後はどちらかの通告で一年以内に失効することにするなど、確かにそれまでの条約より日本にとって改善されたと見られる部分があった。しかし、それと引き換えに、在日米軍は日本以外の「極東地域」の防衛にも任ずることになった。それは、かえって日本をアメリカの世界戦略に深く組み込み、アジアの緊張を高めるという主張は、当時、説得力を持つものであった。そして、何よりも岸が戦前回帰を意図しているように見えたこと、反対側の議論に耳を傾けない強権的な態度を続けたことなどが、新条約への疑念をかきたてた。

米国側は改定に初めは消極的であったが、五八年九月になって交渉に応じ、一年三カ月後の六〇年一月六日に妥結、一九日にワシントンで調印された。政府はすぐ通常国会に提出、日米安保条約等特別委員会で審議された。

こうした交渉のさなか、五八年七月二五日に岸内閣の佐藤蔵相は、マッカーサー駐日米大使に会い、「共産主義と戦うため」に自民党への資金援助を要請していた。公開された米公文書に基づき、三六年後の九四年一〇月九日に『ニューヨークタイムズ』が報じたもので、この件は断られたが、このころから六〇年代にかけて自民党は米CIA(中央情報局)から総計数百万ドルの資金援助を受けていたことも明らかにされた。岸、佐藤らは外交交渉の相手から金をせびっていたことになる。

安保阻止国民会議

社会党など革新団体は五八年秋の交渉開始のときから安保改定の危険性を訴えていたが、五九年三月二八日、「安保条約改定阻止国民会議」を、社会党、総評、原水協など一三四団体で組織し、本格的な反対運動に乗り出した。国民会議には共産党もオブザーバーで参加し、空前の大規模な統一戦線ということができた。

国民会議結成より前の三月一二日、社会党訪中使節団の浅沼稲次郎団長(党書記長)は北京で講演し、安保条約にも触れながら「アメリカ帝国主義は日中人民共同の敵」と述べた。安保改定反対は、米帝国主義に対する闘いと位置づけられてもいた。

反対運動には、学者、文化人らが数多く参加したのが特徴であった。七月には上原専禄(歴史学者、元一橋大学長)、青野季吉《すえきち》(文芸評論家)、清水幾太郎(社会学者)ら約一〇〇人の学者、評論家たちが「安保問題研究会」をつくり、以後、活発な言論による反対運動をした。

「安保」と並行して、この時期には「三池」の闘争が、「総資本対総労働」の対決の場ととらえられていた。五九年一二月一一日、三井鉱山が福岡県三池炭鉱労組員一二九七人に対して指名解雇を通告したことに始まる闘争で、途中、組合側と警察、暴力団、第二組合などとの間に幾度かの流血事件が起きたが、池田内閣成立直後の六〇年八月一〇日に出た中央労働委員会のあっせん案を九月六日に炭労が受諾し、終息した。

民社党の結成

しかし、反安保勢力の中心だった社会党は、五九年六月の参院選挙の「敗北」によって何度目かの「再建論争」に入っていた。そして、それに安保改定に対する左右両派間の態度の違いが絡み、五九年九月一二日からの第一六回大会は右派の西尾末広を統制委員会に付議すること、つまり除名問題に発展した。そのあげく、一六日、西尾派の三三議員(衆院二一、参院一二)が離党し、翌年六〇年一月二四日の「民主社会党」結成に向かう。結党の前後にもさらに社会党から民社党に移る者がいて、結局六〇年一〇月の衆院解散のとき、新党の衆院議員数は四〇人になっていた。五五年一〇月の左右統一は四年しかもたなかったわけである。

それでも、六〇年一月の再開国会で始まった安保特別委での論戦には、社会党の「安保七人衆」と呼ばれた黒田寿男、岡田春夫、成田知巳(のち委員長)、飛鳥田一雄《あすかたいちお》(同)、石橋政嗣《まさし》(同)、松本七郎、横路節雄(のちの北海道知事・孝弘の父)らが質問に立ち、「極東の範囲」などで政府側をしばしば立往生させた。これに院外の労組集会や国会への連日の請願デモが組み合わされ、反対運動は盛り上がっていく。

強行可決　この国会の会期は五月二六日までであった。それまでに条約の批准承認は無理とみた政府・自民党と清瀬一郎衆院議長は、五月一九日、警官隊五〇〇人を衆院に入れ、本会議開会に抵抗する社会党議員らをごぼう抜きで排除し、五〇日の会期延長を議決した。また、批准承認案件そのものも、安保特別委の審議打ち切り、採決、さらに本会議での採決が二〇日未明までにいずれも強行され、すべて可決された。自民党内にもこの強行に対して批判があり、河野、三木、松村謙三ら二八人がこの夜の本会議に欠席した。

強行可決に怒った市民は二〇日の一〇万人デモを皮切りに、デモの人波が連日、国会や首相官邸を取り囲んだ。参加者数は安保阻止国民会議の幹部たちの予想をさえはるかに超えた。東京の街では、日頃はデモを敵視する商店主やタクシー運転手たちまでデモ隊に好意的であった。このあたりから「岸退陣」の声が強まり、自民党内にもそれは避けられないという見方が広まる。

流血と自然承認

六月四日、全国で五六〇万人が参加したとされる反岸の「六・四スト」があった。一〇日、アイゼンハワー米大統領が批准書交換のため初来日するための打ち合わせに来たハガティー大統領秘書の車が、羽田空港近くでデモに取り囲まれて動けなくなる事件が起きた。そして一五日、全学連のデモ隊が国会構内に突入し、警官隊との乱闘のなかで、東大生・樺《かんば》美智子が亡くなった。

この流血事件で、岸首相は大統領訪日警備に一度は自衛隊を出動させようとしたが、防衛庁長官・赤城宗徳(岸派)の反対で断念、一六日、訪日中止をアメリカに要請した。しかし、新安保条約は六月一九日午前零時、三三万人が国会周辺に座り込むなかで、参院での審議の全くないまま、予算と条約についての憲法の規定「参議院が(衆院の可決後)三十日以内に議決しないときは、衆議院の議決を国会の議決とする」に従って自然承認された。

岸内閣は批准書の交換を終えた二三日、総辞職した。安保反対の人波と、燃え上がった人心は、潮が引くように静まっていった。

13　経済政治の時代

自民党の後継総裁・首相は、党内の話し合い選出の動きが失敗し、七月一四日の党大会で投票により池田が選ばれた。

総裁選では各派閥の力と技が競われた。さまざまな動きが、やがて池田、佐藤、岸ら（岸派は初め自由投票にしていた）の官僚派と大野、河野、三木・松村、石井の党人派との対決の形になる。立候補ははじめ池田、大野、石井、藤山の四人の予定だったが、大会前夜に「党人派を石井に一本化する」ためという名目で大野が降りて三人となる。しかし、最後は岸が自分の直系と、一時は党人派に協力を約束していた自派の川島正次郎（のち党副総裁）のグループを池田支持に回し、さらに自分が財界からの政界入りを誘った藤山のグループを決選投票で池田支持にさせて、池田を勝たせた。

池田の「寛容と忍耐」

こうしたいきさつもあって、池田は当初、政治記者らから岸政権の「亜流」と見られていた。ところが、それとは全く逆に、出発の最初から池田は「低姿勢」で、「寛容と忍耐」を掲げ、人々を驚かせた。新政策は、池田がかねてブレーンらと研究を進めていた「一〇年で国民所得を二倍に」という所得倍増政策であった。「安保」のような、とげとげしい論争にはなり難い主題であった。池田自身と、前尾繁三郎、大平正芳(のち首相)、宮沢喜一(同)ら側近たちが演出した、みごとな転換であった。「安保」の余燼は急速に冷え、社会党も、「四年後に国民所得を一・五倍に」(九月一三日発表の長期政治経済計画)などと、否応なくそのペースに巻き込まれていく。

浅沼刺殺

岸から池田へ首相が代わったことで、六〇年秋に衆院解散・総選挙があるのは既定のこととなっていた。一〇月一七日召集の臨時国会が開かれれば間もなく解散になる予定であった。そのため、東京都選管とＮＨＫなどが主催して、一〇月一二日に、自民、社会、民社三党党首の立会演説会が日比谷公会堂で開かれた。社会党の委員長は浅沼稲次郎であった。浅沼は安保闘争さなかの六〇年三月二三、二四日の第一七回臨時党大会で、河上丈太郎を破って委員長になった。二人はともに右派の、しかも同じ河上派だったが、浅沼の「米帝国主義は日中人民共同の敵」発言などを評価した左派の支援で、浅沼が勝った。

その浅沼の演説の最中、舞台の袖から右翼の少年が突然とび出して浅沼を刺した。ほとんど即死であった。池田の眼前(西尾は演説を済ませて帰途についていた)での出来事だった。

池田は五日後の衆院本会議で追悼演説に立ち、浅沼の友人が大正時代にうたった「沼は演説百姓よ／よごれた服にボロカバン……」という詩を引用した。秘書官の伊藤昌哉(のち政治評論家)が書いたこの演説は、首相自ら追悼に立ったことと相まって、きわめて好評で、池田の人気を高めた。

民社惨敗

六〇年一一月二〇日投票の総選挙の結果は、自民党が公認候補だけの成績で前回より九議席増やし、無所属からの入党者を含めると二議席増の三〇〇とした。岸の「安保」の影響は克服された形であった。社会党の当選者は一四五人。前回の当選者一六七人のうち四〇人が民社党に移ったので、一二七人を前回の実績とすれば、一八人を増やした勘定になる。他方、民社党は四〇人の前議員のうち二七人が落選し、新人を含めて当選者は一七人という惨敗であった。のちに西尾は、「選挙直前の浅沼暗殺で、しまった、と思った」と語った。

この選挙の投票率は前回より三・五ポイントほど下がったが、人口増で投票者数はほとんど変わらなかった。そのなかで自民党と保守系無所属は合わせて約一〇〇万票を減らし、社会党と民社党の合計は一二〇万票ほど増えた。与野党間のこの得票収支は、社会・民社の候補者が四五人も増えていることを考慮に入れてもなお、社会党勢力への人心の移動がまだ続いていることを表していた。また、この選挙では無所属が候補者数、得票数をともに大きく減らし、政党の公認がないと当選が難しい状況が進んでいることを示した。

所得倍増計画

一九六〇年代のはじめ、日本は経済大国への道を自覚して歩み出していく。池田や、そのブレーンであった日本開発銀行理事・下村治が「所得倍増」を政策の中心に据えることを考え出したのは、すでにそれ以前に経済成長率がきわめて高いという事実があり、そこに着目したからにほかならない。しかし、その時期、「国民所得」とか「総生産」「GNP」などといった用語は、ごく一部の専門家だけが使う術語であった。それを、あっという間に大衆の言葉にしてしまったところに、政治があった。

実際、五五年下期から五六年を経て五七年上期まで神武景気があり、その後、鍋底不況の五八年を挟んだものの、五九年は岩戸景気になった。その間、五六年以降は船舶建造高が世界一になるなど、日本の工業生産力の伸びはすでに顕著であった。五四年から五九年までの五年間で国民所得は六兆五九一七億円から一一兆二三三億円へ六七・二%も上昇していた。平均して年に一〇・八三%の増加率であった。

「一〇年間で所得倍増」を目指すなら年七・二%の成長率で済むにもかかわらず、池田の新政策と、それを受け継いだ第二次池田内閣の所得倍増計画が、成長率を「(昭和)三六年度以降三カ年に年平均九%」としたのは、このような過去の実績に支えられていた。むしろ実績にてらせば低過ぎるくらいであった。事実、「計画」から八年後の六八年度に、GNPは実質で六〇年の二・二五倍となり、目標は軽く達成された。

池田内閣以前の五〇年代後半から高度成長が始まっていたことからみて、この計画は初めから成功がほとんど約束されたものであったともいえる。しかし、経済成長という「見通し」にとどめておいていいものを、あえて政策としたことによって、第一に成長そのものが促進され、第二に成長に伴う国民生活の激変に対応しようとする努力が、ともかく払われたことは見逃せない。

政策としての経済成長

第一の面では、なによりも政府の役人をはじめ企業の経営者や労働者たちの気持ちを「成長マインド」に放り込んだことがあげられる。たとえば、政府は道路、鉄道、港湾、工業用地、用水などの産業基盤に公共投資を精力的に注ぎ、国民もそれを歓迎した。

第二の面としては、社会福祉の増進や農業保護にかなりの予算を振り向けたことがあげられる。それらは、個々には批判の余地のあるものであったとしても、まとめてみれば、やはり強烈な政治指導がそこにあったとみるべきであろう。

安保効用論

成長政策はまた、のちに宮沢喜一が「……結果として、日本は非生産的な軍事支出を最小限にとどめて、ひたすら経済発展に励むことができた」(『社会党との対話――ニュー・ライトの考え方』講談社、一九六五年)と解説したように、日米安保条約に経済成長の手段という役割も与えることになった。このいわゆる安保効用論は、安保条約体制も結局は豊かさの追求に従属するものだという安心感を誘い、安保に同意する人々の数を増やす効果を生んだ。

第二次池田内閣は、公共事業費を六一年度二五％、六二年度は二七％増やし、一方で社会保障費も六一年度三六％、六二年度一九％伸ばすといった積極財政を展開し、六二年八月には新産業都市建設促進法を施行、六三年七月一二日、新産業都市(新産)一三カ所、工業整備特別地域(工特)六カ所を指定するなど、産業の重化学工業化を推進した。新産業都市などの指定では、全国各地が空前の陳情合戦を繰り広げた。

ガリオア・エロア

その経済力の向上を背景に、池田は外交面でも活発に動いた。六一年六月の訪米では、ケネディ大統領とポトマック河のヨット上で会談し、アメリカが日本を重視しているという態度を演じさせることに成功した。このときの首脳会談で開催に合意した日米貿易経済合同委員会は、同年一一月二日から四日まで箱根で開き、ラスク国務長官らが来日して日米協調を印象づけた。

長いあいだ懸案であった対米債務のガリオア(占領地域救済政府資金)・エロア(同経済復興資金)の返済交渉も、六一年六月一〇日、債務一八億ドルのうち四億九〇〇〇万ドルを年利二・五％、一五年年賦で返すことで妥結した。同年一一月一六日から三〇日までの東南アジア四カ国訪問では、賠償の性格の濃い対ビルマ、タイの経済協力問題を解決した。

韓国とは、六一年五月一六日の軍事クーデタで七月三日に権力を握った朴正熙《パクチョンヒ》の政府との間で、六二年一一月一二日、無償三億ドル、有償二億ドル、経済協力一億ドルの線で、いわゆる「対日請求権」問題が事実上決着した。

LT貿易

池田は中国との関係をよくするため、政経分離方式を推し進めた。自民党の親中派、松村謙三が六二年九月に訪中するのを認め、松村は一九日、周恩来首相と会談した。一一月九日には、中国の廖承志《りょうしょうし》と日本の高碕《たかさき》達之助との間で二人の頭文字をとって「LT貿易」と呼ばれた総合貿易協定の覚書が調印された。

また、これは第三次内閣のときになるが、六三年八月二三日、総額七三億五八〇〇万円にのぼる倉敷レイヨンのビニロン・プラント輸出に当たって、日本輸出入銀行の融資による延べ払いを閣議で了解した。

実力者体制

池田内閣はその全期間を通じて、朝日新聞の世論調査によって見る限り、鳩山内閣から宮沢内閣までの全自民党内閣のうち不支持率が支持率を上回ったことが一度もない、ただ一つの内閣である(調査回数が一回だけの石橋内閣を除く)。五五年体制下、一五人の首相のうち、国民の信任を最も安定して受けていた人といえるであろう。

しかし、こと党内となると、波風が立たなかったわけでは決してない。

池田政権は、はじめ池田、岸、佐藤の官僚派三派に支えられて出発した。大野、河野、三木、石井などの党人派は反主流であり、河野などは六〇年七月一四日の池田を選んだ党大会の直後には、絶望のあまり一時は脱党して新党をとまで思い詰めたほどであった。しかし、六一年七月一八日の内閣改造で佐藤が入閣するのと並んで、池田は河野、三木、藤山、川島らの入閣を求め、大野を副総裁として「実力者体制」を実現する。このように派閥の領袖らがこぞって要職に、それも大半が閣僚になったのは、それまでにないことであった。

三木調査会　河野は入閣後、池田に急速に接近し、池田も、「池田後」をなるべく早くわが手にと狙う佐藤を牽制する意味もあって、河野を重用した。これによって六二年ごろには、池田を支える顔ぶれは河野、大野、川島らの党人派となり、佐藤は池田から距離を置くようになって、主流と反主流とが逆転する。また、岸派が川島派、藤山派、福田赳夫派と三分されたなかで、その直系を自負する福田は「党風刷新懇話会」(のち、党風刷新連盟)をつくって、最も強く反主流活動をする。

池田は党風刷新懇話会が「派閥解消」などの党近代化を要求したのに対して、六二年七月一八日の内閣改造で、佐藤とともに閣外に出た三木を会長とする党組織調査会で論議することにした。福田らの動く口実を封じる意味があった。三木調査会は六三年一〇月一七日、「一切の派閥の無条件解消」「党総裁は選挙でなく顧問会の推薦で決める」などを内容とする「近代化」を答申した。

14　社会党変貌の挫折

六〇年総選挙から次の六三年総選挙までの間に大揺れがあったのは、自民党よりも社会党のほうであった。

構造改革論

社会党は六〇年総選挙の直前、浅沼が刺殺された日の翌日一〇月一三日に、もともと予定されていた第一九回臨時党大会を開いたが、その大会で、書記長・江田三郎(六〇年総選挙では委員長代行)が提案した運動方針案には、次のような内容が含まれていた。

「われわれの構造改革の中心目標は、〝国民諸階層の生活向上〟を達成することである。これがわれわれのめざす構造改革の軸である。この課題を実現するためには、現在の〝独占支配構造の変革〟をすすめ、独占の政策を制限し、統制することなしには果しえない」

「構造改革論」の党路線への登場であった。浅沼追悼集会となった一九回大会では問題にされなかったが、六一年に入るとこれに対して総評や社会主義協会などから、「〔社会主義革命を捨てた〕改良主義への危険をはらんでいる」といった批判が強く出されるようになる。左派の考えでは、「独占資本」は打倒すべき対象であって、譲歩を迫ったり制限したりしても労働者階級の利益にはならないのであった。他方、構造改革論には、そのような左派の考え方では、

「革命」の時節到来を待つだけで「改良」さえできないではないかと、非難する意味がこめられていた。

三党首テレビ討論会

六一年には、エネルギー源が石炭から輸入石油に転換されていく趨勢を背景に、社会党が炭鉱の「スクラップ・アンド・ビルド」を進めようとする政府に対して、「石炭政策転換闘争」を挑んだ。他方、日本の原水爆禁止運動には中ソ対立が持ち込まれ、社会主義国の核実験は是認されるべきかどうかなどをめぐって、共産党系が主流となっていた運動と組織から、社会党・総評系が分裂していくのが避けられなくなっていった。国際経済・政治の激浪が社会主義政党を揺さぶっているのだった。

そのなかで構造改革論争は続けられた。しかし、それは路線論争であると同時に新しい派閥争いでもあった。六二年一月二〇日からの第二一回大会では論争と並行して、構革派の江田と、反構革の佐々木更三（のち委員長）との間で、書記長の座をめぐって激しい争いがあった。

江田は浅沼が殺されたあとの委員長代行として、選挙史上初めての「三党首テレビ討論会」に出て、特徴ある白髪とやわらかい語り口で「茶の間の人気」を得ていた。これに対して佐々木は、「テレビでムードを起こすことよりも、執行部と書記局の団結、一体化をはかることが書記長の任務」（六二年一月二一日付『社会新報』）と、敵意をあらわにしていた。江田も佐々木も、もともと同じ戦前の農民運動から出て、同じ鈴木茂三郎派に属していたが、中央の政治歴では佐々木が先輩であった。二人の間の争いには、技術革新に伴って変化するマスメディアと政治との関係についての、直観の差もかかわっていたというべきだろう。

大会では構造改革論に対して「戦略路線としてただちに党の基本方針としてはならない」という佐々木派からの修正が可決され、江田派は敗れた。しかし、書記長選挙では江田が佐々木を破って再任された。

江田ビジョン　江田はその半年あとの六二年七月二七日、栃木県日光市で開いた党全国オルグ会議での挨拶で、「江田ビジョン」を発表する。それは、「ソ連、中国とはちがった近代社会における社会主義のイメージを明確にする」ために、そのビジョンの基盤として、「アメリカの高い生活水準、ソ連の徹底した社会保障、英国の議会制民主主義、日本の平和憲法」の四つを挙げたものであった。

左派は、これを「現資本主義体制の是認につながる」と激しく攻撃し、江田―構革路線否認に全力をあげる。その結果、六二年一一月二七日からの第二二回大会に左派の出した「江田ビジョン批判決議」(実際の表題は「党の指導体制強化に関する決議」)は二三二対二一一票で可決され、江田は書記長を辞任した。直後の新書記長選挙では江田の身代わりで立った成田知巳が佐々木を破ったが、成田はその後江田派を離れて左派の支持を受けるようになり、構革論はビジョン否決の時点で事実上葬り去られた。

構革論は、当時のイタリア共産党のトリアッチ路線に範をとったもので、理論研究の初期には、日本共産党の理論家たちと社会党左派の書記局員らも関心を共有したことがあった。そのため、構革派は従来の右派とはかなり異なる理論武装をしており、かえって社会党内の旧来の右派に近い和田博雄派や河上派の一部からは警戒感を持たれるもとでもあった。

当時の江田路線にはこうした微妙な要素もあったが、ともかく西側先進国―経済大国への道を歩き始めた日本のなかの左翼として、現実的に対応しようとする試みではあった。これより少し前、西ドイツの社会民主党は五九年のバート・ゴーデスベルク綱領によってマルクス主義を棄てて経済的自由主義に転じ、やがて六〇年代末に社民党中心のブラント政権に到達する基礎を築いていた。江田らの試みは、ひょっとすると、それに似た転向を果たすことにつながるものかもしれなかった。しかし、日本社会党にそうした転換が訪れるのは八〇年代も中ごろになってからである。

低い投票率

一九六三年一一月二一日の総選挙は、それらの背景のもとに行われた。

結果は、自民党が無所属からの選挙後入党者を加えて二九四となり、前回に比べて六議席減ではあっても過半数を大きく上回った。社会党は一議席減の一四四だった。増えたのは民社党が六、共産党が二であった。結党後最初の総選挙だった前回に一七となり、この回でひと桁議席になれば解党の危機だといわれていた民社党が二三人となって愁眉《しゅうび》を開いたほかは、そう変わりばえしない結果であった。

この選挙では、衆院総選挙臨時特例法で投票時間を午後八時まで延長したにもかかわらず、投票率が四七年の新憲法下最初の選挙の次に低い七一・一％だったことが注目された。

社会党の敗北声明

選挙結果についての各党の評価のなかで、あとからみて不可解なのは、社会党がまたも「敗北声明」を出したことである。声明は、民社、共産を合わせれば「議席も得票数も革新側が着実に伸びて」いることを指摘してはいたが、「予想に反して一四四人にとどまったことは率直にいってわが党の敗北」と言い切っていた。

社会党は一議席減でも敗北を声明し、自民党には六議席減でも勝利感があったのは、この時期、社会党は上昇線、自民党は下降線をなおたどっており、この選挙で両党に上下一〇や二〇のプラス・マイナスがあっても不思議はないという見方が一般にも強かったからである。

石田博英の論文

そうした見方の代表が、『中央公論』の六三年一月号に載った自民党の前労相・石田博英の論文「保守党のビジョン」であった。石田は農業就業者数の減少と自民党得票率の減少とが並行し、産業労働者の増加と社会党の得票率の増加とがやはり並行しているから、この増減の勾配が以後も保たれることを前提に、「昭和四三〔一九六八〕年には自民党〔の得票率〕が四六・六％、社会党が四七％となり、社会党が勝利を博することになる」と予測した。

石田説は日本の産業構造の変動を投票構造変動に結びつけ、自民党員が自民党に警告を発した、当時としてはユニークな論文であった。社会党も、これによって大きな影響を受けた。六三年総選挙の前、社会党政権獲得委員会には、「社会党政権」(社会主義政権に至る過渡的な政権)を樹立する時期を総選挙二、三回でとする説と、三〜七回とする説とがあったが、双方に共有された「三回」目は六八年ころと想定されていた。石田説が説得力をもっていたことが分かる。こうした見方からすれば、社会党にとって六三年総選挙は「政権獲得への第一歩」でなければならなかった。それにしては「敗北」だったのである。

長期低落傾向

この時期、石田論文に限らず、さまざまな分野で統計量の過去からの傾向線を未来に向かって直線的、場合によっては指数曲線的に延ばして推測することが流行《はや》った。それは経済の高度成長時代の幸福なパラダイムであったが、社会構造変動の行く先と、その政治意識に及ぼす変化は、それほど単純なものではなかった。石田予測は、自民党得票率の傾向線については六〇年代末までの帰趨を言い当てていたが、社会党得票率の上昇については全く逆で、社会党はこの時期から「長期低落傾向」と後に呼ばれる下降線を延々とたどることになる。それは、結果論ではあるが、この党が日本の現実の変化に即応しようとした政策転換の芽を左翼教条主義が摘んでしまったことに対応していた。

15　佐藤長期政権の始まり

新幹線・オリンピック

六三年総選挙のあと第三次内閣を組織した池田首相は、六四年九月九日、喉頭ガンで国立がんセンターに入院し、一〇月二五日、辞意を表明した。

日本はその半年前の四月一日、国際収支悪化を理由とする為替制限が許されない「IMF(国際通貨基金)八条国」になった。四月二八日には、OECD(経済協力開発機構)に加盟し、先進国への仲間入りが果たされた。池田内閣の金看板、高度経済成長の結果であった。池田が入院する前々日の九月七日には、東京でIMF、世界銀行などの合同年次総会が開かれ、一〇二カ国が参加した。一〇月一日、当時の世界一の高速鉄道、東海道新幹線が開業した。そして一〇月一〇日には九四カ国の選手五五四一人が競った第一八回オリンピック東京大会が開会した。池田が辞意を表したのは、一五日間の祭典の閉会式の翌日であった。

池田から佐藤へ

後継首相となる自民党総裁は、川島副総裁と三木幹事長が党内の意見を聞いて調整し、その報告をもとに病床の池田が指名するという手続きを踏んだ。候補者は佐藤栄作、河野一郎、藤山愛一郎の三人であった。むろん党内外にはさまざまな動きがあったが、一一月九日、川島、三木は池田に佐藤を推した。池田は佐藤を指名した。

佐藤はかつて池田の「低姿勢」を、「〔野党の反発を恐れて〕何もしない内閣」だと非難し、六四年七月一〇日に池田が三選を果たした総裁選挙では池田に肉薄していた。池田の二四二票に対して、佐藤は一六〇票、藤山が七二票であった。石橋内閣成立の故知にならって二、三位連合を約束していた佐藤、藤山の票を合計すれば、一〇票差に過ぎなかった。散票、無効票を含めた投票総数の半数は二三九票で、池田の得票はそれをわずかに四票越えていただけであった。佐藤が後継者となったのには、この総裁選の結果も大きくものを言った。

日韓条約

第一次佐藤内閣は、発足後一年ほどの間に、「日韓基本条約」「ＩＬＯ八七号条約」の批准と、「農地報償法」の三つの懸案を、いずれも野党の抵抗を押し切って成立させた。

「日韓」は六五年二月二〇日、仮調印された。社会党はこれを軍事同盟に発展し、アジアの平和を脅かすものとして強く反対したが、一一月一二日衆院、一二月一一日には参院で、批准承認案が強行可決された。「ＩＬＯ」は、結社の自由と労働者の団結権の保護を定めた条約だが、社会党は関係国内法が同時に改悪されるという理由で批准承認に反対した。自民党は六五年四月一五日にいったん強行可決し、あとで修正可決した。また、「農地報償」は、占領下の農地改革で土地を手放した旧地主に国が報償金を出す法律で、同年五月一四日衆院、二八日参院で強引に通した。

これらは佐藤内閣が池田内閣とは違う「高姿勢」内閣だと印象づけたが、このあと強行可決は、大学紛争対策としてつくられた六九年七〜八月の「大学運営臨時措置法」（大管法）など少数の例しかない。もっともこれら三つの懸案を片づけたことは、党内では「実行型」内閣というい評価を得た面もあった。

公害の深刻化

佐藤が政権を握っていた六〇年代後半に深刻な問題になったのは、さまざまな公害である。はじめ「奇病」とされていた熊本県水俣湾の周辺の水俣病が、新日本窒素水俣工場のアセトアルデヒド製造工程で排出される有機水銀が魚介を介して人体に入って起きることが、五九年、熊本大学医学部などの医師によって明らかにされた。しかし、企業も政府も多数派の労組も真相解明を妨害した。そのうち、六五年、新潟県の阿賀野川流域で昭和電工の廃水によって起きる同じ症状の「新潟水俣病」が発見された。厚生省が二つの水俣病を公害病に認定したのは、ようやく六八年九月二六日のことだった。

これ以前、六七年四月には富山県の「奇病」イタイイタイ病が、三井金属神岡鉱業所の廃水によって起きたことが明らかにされた。同年九月には四日市ぜんそくの患者らが石油コンビナート六社に慰謝料を求め、初の公害訴訟を起こした。

この間、六六年から七〇年までの五年間で国民総生産（GNP）は名目で二・二三倍、実質で一・七四倍に増えた。年平均で実質一一・六四％もの高度成長が維持されたことになる。第三次佐藤内閣の六八年には、日本のGNPは西独を抜いて、西側世界で米国に次ぐ第二位となり、以後その地位を保つ。水質汚濁、大気汚染その他数々の公害は、戦後復興に続く高度経済成長の裏で進行し、成長がピークに達したこの時期にようやく人々の関心を集めるようになったのであった。

大野・河野の死

佐藤内閣は長期にわたって強力な反主流派からの攻撃を受けることのない政権であった。その理由は、「人事の佐藤」といわれたように、情報を的確につかんだ巧妙な党内操縦術にあったが、同時に、佐藤に敵対する強いライバルがいなくなった幸運も指摘できる。

まず、佐藤政権ができる半年前の六四年五月に大野伴睦が死去した。池田から引き継いだ内閣を自前の顔ぶれに変え、河野一郎を閣外に追った直後の六五年七月、その河野が急死した。さらに、政権を禅譲されたものの、確執もあった池田が翌八月一三日、世を去った。とりわけ河野の死は、官僚派に立ち向かう手ごわい党人派の終わりを意味していた。

黒い霧

佐藤にとって、最初の危機はそうした政敵によるものでなく、自民党の代議士や自分が任命した閣僚、それもいわゆる大物ではない政治家たちの不行跡によって訪れた。「黒い霧」事件である。

六六年八月一日の内閣改造の直後、五日に自民党代議士・田中彰治が、国有地払い下げをめぐって国際興業社主・小佐野賢治から一億円を脅し取った疑いで逮捕された。続いて、運輸相・荒船清十郎が一〇月一日の国鉄ダイヤ改正で高崎線の急行列車を自分の選挙区内の埼玉県深谷駅に停車するように原案を改めさせた。九月二日には防衛庁長官・上林山《かんばやしやま》栄吉が統幕議長らを従えて鹿児島県にお国入りし、自衛隊音楽隊を先頭にパレードした。その後、農相・松野頼三が新婚の娘夫妻（自民党代議士・塚田徹夫妻）らと外国を「官費旅行」した事件、共和製糖グループの不正融資事件などが次々に明るみに出た。

佐藤は六六年一二月一日の党大会で二八九票の多数で総裁に再選されたが、対立候補の藤山が八九票を集めたほか、前尾繁三郎の四七票など、反佐藤票が一七〇票も出た。野党は「黒い霧」を理由に衆院解散を迫り、徹底的に審議をボイコットしたため、佐藤も同年暮れの二七日、衆院解散に踏み切った。

戦後最初の定数是正

六七年一月二九日の総選挙は、六四年七月に施行された公選法改正で、定数がそれまでの四六七から四八六へ、一九議席増えた。人口の都市集中による、戦後最初の定数是正で、定数一当たりの人口最大格差は三・二二倍から二・一九倍に縮小した。しかし、是正の方法は人口の減った選挙区の定数はそのままに、人口増の大都市部だけ定数を増やすという非合理的なもので、以後この方法が踏襲されることで「一票の価値」の不平等が年を追って手のつけられないものとなっていく。

自民党はこの選挙で前回六三年総選挙での二九四から二八〇へ、一四も減らした。議席率では六三・〇％から五七・六％へ五・四ポイント減なので、これを新しい定数の規模で計算し直せば二七議席減に相当する。それでも自民党には敗北感はなく、むしろ大きな安堵感がみなぎった。それは、「黒い霧」事件直後というきわめて不利な条件下では、もっと減っても不思議ではないという心理によるものでもあったが、もう一つの理由は社会党の不振にあった。

社会党は三議席減らし、一四一だった。得票数はなお一〇〇万票弱増えたが、有権者数の増加があったので、絶対得票率では〇・〇五ポイント増と、全くの横ばいであった。社会党はまた「敗北声明」を出さなければならなかった。

多党化の始まり

この選挙では、宗教法人・創価学会を母胎とする公明党が初めて衆院に進出し（参院選では無所属の議員をすでに一九五六年から当選させていた）、二五人を当選させた。また、民社党が前回より七議席増やして三〇人とした。「多党化」が始まっていたのである。

なお、この選挙では自民党の相対得票率が初めて五〇％を割って四八・八％になったことが注目されたが、それは公認候補についてのことで、公認漏れなどの保守系無所属候補の得票を加えると、なお五二・〇％を得ていたのであった。ただ、このとき全野党と革新系無所属の合計得票率も四五・九％となり、のちの「保革伯仲」の状況にかなり近づいていたことが認められる。

16　沖縄、「本土並み」返還

祖国復帰

佐藤は六五年八月一九日、戦後の首相として初めて沖縄を訪問し、「沖縄の祖国復帰が実現しない限り、わが国にとって戦後は終わっていない」と述べた。沖縄は戦前、本土から抑圧され、差別を受けた歴史をもち、第二次大戦では日本「内地」で唯一の凄惨な地上戦の戦場となった。多数の民間人が殺され、日本軍からも迫害され、自決させられた人々もあった。そうした住民の「復帰」の心情には複雑なものがあったが、米軍基地の島として異民族の統治を受けていることへの反発は年を追って強くなっていた。

はじめ佐藤は日米関係を損なわないよう、慎重だった。ようやく六七年の総選挙後のころから、政府は公式、非公式に米国との接触を始め、やがて、沖縄の基地機能が維持されるなら、米国側も施政権返還に、そうかたくなではないとの感触を得るようになった。

六七年一一月一四〜一五日、ワシントンでの佐藤とジョンソン米大統領との会談で、「沖縄の施政権を日本に返還するとの方針の下に……沖縄の地位について共同かつ継続的な検討を行うこと」に合意した。返還の時期については、佐藤が「両三年内に」決めたいと強調したことが声明には書かれたが、米側もこれに暗黙の了解を与えていたことが、のちに分かった。

核抜き・本土並み

沖縄返還では、基地にある核兵器をどうするかが焦点であった。初め日本政府内には、「核抜き」返還は無理ではないかとの観測があり、佐藤は日本側の要求が核抜きになるか核付きでいいとするかは「白紙」だと言い続けた。しかし、佐藤は一方ではジョンソン大統領と会談した直後の六七年一二月一一日の衆院予算委で、社会党の成田知巳（前書記長）の質問に答えて、「（本土では）私どもは核の三原則、核を製造せず、核を持たない、持ち込みを許さない、これははっきり言っている」と断言していた。これが日本政府の「非核三原則」が公式に表明された最初である。

「白紙」と「三原則」との矛盾する関係について野党が攻撃したのはもちろんだが、自民党内でも三木武夫、前尾繁三郎らが、返還後の沖縄について、「核抜きで、基地を使う形は本土並み」を主張した。それは六八年一一月二七日の自民党総裁選挙での争点になり、佐藤は、三木をそれまで自分の内閣の外相にしていた「不明を恥じる」とまで言った。総裁選は佐藤が二四九票で過半数を二一票上回って三選されたが、「男は一回勝負する」と言って佐藤に対抗、立候補した小派閥の三木も、大派閥旧池田派の前尾が得た九五票を越える一〇七票を集めて注目された。

佐藤はしかし、総裁選から三カ月余りしか経っていない六九年三月一〇日、参院予算委で社会党の前川旦《たん》の質問に答え、「核抜き、基地は本土並みで米国と交渉する」という意味のことを発言する。六九年一月に発足した米ニクソン政権のキッシンジャー大統領特別補佐官らが、「敵地に近い基地に戦術核を置いても抑止力にはならず、戦略核兵器による大量報復能力こそが抑止力になる」という考え方をとり、それによれば、沖縄のすでに旧式となった中距離核ミサイル・メースBをはじめとする戦術核は撤去してもいいことになるはずだからであった。

六九年一一月一九〜二〇日、ワシントンで佐藤・ニクソン会談が行われ、二一日、「核抜き、本土並みで七二年に沖縄施政権返還」を内容とする共同声明が発表された。同時に声明では、在日米軍が韓国、台湾の安全のために作戦行動する場合、日本は沖縄への核の持ち込みも含めて、米側からの事前協議にすみやかにイエスと言うことを約束したととれる文言も入った。

沖縄が実際に日本に復帰したのは七二年五月一五日である。

三〇〇議席の自民党

佐藤はニクソンとの会談を終え、アメリカから帰国してすぐ、六九年一二月二日、衆院を解散した。暮れも押し詰まった二七日投票の総選挙では、自民党が公認候補の当選者二八八人に無所属の当選後入党者一二人を加えて三〇〇議席を実現、前回より二〇議席増の圧勝であった(このとき自民党に入らなかった保守系無所属三人のうち二人が半年後に入党、自民議席数は三〇二となる。もう一人も七一年に入党するが、それまでに二人死去していて、この時点での実議席数は三〇一であった。しかし、当時の自民党内には「三〇三人当選」と数える人が多かった。戦前一九三二年二月二〇日の犬養毅内閣の下での総選挙で、与党の立憲政友会が三〇三議席を得た最高記録とタイにしたかったからである）。自民党の得票数は前回とほとんど変わらず、むしろ一〇万票ほど減っていた。ただ、立候補数も減ったため、一人当たりの得票数が六・四万票から六・六万票に約二〇〇〇票増えていた。自民党勝利の主な原因は、社会党が前回の一四一から九〇へ、一挙に三分の二以下に減ってしまったことにあった。得票を分析してみると、この選挙では以前の社会党支持層から大量の棄権者が出て自民当選者を増やしたことが推定される。

革新都政

社会党では、六六年一月一九日の第二七回党大会で、佐々木更三が病気引退の河上のあとの委員長となった。しかし、佐々木は六七年八月五日、健康保険法改正案について、いったん与野党最高幹部間で合意した内容を代議士会でくつがえされて成田知巳書記長とともに辞任、次は勝間田清一委員長―山本幸一書記長のコンビとなった。その勝間田も六八年七月七日の参院選挙での敗北の責任をとって辞任、山本も女性関係の醜聞がもとで同じころ辞めた。

後任は六八年一〇月四日の第三一回大会再開大会で成田委員長―江田三郎書記長となった。もと同じ派閥の先輩・後輩関係が逆になったとして、「逆子《さかご》人事」と評された。これらの目まぐるしい人事のたびに、委員長を狙う江田と、阻止しようとする佐々木派など左派との抗争にはすさまじいものがあり、同党のエネルギーは派閥間闘争で消費されている観があった。

社会党にとっては、六七年四月一五日の統一地方選挙で東京都知事に共産党と共同推薦の美濃部亮吉を当選させ、初の「革新都政」を実現したのが、この時期の唯一とも言える成果であった。

いわゆる革新知事は、このとき美濃部のほかは岩手県・千田《ちだ》正、京都府・蜷川《にながわ》虎三、大分県・木下郁《かおる》で、計四人に過ぎなかった。しかし、四年後の七一年統一地方選で大阪府知事に黒田了一が当選し、七二年に沖縄県・屋良朝苗《やらちょうびょう》、埼玉県・畑和《やわら》、岡山県・長野士郎、一年置いて七四年には香川県・前川忠夫、滋賀県・武村正義、七五年統一地方選では神奈川県・長洲一二、島根県・恒松《つねまつ》制治が加わった。この最盛時、革新知事は一〇人に達した。

共産・公明・民社

共産党は六四年五月二一日、米ソ間に結ばれた部分的核実験停止条約を支持してソ連の意向に沿った志賀義雄(衆院)、鈴木市蔵(参院)の二議員を除名した。また、六六年二月から三月にかけての宮本顕治書記長と中国共産党・毛沢東主席らとの会談はけんか別れになり、中国は日本共産党を「修正主義者」と呼ぶようになる。これらは日本共産党について、ソ連や中国に追随しない党という印象を与えた。共産党は以後、地道な組織拡大活動を続け、六七年総選挙で五四万票、六九年のこの選挙では一〇〇万票を増やし、一四人を当選させた。

野党で目覚ましかったのは公明党の躍進であった。前回初登場時の二五議席・二四七万票から四七議席・五一二万票へ、議席は一・九倍、得票は二・一倍に伸ばした。民社党は二議席増の三二となった。得票は約二九万票増やした。

この選挙では、自民党三〇〇議席に多くの人の目が奪われたが、同時に得票模様では多党化がますます進んでいたのである。

17 「今太閤」と列島改造

七〇年安保と万博

佐藤内閣と自民党は沖縄返還と六九年総選挙の大勝で、革新側が意気込んでいた「七〇年安保」を、難なく乗り切った。日米安保条約はこの年から、両国のどちらか一方が廃棄を通告すれば一年後に失効することになったが、この年に内容に改変があったわけではなく、ただ自動的に延長された。反対派には運動の手がかりがなかった。

そのうえ七〇年は「万博の年」であった。三月一四日から半年間、大阪で開いた日本万国博覧会（EXPO'70）は、会期中六四二二万余人の入場者があった。国民は安保より、華やかな万博に吸い寄せられた。

佐藤は七〇年一〇月二九日の党大会で、投票の四分の三近い三五三票を得て四選を果たした。前回出馬した前尾は勝ち目のない争いに立つのを断念し、三木だけが逆らったが、その得票一一一票は、それでも意外に多かったといわれ、三木は面目を保った。裏返せば、佐藤の強さはそれほど圧倒的と思われていたのである。

佐藤内閣と自民党は四選直後の一一月二四日から一二月一八日まで開いた臨時国会で、公害対策基本法改正をはじめ一四の公害関係法の立法を果たした。この国会は「公害国会」と呼ばれた。

日米繊維問題

しかし、さすがの佐藤政権もこのころは落日を迎えていた。まず、日米繊維問題があった。日本の繊維輸出に押しまくられていた米国が輸出規制を望んだ問題で、六九年の沖縄返還交渉に当たり、佐藤は「核抜き」の保証とひきかえに規制に応じた形跡がある。「糸で縄を買った」とされたこの密約は、日本側の証言はないが、米側当事者の回想などからほとんど確実視されている。しかし佐藤は沈黙して繊維問題では何もしなかった。問題は二年間こじれ続け、大平正芳、宮沢喜一、田中角栄の三人の通産相の手を次々に渡って七一年一〇月一五日に、輸出規制の日米繊維協定の了解がようやく成立した。米国のほぼ要求通りとなった解決に当たって、政府は日本業界へはいわば「つかみ金」(当初の輸出自主規制に七五一億円の救済融資、のち政府間の繊維協定に対して一二七八億円を追加融資)を出した。

ニクソン・ショック

七一年には政府は二度の「ニクソン・ショック」に見舞われた。第一のショックは、キッシンジャーが中国を極秘裡に訪問し、七二年五月までにニクソン大統領が訪中することに合意したと発表されたことであった(七月一五日)。冷戦のなかで最も敵対していたはずの米中の和解は、日本には全く寝耳に水であった。それにもかかわらず、佐藤は三カ月あとの一〇月二五日の国連総会で、中国代表権が台湾(中華民国)から中華人民共和国に移ることとの阻止を狙った逆重要事項指定決議案に米国との共同提案国となり、ただでさえよくなかった佐藤内閣と中国との関係をこじらせてしまう。結局この決議案は総会の採決で敗れ、中国は国連代表権を得る。

二つ目のニクソン・ショックは、ちょうど一カ月あとの八月一五日に訪れた。ニクソンは金とドルとの交換を一時停止し、一〇%の輸入課徴金を実施するなどのドル防衛策を発表したのである。これは戦後の西側国際経済体制の枠組みであるIMF制度自体を揺さぶるものであったが、とくに一ドル＝三六〇円の固定相場という実質的な円安によって輸出を極端に伸ばしていた日本経済への衝撃は強かった。

混乱を避けるため八月一六日から一週間閉鎖したヨーロッパの為替市場と違って、日本政府と日銀は東京市場を開けたままドルを買い支え、一ドル＝三六〇円を維持しようとした。結局それは失敗し、八月二八日、変動相場制に移らないわけにはいかなくなる。そして一二月一七日からワシントンのスミソニアン博物館で開いた一〇カ国蔵相会議で、円の基準相場は一ドル＝三〇八円（スミソニアン・レート）に決まった。金ドル交換停止後の八月の一〇日間で東京市場には約四六億ドル、一ドル三六〇円ならば一兆六〇〇〇億円分を超える大量のドルが流れ込んだ。通貨危機に対する政策の一連の失敗は、企業の資金をだぶつかせ、のちの「狂乱物価」をもたらす一つの原因になる。

首相が佐藤でなかったならば、これらへの対応がうまくできたかどうかは、むしろん分からない。しかし少なくとも、政権末期を象徴する事柄ではあった。

佐藤の引退

七二年五月一五日、東京の日本武道館で沖縄復帰記念式典があった。戦争で失った領土を平和裡に外交交渉によって返還させたことは歴史に残る偉業であると自負した佐藤の、これは格好の花道であった。返還協定は米軍基地の存続に反対する野党から強い抵抗を受けて難航したが、七一年暮れには承認されていた。式典のひと月後、六月一七日の自民党両院議員総会で佐藤は引退を表明する。

議員総会のあと、佐藤は首相官邸で内閣記者会と会見したが、冒頭、「新聞は偏向している」から記者と話すのでなく、「テレビで直接国民に話したい」と言い、新聞記者は一斉に憤然と退席した。佐藤は「記者会見」でなく「談話」の発表だと、予定を勘違いしたらしい。しかし、この事件は政治家のマスメディア認識と政治報道の役割について、のちのちまで論議を呼ぶエピソードとなった。

正式な総辞職は七月六日。七年八カ月、二七九七日の連続最長を記録した政権であった(断続的な内閣で、通算での最長記録をもつのは一九〇一〜一三年の間に三度あった桂太郎内閣の二八八三日)。

角福戦争

佐藤は引退にあたって自民党総裁の後継者を指名しなかった。首相となる総裁の座は、佐藤政権を支えた二本柱とされた田中角栄と福田赳夫によって激しく争われ、「角福戦争」と呼ばれた。その角逐は総裁選後も続き、のちのちまで自民党混乱のもととなる。

佐藤後継をめぐる動きのうち、不透明な部分には推測もまじえ、筋を単純化していえば、次のような経過で田中は政権を手にした。

▼佐藤は、岸派の後継者で福田派を主宰する福田に譲りたいと考えていたふしがある。▼福田も「禅譲」を期待していた。したがって福田は主流派内の多数派工作に動けなかった。▼田中のほうは早くから準備を進めた。▼田中は準備の時間をかせぐため、佐藤四選に努力した。▼田中は資金力など、もてる力を総動員して自分の属する佐藤派の大部分を味方につけ、佐藤といえどもそれを覆すことはできないほどにした。▼佐藤派は田中派八一人と、福田支持の保利茂(佐藤内閣最後の幹事長)系の二二人に分裂する。▼前尾から若干のトラブルののち旧池田派を引き継いだ大平正芳は池田内閣当時から田中の「盟友」。▼三木は、ニクソン・ショック以

来急務となった日中国交回復のためには「佐藤亜流」の福田よりは田中を、と考えた。▼ただ、三木派内には福田寄りの早川崇らもいた。▼大平も三木も総裁選に立候補したが、第二回投票では田中につく。▼中曽根は「上州出身」のよしみで福田につくかもしれないと見られたが、最後に自らの立候補をとりやめ、田中についた。▼理由は「若手のつきあげ」とされたが、田中側からの強力な工作に応じたとする説も、本人の否定にかかわらず根強い。▼しかし、たしかに党内の若手には、「選挙に有利な党首」として田中待望の空気が濃かった。▼七一年六月の参院選のあと、それまで参院自民党を押さえていた重宗雄三が、野党と組んだ同じ自民党の河野謙三によって議長の座を追われ、福田の参院での有力な後ろ盾が失われた。

こうして、七二年七月五日の党大会では、第一回投票で田中一五六、福田一五〇、大平一〇一、三木六九となり、田中は六票だけ福田を上回った。決選投票では田中が二八二票で一九〇票の福田を圧倒した。

田中は学歴もなく、しかも戦後の首相としては五四歳という最年少であった。「庶民宰相」「今太閤」「角さん」「コンピューター付きブルドーザー」などの呼び名でマスメディア、国民の期待が大きかった。総裁選の直前、七二年六月二〇日に売り出された田中著の『日本列島改造論』は、官僚たちの協力を得て執筆された内容が、全国、とりわけ過疎の進む地方に「開発」の夢をふりまき、ベストセラーとなった。

その人気を裏切らず、鮮やかと言えたのは、日中国交回復交渉であった。田中内閣は七二年七月七日に成立したが、その日、大平外相は日中正常化したときには今までの日本・台湾間の条約は廃棄されるであろうという意味の発言で復交への意欲を示し、それに対して中国の周恩来首相は翌々九日、田中内閣の姿勢を歓迎すると表明した。このあと、公明党委員長の竹入義勝が七月二七日から訪中し、周首相との間で正常化の内容について話し合うなどの準備があって、九月二五日、田中、大平と二階堂進官房長官は、中国を訪問する。

日中国交回復

交渉は必ずしも平坦に進んだわけではなかったが、九月二九日、北京の人民大会堂で共同声明に調印し、戦後二七年で両国の戦争状態に終止符が打たれた。時の流れとはいえ、自民党内には親台湾派もかなり多くいたことなどを考え合わせると、組閣から二カ月半での正常化実現は、相当な実行力を示したものといえ、佐藤時代とは違うという印象を一般に与えた。

振るわぬ自民党

田中はこの機をとらえて一一月一三日、衆院を解散した。前回総選挙から三年近くが経ち、野党も選挙を望んでいたので、実質的には話し合い解散であった。

田中の自民党には大勝も予想された。このころ、通貨危機に対する佐藤内閣末期以来の金融緩和と田中内閣になってからの積極的な経済政策によって国内資金は「過剰流動性」をもち、「列島改造」論による土地投機の過熱などをもたらして、地価や物価は相当な値上がかったからである。とはいえ総選挙の時点では、それらはまだ「今太閤」熱を冷ますほどではなかったからである。

ところが、一二月一〇日投票の結果は、「選挙の神様」という異名もあった田中自身が首をひねったほど、自民党は振るわなかった。前回の三〇〇から二八四に、一六議席を減らし、議席率は六〇%を割って五七・八%にとどまった。社会党は前回九〇に転落したのを一一八へ、三桁を回復した。公明党と民社党が四七→二九、三二→二〇と、それぞれ四割近い減り方だったのにひきかえ、共産党が一四から四〇へ、この党としては史上最多となったことが注目された。

自民党は議席を減らしたものの、得票を二二〇万票余り増やし、池田、佐藤時代を通じて続いた絶対得票率の減少にも歯止めがかかった。ただ、得票増は過疎地域で前回も高位で当選した候補者たちの得票をさらに上積みすることには役立ったが、当選者数、とりわけ大都市部でのそれを引き上げる働きをしなかった。「列島改造」論の効果はたしかにあったのだが、空回りだったのである。

言論・出版妨害事件

社会党は公認候補の数を前回より二二人も少なく絞り、得票も一四〇万票ほど回復した。しかし、これは前回失った票のほぼ半分で、絶対得票率にするとやっと一%の回復に過ぎなかった。前々回六七年総選挙並みに戻すには、なお五%を増やさねばならなかった。しかし、共倒れを恐れて候補者数を絞る萎縮傾向を、この党はしばらく続けていく。

公明党は、七〇年六月二五日の第八回大会で「政教分離」をしてから最初の総選挙であり、前回の一三％に当たる七〇万票減となったのは「分離」の影響とされた。政教分離とは、六九年に政治学者・藤原弘達著『創価学会を斬る』の刊行を中止させようとして、公明党が当時の自民党幹事長・田中角栄を通じて藤原に圧力をかけた「言論・出版妨害事件」がもとで、党の綱領、規約、人事から宗教色を拭うことにしたことを指す。

民社党は議席数の減少ほどには絶対得票率は減らさなかった。得票数ではわずかながら増えたくらいであった。民社党の議席減は、同じ都市型政党である共産党の躍進のあおりを受けたためである。共産党は自民党の増分を超える二五〇万票、前回に比べ八割増という増え方であった。それは六四年一一月二四～三〇日の第九回大会から、七二年七月一五日の党創立五十周年記念式典までの八年足らずの間に、党員をほぼ二倍、機関紙『赤旗』日曜版読者を三倍以上に増やした組織拡大運動が効果をあげたものであった。

18 「今太閤」の没落

狂乱物価

田中が第二次内閣をつくった七二年暮れから退陣の七四年一一月までのほぼ二年間は、国民生活を脅かす大きな波が、国内、国外の両面から押し寄せた時期であった。

まず波の高さを示したのは物価上昇であった。全国消費者物価の総合指数は、六〇年代の後半から七二年まで、だいたい四〜六%程度のゆるい上昇率に安定していた。それが田中内閣の七三年には一一・七%と倍以上になり、七四年には二四・五%にもなる。とくに主婦らに切実な生鮮食料品などは三〇%を超える値上がり率となった。

地価の上昇はもっと大きかった。六大都市の住宅地を例にとると、もともと六〇年代の末には年二〇%もの騰貴を示して問題になってはいたのだが、七三年には四二・五%もの急騰となり、勤労者のマイホームの夢を打ち砕いた。

一方、卸売り物価のほうも、せいぜい二〜三%の上昇率であったのが、七三年は一五・九%、七四年三一・三%とはね上がる。これはもう完全にインフレの再来であり、七三年一一月に蔵相を引き受けた福田のいう「狂乱物価」であった。

インフレの原因には、海外からの食料品をはじめとする輸入品の値上がりもあったが、それをひどく加速したのは国内企業の行動であった。ドル・ショック時のドルの流入によって過剰な資金をかかえた大手商社などの企業は、「列島改造」にあおられたことも大いに手伝って、まず土地投機に走り、ついで各種の商品投機に手を伸ばした。それに伴って値上がり待ちの在庫の積み増し、つまり買い占めや売り惜しみが大っぴらに行われた。

石油ショック

決定的だったのは、むろん、七三年一〇月六日に始まった第四次中東戦争による「(第一次)石油ショック」であった。原油価格は開戦から三カ月後の七四年一月には三・六倍にもなったのである。しかし、たとえばゼネラル石油が七三年一二月、石油ショックは自社の利益にとって「千載一遇のチャンス」である、という指導を系列店に流して問題になったように、ここでも国内企業はインフレを強める行動をとった。

インフレには政府の責任も大きかった。景気が過熱ぎみであることを承知で、七三年度も予算の規模を二六%増に拡大し、金融も緩め、全国新幹線網を計画するなど、「列島改造」の絵を描き続けた。円の再切り上げを防ぐために内需を増やそうという考えに基づくものではあったが、結果として失政であったことは否めず、予測のつかないことでもなかった。また、円は結局、七三年二月一四日には変動相場制に移り、スミソニアン・レートの一ドル=三〇八円から二六四円程度へ、一四%の切り上げとなった。

「庶民宰相」への幻滅

田中内閣は成立直後の七二年八月には、朝日新聞の世論調査による支持率が六二%と、講和時の吉田内閣が得た最高支持率の五八%(五一年九月調査)を二一年ぶりに破った。この支持率は、更にちょうど二一年後の九三年九月に細川護煕内閣が七一%の支持率を記録するまで最高記録であり続けた。しかし、田中人気はわずか一年余りのちの七三年一一月には二二%に落ち、不支持率が逆に六〇%になってしまった。物価高、生活不安にのしかかられて、国民は「庶民宰相」に幻滅していた。

田中内閣と自民党は、七三年四月から五月にかけて、衆議院の選挙制度を小選挙区・比例代表並立制(当時は「併立」と表記していた)に変える案を国会に出そうとした。自民党が四月二七日に党議決定した内容は、総定数を五二〇(当時は四九一)とし、三一〇を小選挙区、二一〇を都道府県単位の比例代表制で選ぶもので、小選挙区の候補が得た得票を、比例区で政党が得た得票に読み替える「一票制」だった。当然、大政党の自民党にきわめて有利な制度で、野党や世論(このときの新聞は例外なく反対であった)の強い反対に遭った。さらに自民党内からも異論が噴出して、結局、国会提出を断念する。

田中は「通年国会」が持論であった。会期のあることで、野党が審議・採決を引き延ばして法案を審議未了・廃案にできる制度に不満だったのである。七二年暮れに召集された特別国会は六五日ずつ二度延長されて、七三年九月二七日まで二八〇日という長期を記録した。しかしその割には、政府提出法案の成立率は八割程度で、高くはなかった。

保革伯仲
金権選挙と

下り坂の田中は、七四年七月七日の参院選挙に大勝することで退勢を挽回しようとした。自民党はタレント候補を多数立て、二〇〇億円は下るまいといわれた資金にものをいわせた金権選挙に走った。候補者には大企業の応援を割り当てて、資金、運動員を提供させ、さらには下請け孫請け、関連企業、出入り業者も含めて従業員・家族の票を確保させる「企業ぐるみ選挙」を組織した。田中自身もヘリコプターで全国を飛び回った。しかし、見込み違いだった。自民党の議席は選挙前の一三五議席から一二九(保守系無所属を含む)に減った。これは参院の過半数一二六より三議席多いだけで、与野党は「伯仲」した。

すでに選挙の最中から「金権・ぐるみ」選挙を公然と批判していた三木副総理・環境庁長官は、選挙後の七月一二日に、同様の福田蔵相は一六日に、相次いで辞任した。福田を引き留められなかった保利行政管理庁長官も辞めた。田中の足下がぐらついた。

田中金脈

そして、ウォーターゲート事件でニクソン米大統領が辞任した八月八日から二カ月後の一〇月初め、雑誌『文藝春秋』一一月号に、立花隆の「田中角栄研究――その金脈と人脈」が載った。そこには田中の「土地転がし」など、それまでにも疑惑を持たれていた資金づくりの模様が、弁明しようのない裏付けとともに克明に描かれていた。

田中は一一月一一日に内閣を改造し、延命を策したが、結局、米大統領として初めて来日したフォードを迎え、送ったあとの一一月二六日、辞任を声明した。

19 首相の犯罪

椎名裁定

後継争いには大平、福田、三木の三人が名乗りをあげた。大平は田中派の支援を頼みに、数において勝るとみて、党大会での選挙を望み、福田と三木は話し合いを主張した。争いはまたも激しく、三人はいずれも自派の意見通りにならない場合は脱党し、新党を結成することをほのめかした。実際に三木には民社党から社公民勢力と結んだ政権づくりが打診されるなど、この派の離党の可能性が最も高かった。

調整に当たった党副総裁・椎名悦三郎は、分裂を避けるには三木を選ぶのが最善と判断し、一二月一日、「神に祈る気持ち」で考えた結果だとして、三木を総裁とする裁定案を大平、福田、三木、中曽根の四実力者に示した。案文には、新総裁の資格として、清廉と党の体質改善、近代化に取り組む人とあり、その点で三木が最適だと書かれていた。自民党には、田中の汚れたイメージを拭い去ることが求められていた。初めのうち抵抗した大平も含めて、椎名裁定を受け入れるほかなかったのである。

三木政治

三木は七四年一二月九日に、福田を副総理・経企庁長官、大平を蔵相とし、教育学者で非議員の永井道雄を文相に起用した内閣をつくる。そしてすぐ、「諸悪の根元」だとする党総裁選に、党員による予備選挙を導入する改革、企業献金をなくす政治資金規正法改正、選挙公営を広げる公職選挙法改正、独占企業に分割を求める独占禁止法改正など、年来の考えを実現しようとするが、基盤とする三木派が小派閥のため、党内の反対でつぶされたり、骨抜きにされたりする。

また、七五年一一月二六日からの公労協の「スト権スト」では、はじめ国鉄など公共企業体の職員にスト権を認めるほうに傾くが、これも党内の圧力で否認に転じざるをえなくなる。このストは国鉄が全線で、まる八日間、一九二時間止まるという史上最長のストの記録となった。

一方、三木は党内の右寄り勢力に不満を与えないよう、七五年八月一五日、「私人」の資格ではあったが、首相としては初めて靖国神社に参拝する。また、七五年七月二三日、「金大中事件」について、宮沢外相を訪韓させて「最終決着」し、こじれていた日韓関係を修復する。金大中事件とは、田中内閣時代の七三年八月八日、韓国の野党・新民党の元大統領候補、金大中が東京のホテルからＫＣＩＡ（韓国中央情報部）によって白昼誘拐され、韓国に強制連行された事件である。

ロッキード疑獄の発端

七六年二月四日、米上院外交委員会の多国籍企業小委員会で、ロッキード社の日本に対する旅客機の売り込み工作資金一〇〇〇万ドルが右翼の児玉誉士夫や輸入代理店の丸紅などに渡ったことが明るみに出た。ロッキード疑獄の発端である。続いて六日には、ロッキード社の副会長、A・C・コーチャンが、「丸紅を通し、二〇〇万ドルを日本政府高官に渡した」と証言した。

田中逮捕

三木は真相究明まで後へは引かない決意を明らかにし、フォード米大統領に親書を送って米側の資料提供を要請する。東京地検は、コーチャンら米人関係者に対して刑事責任を問わないことを条件に米側に尋問を依頼して証言を得るなどの捜査によって、六月二二日、丸紅前専務の大久保利春を逮捕、続いて七月一三日までに丸紅前専務・伊藤宏、同前会長・檜山《ひやま》広《ひろ》、全日空社長・若狭得治を逮捕した。

そして七月二七日、前首相・田中角栄が秘書・榎本敏夫とともに逮捕された。大型ジェット旅客機「トライスター」を全日空に売り込んだ成功報酬として、七三年八月から七四年三月までの間に五億円をロ社から受け取った容疑であった。さらに八月二〇日に元運輸政務次官・佐藤孝行、二一日に元運輸相・橋本登美三郎が逮捕された。佐藤は二〇〇万円を、橋本は五〇〇万円を、それぞれ全日空から受け取った疑いであった。

灰色高官

この事件では、逮捕された者以外にも、いわゆる「灰色高官」の名が、七六年一一月二日に法相・稲葉修から発表された。全日空から金を受け取ってはいたが、収賄罪を問うには時効になっていたり、旅客機を買わせる権限をもったポストにいなかったなどの理由で起訴されなかった政治家たちで、二階堂進、佐々木秀世、福永一臣、加藤六月《むつき》の四人であった。

三木降ろし

三木派幹部以外の自民党は、党・政府の暗部にメスが入ることに強い衝撃を受けた。米大統領に親書を送った三木に対して椎名は苦々しさを隠さず、「はしゃぎ過ぎ」と評し、七六年五月の連休後、田中、大平、福田と相次いで会談して「第一次三木降ろし」に動く。このときは田中ら政治家が逮捕される前で、世論は椎名らの動きは政治家逮捕を免れようとする「ロッキード隠し」だと非難する。このため椎名らもいったん矛を納めた。

田中逮捕は、かえって「反三木運動をしてももはやロッキード隠しにはならない」という口実を反三木陣営に与えた。二億円を積んで保釈された田中と田中派の怨念が三木に向けられ、次期政権への目論見のある福田、大平が同調した。大平は、三木には「惻隠《そくいん》の情」がないと非難した。田中が保釈された八月一七日の翌々一九日には、三木派と幹事長・中曽根の派を除く全派閥が「挙党体制確立協議会」(挙党協。会長・船田中元衆院議長)をつくり、二七七人の衆参両院議員が署名して党大会の開催を求めた。この人数は当時の自民党全議員四〇三人の三分の二を超えており、なかに三木内閣の閣僚が一四人も含まれていた。「第二次三木降ろし」である。しかし、三木はこうした動きに批判的な世論を背景にねばり腰を見せ、挙党協と渡り合う。何回かのつばぜりあいののち、三木が衆院議員の任期の終わるこの年一二月までのあと三ヵ月間、衆院を解散しないこととひきかえに、九月臨時国会の召集を認める――つまり三木が総理・総裁であり続ける――という妥協が成立する。

初の任期満了選挙

こうして七六年一二月五日投票の総選挙は、日本国憲法下初の任期満了選挙となった。自民党挙党協は一〇月二一日に三木総裁の退陣を決議、後継総裁に福田を推薦していた。福田は総選挙公示の一〇日前、一一月五日に副総理を辞任し、自民党は三木対反三木に分裂して選挙に入った。

自民大敗

投票の結果は、自民党が結党以来初めて公認候補だけでは過半数に届かない二四九議席という「大敗」であった。七五年一〇月の公職選挙法改正で、この選挙から衆院の総定数が五一一人に増え、過半数がそれ以前の二四六から二五六に上がったのも三木にとっては痛かった。しかし、前回の公認候補当選者と議席率で比較した落ち込み六・五％は、新定数に引きなおすと三三議席分に当たり、大敗に違いはなかった。自民党は公認漏れの無所属当選者を入党させて二六〇とし、ようやく過半数を維持したが、三木は一二月一七日、総裁を辞任する「私の所信」を発表した。

社会党は議席の数で五、率で〇・三ポイントの微増だった。しかし、二人の元委員長、佐々木、勝間田をはじめ副委員長の江田、元書記長の山本幸一ら大物の落選が目立った。自民党も農相・大石武一ら現職閣僚三人が落ちた。

この選挙で初めて協定を結んで選挙協力した公明、民社両党は、公明が前回の二九から五六へほぼ倍増し、民社も二〇から二九へ、五割近い伸びであった。それにひきかえ、共産党が前回の四〇から一九に、半分以下に減らしたのが目を引いた。

新自ク・ブーム

この選挙の台風の目は「新自由クラブ」であった。新自クは、ロッキード事件が表面化したあとで田中逮捕以前の七六年六月二五日、腐敗と訣別し新しい保守主義を創造するとして自民党を離党した河野洋平、田川誠一、西岡武夫、山口敏夫、小林正巳の五衆院議員と有田一寿参院議員の六人で結成した新党であった。この選挙では大都市部の「支持政党なし」層を中心に、一挙に新自ク・ブームが起き、一八人が当選した。これは、腐敗によって都市部住民が保守政党から大きく離れるのを防いだという側面があった。

いま、新自クを当時の自民党の都市型分身と見て保守の一つに数え、さらに田中ら自民党を離党しなければならなかった者や、さらには残った保守系無所属などを、すべて「総保守」としてひとくくりに数えてみる。すると、そのような総体は二八一となる。もし、元自民党の無所属・宇都宮徳馬もこれに加えると二八二。これは前回総選挙での総保守二八四に比べて二議席の微減に過ぎない。つまり、この選挙では前回までにはなかった新自クと「黒い高官」たちとが党外に出たために、自民党の額面が小さくなったのであり、自民党は大敗と見えながら、定数増の分を除いて考えるとその実質は減っていなかったと言える。

20 伯仲の継続

自民党の党改革

三木は退陣に際して発表した「所信」のなかで、自民党に対して、①金権体質と派閥抗争の一掃、②長老政治の体質の改善、③全党員参加の総裁公選制度の採用、の三つを提言した。あとを継いだ福田も、国民は自民党の体質を批判していると認め、提言の実現を図る。福田政権成立の半年後には七七年参院選挙が予定されており、改革は急がねばならなかった。福田自らが本部長となった「党改革実施本部」の案に基づいて、七七年四月二五日の臨時党大会は、総裁公選制度に全党員が参加する予備選挙を導入することを決めた。この新制度が結果的には、七八年暮れに福田内閣を倒すことになる。

経済の福田

福田は「経済の福田」を自任していた。第二次田中内閣の後半、狂乱物価となった七三年一一月に蔵相を引き受けたあと、三木内閣でも経企庁長官として、「日本経済は全治三年」との診断で建て直しに取り組んだ。自分の内閣も含めて、福田は七八年末まで五年間の経済の舵取りにあたったことになる。この間に物価の上昇率は七五年一一・八％、七六年九・三％、七七年八・一％と静まり、福田内閣最後の七八年には三・八％に落ち着いた。しかし、七七年からはむしろ不況のほうが深刻だった。欧米に比べれば成長率は高く、失業率は低かったとはいえ、企業の倒産が相次ぐなど、国内には不満が強かった。

日中平和友好条約　福田内閣の業績としては、得意の経済より、日中平和友好条約の締結をあげるのが普通である。七二年の国交回復後、両国の関係をより深める基本条約を結ぶ機運はそのころすでに熟したと思われていた。しかし、実際には日本側には親台湾派を中心とする旧来の反対ないし慎重論がまだあったし、反ソを意味する「覇権反対」に中国が同調を求めていることは新しい壁になっていた。それでも曲折ののち七八年八月、園田直外相が訪中し、黄華・中国外相との間で決着がはかられ、八月一二日調印された。条約には「覇権反対」が明記されたが、一方で「この条約は、第三国との関係に関する各締約国の立場に影響を及ぼすものではない」と、日本のソ連に対する立場への配慮も盛り込まれた。

初の総裁予備選　中国副首相・鄧小平らを東京に迎えて条約批准書を交換した七八年一〇月二三日から一週間後の一一月一日、自民党の初の総裁選予備選挙が告示された。候補者は福田と大平、中曽根、河本の四人であったが、実質的な争いは福田と大平との間に絞られていた。

七六年の三木降ろしに結束した挙党協の弱点は、「三木後」を福田、大平のどちらにするかが当初決まらなかったことにあった。福田に統一したのは総選挙直前であった。そのとき福田と大平との間には、はっきり年限を切ったかどうかはともかく、「二年で交替」の意味にとれる密約があったらしい。二人の争いにはそのいきさつと、七二年に「佐藤後」を争った「角福(田中―福田)戦争」以来の確執がからんでいた。田中は大平の強力な後ろ盾であった。

総裁選に党員・党友全員が投票する予備選挙を採り入れたのは、そうすれば、議員と都道府県代表者だけが有権者であったそれまでと違って、買収などはできなくなると提唱者の三木は考えていたからである。実際、「あなたの一票で総理大臣を選べる」の宣伝で、党員には一五〇万人、党友には一七万人という多数が登録し、その趣旨は生かされるのではないかと思われた。

大平の圧勝

ところが、この党員たちは大部分が各議員の後援会員や後援企業の従業員らで、派閥に属する議員の指示の通りに投票する人々であった。投票資格とされた年一五〇〇円の党費二年分完納も、議員らの立て替えが多かった。結局、党員は派閥に系列化し、党員集めと票買いに積極的な派閥が有利であった。田中派はそこに力を尽くし、その支援を受けた大平は七八年一一月二六日の開票で、福田優勢という大方の予想を覆して圧勝した。得票は大平五五万、福田四七万。勝敗は各都道府県の党員数に応じた持ち点を上位二人が比例配分した点数で決めることにその時はなっていたので、その持ち点でみると、七四八点対六三八点であった。

福田は、「天の声にも変な声もある」との言葉を残し、議員らによる本選挙をまたずに辞任した。

有事立法

七八年一一月七日に発足した大平内閣は、福田内閣の末期に浮上した「有事立法」に向かう動きを立ち消えにさせて福田とは違うハト派ぶりを見せた反面、やはり福田内閣のときに閣議決定していた元号の法制化は、公明、民社、新自クの協力で七九年六月六日に成立させて党内右寄り勢力の不満をそらすなど、慎重な政局運営を見せた。

「有事立法」問題は、七八年七月一九日、統幕議長・栗栖弘臣が記者会見で「緊急時の法律のないわが国では、有事の際、自衛隊が超法規的に行動することもあり得る」と述べたことで起きた。防衛庁長官・金丸《かねまる》信は、文民統制を破るものとして栗栖を解任したが、福田は有事立法についての研究を防衛庁に指示した。また、総裁選予備選挙でも、福田、中曽根が有事立法の必要を主張したのに対し、大平、河本は必要を認めず、はっきりした対照を見せた問題であった。

第二次石油ショック

大平内閣発足直後の七八年一二月一七日、ＯＰＥＣ（石油輸出国機構）は、七九年に原油価格を段階的に一四・五％まで引き上げると発表した。次いで一二月二六日には、大輸出国の一つイランでホメイニの指導する革命が起き、石油生産が止まった。国際石油資本各社は七九年一月一七日、日本への原油供給を削減すると通告した。第二次石油ショックであった。原油高と円安とで日本経済にはインフレ圧力が強まったが、総需要抑制策などでどうにかしのぎ、成長率が押し下げられた程度で済んだ。

統一地方選と東京サミット

七九年には統一地方選挙があった。四月八日の一五知事選では、東京都知事に自公民推薦の鈴木俊一が社共推薦の太田薫を破って、一二年間の「革新都政」に終止符を打ち、大阪府知事選では、共産党以外の各党が「相乗り」した岸昌《さかえ》が、共産党推薦の現職・黒田了一を落とした。自民党の意気は上がった。

七九年六月二八日には、先進国首脳会議(サミット)が東京では初めて開かれ、大平はカーター米大統領、ジスカールデスタン仏大統領、サッチャー英首相、シュミット西独首相らを迎えてホスト役を無事務めた。

自民の大敗

順調な出足の大平は、次の課題を衆院解散・総選挙に置いた。七六年総選挙による「与野党伯仲」から脱出し、安定政権を回復する機会をつかもうとしたのである。前回選挙から三年近く経っていて、解散機運も作りやすかった。総選挙は一〇月七日投票となった。

しかし、ふたをあけてみると、大平にとって意外なことに、自民党は再び大敗であった。公認候補の当選者は二四八で、三木に退陣を決意させた七六年総選挙の二四九よりさらに一議席少なかった。むろん過半数に及ばず、保守系無所属の一〇人を入党させて、やっと過半数プラス二、議席率を五〇・五%とした。

社市連と江田の死

社会党は前回の一二四議席から一七減の一〇七議席となった。

社会党内では七六年二月に江田副委員長が、公明党書記長・矢野絢也、民社党副委員長・佐々木良作と「新しい日本を考える会」をつくり、将来は三党が連合する含みで活動を始めていた。社会主義協会などの左派はこれに反発し、七七年二月八日からの第四〇回定期大会では江田を副委員長から解任した。江田は三月二六日離党し、市民運動家の菅直《かんなお》人《と》らと「社会市民連合」(社市連)を結成したが、活動を始めて間もない五月二二日に急死した。

このあと、七七年参院選の敗北などをめぐって、社会党内では「協会派」などの左派と「新しい流れの会」などの右派との対立が激化した。同年九月二六日からの第四一回大会では書記長人事のもつれから「流れの会」の田《でん》英夫ら三人が離党して社市連に合流し、翌七八年三月二六日、社市連は「社会民主連合」(社民連)となった。

第四一回大会では、成田委員長、石橋書記長が参院選敗北の責任をとって辞任、一二月一三日の続開大会で横浜市長・飛鳥田一雄が委員長に、多賀谷真稔《しんねん》が書記長になった。また民社党も同じ七七年一一月二八日、委員長が春日一幸《いっこう》から佐々木に交代した。七九年選挙では、こうして自社民三党の党首がいずれも前回とは違っていた。

伯仲へ

社会党は議席を減らしたものの、事前には一〇〇議席以下になるのではないか、横浜市長から東京一区に転じた飛鳥田委員長も落選するのではないか、などと言われていたため、今回はむしろ安堵感があった。

公明党は前回より更に二人増やして好調を維持し、民社党も七議席増の三六人で、結党時の四〇人にあとひと息に迫った。共産党は前回四〇から一九に半減させていたのを、再び四一と、元に戻した。社民連は二議席で変わらなかった。

自民党とともに惨敗と言えたのは、前回ブームを呼んだ新自クで、一八から四議席への転落であった。したがって、この選挙の特徴は、前回、総保守では二八二だったのが、二六七にまで減り、総保守対野党という目で見ても伯仲に近づいたことであった。

一般消費税

自民党の敗因には、選挙の最中に大平が初めて大型間接税である「一般消費税」の導入に熱意を示したことが指摘されている。公債依存率を引き下げる切り札として大蔵省が構想していた「消費税」を表に出したことは、野党の絶好の標的にされたうえ、所得内容を税務署につかまれることを恐れた商店主などの突き上げで、自民党内からも強い反対が出、大平も選挙途中で、「八〇年度は導入しない」と言わねばならなかった。

もう一つの敗因に挙げられるのは、衆院解散の翌日九月八日、鉄道建設公団のカラ出張、ヤミ手当など、一連の不正経理が明るみに出たことであった。

21 「闇将軍」の支配

四〇日抗争

七九年総選挙の敗北は、自民党の権力闘争を燃え上がらせた。総裁選に不本意な負けを喫した福田を先頭に、前回総選挙で同様の敗北の責任をとって辞めた三木、そして三木政権の幹事長だった中曽根らは、いずれも大平の退陣を求めた。辞める必要はないと言った派閥領袖は田中だけであった。大平は投票翌々日の一〇月九日、引き続き政権を担当する決意を表明し、以後、反主流との間で「辞めろ」「辞めない」の押し問答を続ける。さまざまな動きがからみあい、一〇月三〇日に特別国会が召集されても首相の指名ができないありさまだった。結局、一一月六日、衆院本会議で同じ自民党が主流は大平に、反主流は福田に投票するという異常事態となった。

政権党時代の自民党の最高権力をめぐる争いは、総裁の任期切れに伴う正規の総裁選をする時以外は、両院議員総会の投票で決着するのが普通であった。それをしなかったのは、大平、田中勢力と反主流派の議員数とを比べた場合、衆院議員数ではかなり接近しているが、参院議員を合わせると明らかに反主流が劣勢だったからである。反主流は勝ち目のない総会を避け、衆院本会議に持ち込んだ。

前代未聞の本会議決着は、一回目、大平一三五対福田一二五と、野党各党首をしのいで一、二位を自民党がとった。決選投票では大平一三八、福田一二一。これでようやく大平の続投が決まった。新自クが大平に一回目から投票したほかは、決選でも野党はすべて棄権し、自民分裂――その片方と一部野党との連立、という激変は避けられた。後日になって、野党のなかには、そうした変化の機会を見送ったことを惜しむ意見もあった。

首相指名のあとも、自民党内は幹事長や閣僚の人事をめぐってもめ続け、一応のけりがついたのは一一月一六日のことだった。総選挙の日から数えて満四〇日間のこのごたごたは「四〇日抗争」と呼ばれた。

ハプニング解散

しかし、反主流がこれで矛を納めたわけではなかったことが、翌八〇年五月一六日の内閣不信任案(社会党提出)の採決で明らかになった。反主流のうち中曽根派を除く福田、三木両派が本会議を欠席し、不信任案は二四三対一八七で可決されたのである。大平はこれを受けて五月一九日、衆院を解散した。反主流が主流に党刷新を求めて争ってはいたものの、不信任を通すとの予想は少なかったので、「ハプニング解散」と呼ばれる。この年六月には、参院の通常選挙が予定されていた。衆院選はその日取りに重なり、六月二二日、史上初の衆参同日投票の選挙(「同日選挙」または「ダブル選挙」)となった。

大平の死

選挙ではさらに思いがけないことが起きた。参院選公示の五月三〇日夜、大平首相が心筋梗塞で倒れ、三一日未明入院、六月一二日死去したのである。一〇日後の投票の結果は、両院で自民党が大勝した。とくに衆院では八年ぶりに五五%を超える議席を得た。衆院の公認候補だけで二八四人が当選した。前回より三六人も増えた。候補者数は三一〇人だったので、当選率は九二%という高率であった。追加公認の無所属を加えて自民党は二八七。その他の、入党できない、またはしない保守系無所属が六人、それに一二人に回復した新自クをすべて合計すると、「総保守」は三〇五議席にもなり、その得票数は初めて三〇〇〇万を超えた。

連合政権論

社会党は前回と全く同じ一〇七議席だった。社民連は一人増えた。公明党は二四議席の減、共産党が一二議席減、民社党も三議席を減らした。

欧米の観察者は、党首がだれになるか決まっていない党が大勝したことに奇異の感を持った。しかし、日本人にとっては不思議ではなかった。自民大勝の理由として、たいていの人が大平の死によって自民党に「同情」票が集まったからだと考えたからである。また、党内抗争が続き、前二回の総選挙で追加公認でようやく過半数を確保している自民党が、この選挙ではついに過半数割れに追い込まれるのではないかという観測も野党にはあり、各党党首らは選挙中「連合政権」の構想を語ったりしていた。この様子を見て自民党政権が終わるかもしれないと危機感を抱いた有権者が、どっと自民党に投票したのだという説明もあった。

もっとも、「同情」説には、筆者自身は疑問をもっている。自民党のこの時の得票増は主に大都市部に見られた現象で、非都市部では顕著でなかったからである。大都市にいつもは眠っている常時棄権層が、四〇日抗争、ハプニング解散、首相の死という異常な事件続きに関心をそそられて投票所に足を向けたのが大勝の理由であろう。常時棄権層は、大都市で公明、共産、民社といった都市型政党の集票の網にかかっていなかった人々で、投票所に行けば自民党に、一部は社会党に投票するほかなかったと思われる。

中曽根・河本・宮沢

大平の後継者は、総選挙が終わったころの党内外おおかたの見るところでは、中曽根康弘、河本敏夫、宮沢喜一の三人のうちの誰かであろうという予想であった。

中曽根と河本は、七八年一一月に大平が福田と争って総裁となった予備選挙に立候補していた(河本はこのときから三木派を引き継いで河本派をつくった)。しかし、大平が死であがなった安定多数の自民党は、大平派の者が引き継ぐのが当然だという派閥論理に立つならば、経歴、識見などから宮沢が有力になる。

党内融和

ところが自民党の出した結論は、意表を衝く鈴木善幸(大平派)であった。

宮沢は生前の大平としっくりしていなかったことが大平直系の人々から嫌われた。大平派の代表にはそれまでの「大番頭」だった鈴木がなった。鈴木は蔵相、外相、党幹事長などの派手な経歴はなかったが、党総務会長を実に一〇回も務めていた。派内だけでなく党内のとりまとめ役としても適任との声があがった。大平派の大勢に田中も同調した。もともと、鈴木は田中ととくに親しいと見られていた。大平・田中勢力の宿敵、福田まで鈴木を支持した。五派閥のうち、大きいほうの三派がまとまったことで結論は出た。八〇年七月一五日、鈴木は党両院議員総会で満場一致、総裁に選ばれた。

党内には、一九七二年の「佐藤後」以来のすさまじい派閥抗争に、厭戦気分が広がっていた。大平の死はその気分を決定的にした。福田もそれに逆らえなかった。つまり、鈴木政権は党内融和を第一とした状況によって誕生した。首相としての指導力、識見などは考慮の外だった。それほど党内は派閥抗争に疲れ切っていた。

鈴木政権

鈴木は党内の「和」への願望と、官房長官にした宮沢の補佐とによって、ほぼ順調に政権を担当していった。八一年三月一六日に、行財政改革のための臨時行政調査会(六二年に池田内閣が同名の調査会を設けたので、これは「第二次臨調」と呼ばれる)が、元経団連会長・土光敏夫を会長として発足すると、一八日、「行政改革に政治生命を賭ける」と発言するなど意欲的でもあった。

臨調はまる二年の審議ののち、八三年三月一四日、「増税なき財政再建」「超緊縮財政の堅持」などを柱とする最終答申を次の中曽根首相に出して解散する。鈴木内閣と、時の行政管理庁長官であった中曽根の掲げた「行政改革」は、このあと長く続く政治シンボルとしての「改革」のはしりであった。

鈴木にはミスがなかったわけではなく、内政、外交ともに、手腕に不安を抱かせることがままあった。とくに八一年五月四日に訪米して七日にレーガン大統領と会談、それを受けて八日発表した共同声明について、帰国後「会談内容を反映していない」と発言した波紋は大きかった。共同声明は日米が「同盟」関係にあることを初めて明記、軍事協力を前進させることに合意したと読み取れるものだったが、鈴木はこれらを否定した。このため外相・伊東正義は一六日、引責辞任した。

鈴木不出馬

鈴木は八二年秋の任期終了後も再選は確実とみられていた。総裁選の仕組みが党員による予備選挙になりにくいように改められており、両院議員の投票ならば田中派と自派だけで多数を占めていたからである。ところが、総裁選の立候補受付けが始まる直前の一〇月一二日に、鈴木は突然不出馬を発表する。

鈴木の辞任は、「日米同盟」関係に不安をもたらしたことが、少なくとも遠因にはなっていただろう。それ以外には、田中、鈴木派の主流派と両派以外の非主流派の間で、「怨念」の争いが再燃しそうになっていたことが理由にあげられた。福田が「鈴木には国民の信頼がない」と言い出した。本人もしくは跡目の安倍晋太郎が立つ可能性があった。それに先立って旧大野伴睦派の流れを汲む中川一郎が石原慎太郎らとタカ派の小派閥をつくって鈴木に挑む構えを見せていた。河本も立候補するかもしれなかった。河本には資金力があり、系列党員の数で鈴木を上回る可能性があるとの説もあった。鈴木は身上である「和」を棄ててまで首相を続けることはないと思って辞めたのではないかという見方が、こうしたいきさつから生まれた。

鈴木は元来、首相の器ではないことを自ら認めていた。また、「なりたくてなったのではない」が口癖であった。歴代の首相と違って、なるために長年「兵を養い」、金を使ったわけではないという意味でもあった。辞めるのに未練はないというのは本当だったかもしれない。

中曽根圧勝

後継総裁は最初話し合いで選ぼうとしたが、例によってもめた末、一〇月二二日、主流派に推された中曽根が「首相に中曽根、総裁に福田」という総理・総裁分離案(総総分離)を蹴ったことで話し合いは最終的に壊れ、中曽根、河本、安倍、中川の四人の間で予備選が行われることになった。

一一月二四日の開票の結果、河本は予想外に振るわず、中曽根が六〇万、河本二六・五万、安倍八万、中川六・六万という票数だった。中曽根は有効投票の五七・六%を得る圧勝であった。やはりここでも田中派の圧倒的な力が誇示された。両院議員のなかでも、党員のなかでも、田中がついたほうが勝つことが、はっきり示されたのである。

大平、鈴木に続いて中曽根と、三代の首相がいずれも田中の力によってその椅子に座ったことは、田中の「キング・メーカー」としての権勢を内外に印象づけるものであった。田中はロッキード事件の被告人として自民党を離れ、一介の無所属議員のはずであった。しかしこの時期、日本の政治はその「闇将軍」に牛耳られていた。一一月二七日に発足した第一次中曽根内閣の組閣では、田中派の後藤田正晴が官房長官になり、同派から七人が入閣した。また、やはり田中派でロッキード事件「灰色高官」の二階堂進が幹事長に留任した。福田派の灰色高官・加藤六月も入閣した。

「不沈空母」　中曽根は八三年の年明け、一月一一日に訪韓して全斗煥大統領と会談、四〇億ドルの経済援助を約束した。こうして北東アジアの西側陣営としての足場を固めたうえで一七日には訪米し、一八日のレーガン大統領との会談で「日米は太平洋をはさむ運命共同体」との認識を表明した。さらに、同日の『ワシントン・ポスト』紙幹部との懇談で、ソ連の侵攻に対しては「日本列島を不沈空母とする」「四海峡(のち三海峡と訂正)を封鎖する」などと発言した。二年前の鈴木の「軍事同盟否定」発言は完全に補正された。

中曽根は帰国後の二四日、国会での施政方針演説で、「日本は今、戦後史の大きな転換点」にあると強調し、「従来の基本的な制度や仕組みをタブーなく見直す」と述べた。中曽根は敗戦後の一九四七年四月の総選挙で、白ペンキを塗った自転車に乗って反共を訴え、当選して以来三五年間、首相になったらこうしようと思うことを何冊ものノートに書き留めてきた。派閥力学では田中に頼っても、首相としての政治方針には自信があった。それは、これまでの吉田内閣以来の「保守本流」政治を批判し、そこから離れようとするものでもあった。レーガン米大統領やサッチャー英首相らの考え方に近い「新保守主義」の路線が強く意識されていた。

八三年四月一〇日の統一地方選挙・知事選では、北海道で社会党推薦の横路孝弘、福岡県で社共両党推薦の奥田八二《はちじ》が、ともに有力な自民党系候補を破って初当選した。しかし、六月二六日の参院選挙では、自民党は前々回より二議席多く、前回より二議席少ないという、まずまずの成績であった。この参院選は、前年八二年八月一八日に全国区を比例代表区に変えた公選法改正後初めての選挙だったが、比例区で自民党の得た相対得票率は三五・三％に過ぎなかった。

田中有罪判決

このころは、前回総選挙から三年を超える時間が経ち、衆院には解散風が吹き始めていた。そうしたなかで一〇月一二日、田中に対するロッキード事件の一審判決が東京地裁であった。受託収賄罪で「懲役四年・追徴金五億円」の実刑であった。田中はむろん控訴したが、野党は田中に対する議員辞職勧告決議案の優先審議と早期解散を一致して主張した。国会は一カ月余り空転したあげく、衆参両院議長のあっせんで中曽根も解散を決意した。解散は一一月二八日、投票は一二月一八日であった。

結果は三度目の自民党公認当選者過半数割れであった。三木内閣の七六年選挙での二四九、大平内閣の七九年選挙の二四八に並ぶ二五〇で、無所属からの入党を合わせても二五九。議席率はそれでやっと五〇・七％であった。敗因は田中判決と、その田中を後ろ盾とする中曽根の政治姿勢にあるとされたが、田中自身は選挙区（新潟三区）で二二万票という、首相時代にも得られなかった大量得票を記録し、田中派の当選者は二人減と、各派のなかで最も減り方が小さかった。

とにかく三度目の公認過半数割れで、自民党内はまた荒れ模様になった。中曽根は一二月二四日、「いわゆる田中氏の政治的影響を一切排除する」という総裁声明を発表しなければならなかった。それによって抗争再燃はどうやら避けられた。

ニュー社会党

社会党では、飛鳥田委員長が八三年参院選で前々回より五議席減となった不振の責任をとって、六月三〇日に辞意を表明した。あとには石橋政嗣が全党一致で選ばれた。書記長には田辺誠がなった。石橋は「自衛隊は違憲だが合法」などとした「ニュー社会党」路線を標榜して総選挙に臨んだ。結果は前回より六議席増の一一三で、一応及第であった。

公明党は公認五九人のうち五八人が当選するという好成績で、推薦の一人を足した五九人はこれまでで最高であった。民社党も三九で、悲願の結党時議席四〇まであと一と迫った。好調の野党のなかでは、前回より二議席減にとどめはしたが漸減傾向の止まらない共産党が目立った。

新自クは前回の一二から八議席に減ったが、選挙後に自民党と統一会派をつくることに合意し、田川誠一代表が第二次中曽根内閣に自治相で入閣した。自民党が八人を必要としたのは、これによって予算委で委員長を除いても与党が過半数を占められる配分となるからであった。

22 「総決算」路線の進展

審議会政治

中曽根は就任当初の「不沈空母」発言などで支持率が下がったのをみて、その後はタカ派的言動を控え、閣僚の資産公開、平和と軍縮、行政改革、教育改革などを強調するようになった。これらによって内閣支持率は回復した。しかし、その政治手法は「審議会政治」と名付けられた独特なものであった。八四年、中曽根は周辺に、「高度情報社会に関する懇談会」「経済政策に関する懇談会」「臨時教育審議会」「閣僚の靖国神社参拝問題に関する懇談会」など、公私の新しい諮問機関をいくつも作った。それらの委員には、中曽根のブレーンである瀬島龍三・伊藤忠商事相談役、佐藤誠三郎東大教授、香山健一学習院大教授らが複数かけもちで入り、議論をリードした。その答申を通じて世論を動かし、政策実現をはかるという手法である。

それは、官僚がつくった政策を党内への根回しなどによって合意に持ち込み、国会を通す、という自民党在来型の政策立案過程とは大きく異なる、トップダウン型の新しいやり方であった。これに対して自民党内からも、政党政治の基礎をゆるがすという批判が出たが、中曽根は「審議会は国民の声を聞くため」と譲らなかった。

八四年九月六~八日、韓国の全斗煥大統領が韓国大統領として初めて公式に来日した。六日夜の宮中晩餐会で昭和天皇は、「今世紀の一時期において〔日韓〕両国の間に不幸な過去が存したことは誠に遺憾であり、再び繰り返されてはならないと思います」とあいさつした。植民地支配の過去についての最初の正式な反省の弁であった。大統領はこれに対して「厳粛な気持ちで傾聴しました」と答えた。

創政会の旗揚げ

中曽根は八四年一〇月三一日の自民党両院議員総会で総裁に再選された。佐藤以後に総裁・首相となった田中、三木、福田、大平、鈴木の五人はいずれも再選を果たさず、ほぼ二年ごとに交代してきた。中曽根は久々に二年の壁を越え、結局八七年まで五年間、首相を務めることになる。

もっとも、田中派の圧倒的な力を頼みに再選をはかった中曽根は、党内の反発を買っていた。再選を目前にした一〇月末には、鈴木、福田の前・元首相らと、野党公明党の竹入義勝委員長、矢野書記長、民社党の佐々木良作委員長らが手を結んで二階堂進副総裁(田中派)を担ぎ出そうとする動きが表面化した。しかし、最後は田中の強い反対と党内から野党が関与していることへの抵抗感が出て、再選にまとまった。

「二階堂擁立劇」は中曽根再選に付随したエピソードに過ぎないようにみえたが、田中の最大の「忠臣」二階堂が反乱を起こしたことは、やはり田中支配にかげりが出てきたことを意味していた。八五年二月七日、同派の竹下登蔵相を盟主として、派中派といえる「創政会」が旗揚げしたことで、田中支配が終わろうとしていることがはっきりする。田中派一二〇人中、はじめ八五人が入会を申し込んだが、田中の懸命の説得で、出発の時は四〇人だった。しかし、そこには金丸信、小沢一郎、羽田孜、梶山静六、小渕恵三、渡部恒三ら、田中の子飼いの代議士たちが含まれていた。

田中支配の終焉

田中支配のありようは、田中派からは総裁・首相を出さず、自民党国会議員の三分の一を握るその力を他派の領袖に貸して総裁に就け、全体を支配するものであった。支配が続く限り自派からは首相を出せないことに、二階堂も竹下も、その同調者らも不満を募らせたのである。

ところが、その田中が創政会結成から二〇日後の二月二七日、自宅で脳梗塞で倒れ、入院した。二カ月後に退院はしたが、強い言語障害などが残り、政治的影響力を失ったまま九三年一二月一六日に死を迎える。

中曽根は田中支配が終わり、後を窺う竹下、安倍晋太郎、宮沢喜一らの「ニューリーダー」たちがまだ力を出せないでいる間隙を縫って、自らの政治路線——戦後政治の総決算——を推し進めていった。その第一は、政権発足以来進めてきた「行財政改革」であった。戦後政治は、産業構造の変動に伴う費用や景気対策、社会福祉などに政府が責任を負い、行政機構と財政を膨らませてきた。一方、二度の石油危機もあって税収不足を補う赤字国債増発で財政は危機にあった。中曽根は「民間のやれないぎりぎりのことだけ国家がやる」という「民間活力活用」を重要政策の柱とした。

行財政改革と民営化

この線に沿って、すでに八四年八月三日に専売公社を日本たばこ産業会社(JT)にする法律が、一二月二〇日には電電公社を日本電信電話会社(NTT)にする法律が成立し、二つの民営化が八五年四月一日から実施に移された。次が三七兆三〇〇〇億円の長期債務と九万三〇〇〇人の「余剰人員」を抱えて、政府にとって最大の荷物となっていた国鉄の民営化であった。国鉄再建監理委員会は、八七年四月に国鉄を六つに分割民営化することなどを内容とした最終答申を八五年七月二六日に提出した。政府はこれに基づいた法案を用意し、曲折の末、八六年一〇月二八日に関連八法を成立させる。これらによって、総評のなかで強大な組織力を誇った公労協(公共企業体等労組協議会)はなくなり、総評は大きな打撃を受ける。

日本の労働組合は八〇年代前半から民間が先行して再編統一に進んでいた。国鉄など三公社の民営化はそれに弾みをつけ、八九年一一月二一日には同盟と総評の合同を軸に日本労働組合総連合会(連合)が生まれた。初代会長にはNTTの労組・全電通委員長の山岸章がなった。

GNP一%枠の撤廃

中曽根は防衛費のGNP一%枠撤廃にも意欲を燃やす。これも「総決算」の一つであった。一%枠は三木内閣時代の七六年一一月五日の閣議決定であったが、八四年一二月一八日、首相の私的諮問機関「平和問題研究会」は、その撤廃を促す最終報告書を提出した。八五年、八六年と議論が続き、結局八六年暮れに決まった八七年度予算案で防衛費はGNP見込みの一・〇〇四%となって中曽根は宿願を果たす。

靖国公式参拝

「靖国公式参拝」も、戦後政治の定式から訣別して「国家としてのアイデンティティ」を確立したいと願った中曽根にとって、重要な課題であった。まず第二次内閣発足直後の八四年一月五日、中曽根は首相として戦後初めて靖国神社に年頭参拝した。同年設けられた藤波孝生官房長官の私的諮問機関「閣僚の靖国神社参拝問題に関する懇談会」は翌八五年八月九日、憲法の政教分離規定に反しない形での参拝を促す答申を出した。これを受けて中曽根は八月一五日、これも戦後の首相として初めて公式に、靖国神社に参拝した。

しかし、これに対しては中国が猛然と反発した。中国はとくにA級戦犯として処刑された東条英機らが同神社に合祀されていることを重く見て、「アジアの心を傷つける」と批判した。中曽根は以後、八五年秋の例大祭、八六年の年頭、春の例大祭、八月一五日、秋の例大祭などの参拝をいずれも見送った。後藤田正晴官房長官は八六年八月一四日、公式参拝自体は廃止しないが、近隣諸国の国民感情に配慮するとの談話を発表した。

定数是正

八六年前半は、この年に行われる参院選に合わせて衆院の解散・総選挙が同日選として行われるかどうかが政界の最大関心事であった。中曽根は強くそれを望んでいた。八三年総選挙で自民党はやっと過半数を維持しただけであったから、これを安定多数に戻したかった。それ以上に、総選挙で勝てば、この年一〇月末日で切れる自民党総裁としての任期を、延ばすことができるかもしれないと読んだのである。総裁任期は二年二期まで、つまり三選禁止と決まっていたが、直前に選挙で国民の信任を得た首相を辞めさせるわけにはいかないだろうとの読みからであった。当然、次を狙う竹下、安倍、宮沢ら「ニューリーダー」や、八〇年同日選で敗れた経験をもつ野党は、そのような同日選には反対であった。

より重大な障碍として中曽根の前に立ちふさがったのは、衆院の選挙区定数是正問題であった。八五年七月一七日、最高裁は八三年総選挙で「一票の価値」が最大で三倍以上に開いているのは憲法に違反しており、本来八三年選挙は無効にすべきものであったと判決していた。これにより、定数を是正しないままでの解散は事実上できないことになった。是正をしなければならないが、それが同日選に結びつくかどうかが攻防の焦点だった。与野党の複雑な駆け引きののち、五月八日、坂田道太衆院議長は、「八増七減」の是正で格差三倍未満にすることと、公布から三〇日間の「周知期間」を置くことを主な内容とする調停案を示し、与野党はこれをのんで五月二二日の通常国会最終日に成立させた。

「周知期間」ができたため、総選挙が公示できるのは最も早くて六月二一日となり、これ以降の日程では同日選は無理だし、これ以前の解散もできまいと大方は見た。

死んだふり解散

中曽根も、それまでに解散のための臨時国会は開かないと野党に約束した。藤波官房長官は「(同日選の道が断たれて)首相は打ちひしがれている」と語った。しかし、中曽根は一〇日後の六月二日に臨時国会を召集し、即日衆院を解散した。六月二一日公示(参院選は六月一八日公示)、七月六日投票の同日選という、ぎりぎりの日程であった。この解散は「死んだふり解散」と呼ばれた。

撚糸工連事件

選挙の前に、ロッキード事件以来一〇年ぶりといわれた政界汚職事件が摘発された。五月一日、民社党の横手文雄代議士が二〇〇〇万円の受託収賄容疑、元国土庁長官で自民党(中曽根派)の稲村左近四郎《さこんしろう》代議士が五〇〇〇万円の収賄容疑で、それぞれ在宅のまま起訴されたのである。日本撚糸《ねんし》工業組合連合会(撚糸工連)の機械の共同廃棄事業にからんで、横手は八二年八月六日、衆院商工委で工連側に有利になるような質問を頼まれて行い報酬を得た疑い、稲村は横手質問を働きかけ、さらに、工連側にとっていい答弁をするよう通産省幹部に迫ったという疑いであった。

自民の大勝　同日選挙の結果は、自民党の地滑り的といっていい大勝であった。衆院では公認だけで三〇〇人当選、四人の追加公認で三〇四とした。前回より四五人も増やした。自民党は「中曽根後」をにらみ、三大派閥の「ニューリーダー」たちが勢力拡大に全力をあげ、中曽根もなお自派の伸長をはかり、そろって「票の掘り起こし」に努めた。大勝はそれが効果を表したと説明された。

社会党と民社党が惨敗した。社会党は八六人で二七議席減、六九年の大敗以来一七年ぶりに二桁となり、しかも六九年の結果より悪かった。民社党は二六人で一三議席減であった。公明党は五九から五七へ、共産党は前回と全く同じ二七、新自クは八から六へ、社民連は三から四へ、いずれも微小変動だった。

社会党の「新宣言」　社会党は八四年ごろから石橋委員長のもとで政策の「現実化」を進めてきた。とくに田辺誠書記長ら右派グループを中心に学者の協力を得、「科学的社会主義」(マルクス・レーニン主義)を棄てて社会民主主義的な路線をとる方向転換がはかられた。八五年九月一一日に中央委員会に出された「新宣言」案は、階級政党であることを否定し、中ソなど当時の社会主義国の考え方と社会党とは異なることを明記、さらに保守勢力との連合もありうるとした。

これに対して左派の反発はなお強く、八五年一二月一六日から三日間の第五〇回定期大会では「新宣言」は採択されなかった。しかし、年を越して八六年一月二二日の続開大会で、石橋委員長の要請により満場一致で採択にこぎつけた。それまで社会党の「綱領的文書」である「日本における社会主義への道」(略称「道」)は、一種の階級独裁を認める左派色の濃いものであったが、これは「歴史的文書となった」(「新宣言」)。

こうした路線転換から半年後の総選挙での大敗は、社会党にとって大きな打撃であった。石橋委員長がまず辞意を表明し、七月二八日、執行部は総辞職した。党員による後任委員長選挙では、はじめ固辞した土井たか子が広い支持層から請われて立候補、上田哲との一騎打ちとなり、九月六日、八四%の得票を集めて当選した。このときの土井の発言「やるっきゃない」は、このあと土井人気を生むきっかけとなった。土井は大政党としては日本最初の女性党首となった。

23　自民党の世代交代

藤尾罷免と中曽根失言

選挙に勝った中曽根は意気軒昂であった。八六年八月三〇日、長野県軽井沢町での自民党主催セミナーでは、「三〇四議席は八六年体制ともいえる自民党の新しいスタートだと思う。自民党はウイングをこれまでよりもさらに左の方に伸ばし、新自由クラブ、民社党、社会党右派を含む中道右派までカバーした」と演説した。

しかし、その中曽根がこの年八月一五日に中国などへの配慮から靖国神社に参拝しなかったことに対し、藤尾正行文相は同年九月初旬発売の『文藝春秋』一〇月号で「相手に合わせることを外交というのは錯覚」としたうえで、一九一〇年の日韓併合も「韓国側にもいくらかの責任がある」などと書いた。韓国がこれに強く抗議したことから、中曽根は九月八日、藤尾を文相から罷免した。これ以後も閣僚による「侵略否定」などの発言と、それによる辞任事件はしばしば繰り返される。

中曽根自身の「失言」もあった。九月二二日、静岡県函南《かんなみ》町での自民党全国研修会で、「アメリカには黒人とかプエルトリコとかメキシカンとか、そういうのが相当おって、平均的にみたら〔知識水準は〕非常にまだ低い」と発言、米国、とくに連邦下院の強い反発を招いた。中曽根は九月二七日、陳謝のメッセージを発表した。この問題では、日本側の新聞、テレビの多くは当初報道せず、米国で問題になってはじめて大きく報道した。それも非難の対象になった。

売上税

中曽根は「死んだふり解散」の当初からの狙い通り、総選挙の大勝によって自民党総裁としての任期延長に成功した。各派閥から強い異論は出ず、九月一一日の両院議員総会で「党則を改正し、任期を八七年一〇月三〇日まで一年延長する」ことが決まった。

新しい任期に入るとすぐ、中曽根は「税制改革」に手をつける。一〇月二八日、政府税制調査会が八七年度予算での減税の見返りに新型間接税を導入することなどを盛り込んだ答申を出したのを受け、政府は多段階の「売上税」導入を盛り込んだ税制改革法案を、八七年一月に再開された通常国会に提出した。

中曽根は八五年二月の衆院予算委で、「多段階、包括的、網羅的、普遍的で大規模な消費税を、投網をかけるようなやり方はとらない」と言い、総選挙直前の八六年六月三〇日にも札幌市での記者会見で「国民や自民党が反対している大型間接税は反対だ。そういう性格のものは一切やらない」と言っていた。「公約違反」との声は野党ばかりでなく、自民党内からもあがった。野党は審議引き延ばしなどの抵抗を強めていった。

流れを変えたのは三月八日投票の参院岩手選挙区の補欠選挙だった。岩動《いするぎ》道行(自民)の死去に伴い、夫人が立候補した。保守地盤の強い岩手の自民党にとっては必勝のパターンであったが、社会党の小川仁一に大差で敗れた。何度も落選していた小川は、この選挙で売上税反対一本に絞った運動で勝ちをおさめたのである。このあと、四月の統一地方選挙でも自民党は振るわなかった。野党は勢いづいた。

自民党は四月一五日に衆院予算委で予算案を強行採決し、二一日には本会議を強行開会した。野党は予算委員長の解任決議案や宮沢蔵相の不信任案などを連発、牛歩戦術をとって抵抗した。徹夜国会のあと、二三日、原健三郎衆院議長は売上税を事実上廃案にする調停案を与野党に示し、受け入れられた。三〇四議席を背負った中曽根の強硬策は一敗地にまみれた。

日米経済摩擦

八七年は日米経済摩擦がとくに激しくなった年であった。米国は数年来、対日貿易収支の赤字が増え続けることに不満を募らせていた。それは八五年九月二二日、ニューヨークのプラザホテルで開いた先進五カ国蔵相会議(G5)がドル安誘導に合意した(プラザ合意)後も止まらなかった。これに対して中曽根の私的諮問機関である「国際協調のための経済構造調整研究会」は八六年四月七日、日本の経済構造を内需主導型に転換しなければならないとする報告書を出した。これは研究会座長・前川春雄元日銀総裁の名をとって「前川リポート」と呼ばれ、米国もその内容を評価した。しかし、その実行は遅々として進まず、結局一年後の八七年四月一七日、米政府は日米半導体協定を日本が守っていないとして、通商法三〇一条に基づき、日本製のパソコン、カラーテレビなどに一〇〇％関税をかける経済制裁措置をとった。戦後初の本格的な対日制裁であった。この年には東芝機械がココムに違反してソ連に船舶用プロペラの表面加工機を輸出し、そのためソ連原潜の航行が低音化して米側に捕捉されにくくなったといわれる問題も発生した。中曽根は四月二九日から五月二日まで訪米し、五兆円規模の内需拡大を約束するなどで対日制裁の緩和に努めた。

経世会と竹下指名

中曽根の自民党総裁としての任期は八七年一〇月三〇日で終わることになっていた。後継総裁は竹下、安倍、宮沢のいずれかと見られていたが、五月一四日、二階堂が田中派総会で突然、総裁選に立候補すると表明した。田中派の衆参両院議員は当時一四一人と、宮沢派九〇人、安倍派八三人、中曽根派八一人、河本派三四人などを圧倒していた(他に無派閥二六人)。しかし、二階堂には結局そのうちの一七人しかつかなかった。一方、竹下は七月四日、田中派から一一三人で独立、「経世会」をつくった。

後継争いは、「安・宮・中」「安・竹・河」などの合従連衡、話し合い選出か選挙で決着かの論議などで例のごとくごたごたしたが、妥協ができず、最後は中曽根総裁の指名によることを三候補が受け入れた。

中曽根は一〇月二〇日午前零時過ぎ、竹下を指名した。田中派は七四年に田中が首相を辞めて以来、田中がキング・メーカーになるため、最大派閥でありながら自派から首相を出さないできた。一三年ぶりに最大派閥から候補が出た以上、そこに落ち着くのは派閥力学としては最も普通の結論だったといえるだろう。

竹下内閣は一一月六日に成立した。この日正式に退陣した中曽根内閣は八二年一一月二七日からほぼ五年、一八〇三日間続いた戦後三番目に長い政権であった(最長は佐藤、二位が吉田)。

24　竹下派支配

中曽根は竹下指名と同時に、宮沢を副総理に、安倍を党幹事長にする、一種の集団指導体制を求め、実現させた。竹下ら三人の「ニューリーダー」たちは、もともと世代交代を求める点で利害が一致し、「三角大福中」世代と違う互いの親密さを強調していた。主要三派の協力体制ができ、河本派も竹下派に接近するなどのことがあって、自民党内には「総主流派体制」と呼ばれるものができる。それはやがて、その中での突出した大勢力である竹下派による「竹下派支配」から「二重権力構造」へとつながっていく。

消費税の導入

竹下内閣が目指し、実行した最大の課題は「売上税」の挫折にもかかわらず大型間接税の「消費税」を創設することであった。大平、中曽根両内閣の失敗に懲りた竹下は、周到に準備を進めた。

売上税の失敗は、自営商工業主らの不安、反発と、それを受けた自民党内からの反対論で足並みが乱れたことに大きな原因があった、と竹下らはみた。「ニューリーダー」三人は総裁選に先立つ八七年一〇月一〇日、「八八年中に税制改革法案を成立させるため、だれが総裁になっても協力し合う」と申し合わせ、一六日には閣議と政府・与党首脳会議で、税制の抜本改革方針を決めた。党内の結束を優先させたのである。業界に対しては八八年四月五日から八日間、自民党税調(山中貞則会長)が三三八の業界団体代表を党本部に招いて意見を聞いた。さらに五月三一日から四日間、その後明らかになった「税率は三%程度とする」などの方針について、二度目の意見聴取もおこなった。

一方、竹下は八八年三月一〇日の衆院予算委で、消費税導入に伴う「六つの懸念」を自ら指摘した。逆進的税体系になる、中堅所得層の不公平感をあおるなどで、それらを考慮して導入を図るという態度を示して国会での議論をリードし、世論をなだめる狙いがあった。さらに政府は売上げ三〇〇〇万円以下の業者の免税、五億円以下の業者の簡易課税制度などで業界の抵抗をやわらげ、サラリーマン層には所得税、住民税の軽減を先行させるなどで反発を鎮める手を打った。

国会では野党の抵抗が強かったが、竹下や同派の重鎮である金丸信(元副総理、衆院税制調査特別委員長)らは「国対族」(国会対策委での活動が長い議員)として野党とのパイプが太く、それを利用して公明、民社両党などの協力を取り付け、単独審議を避けるなど、国会運営技術の粋を尽くした。その結果、一一月一六日、税制改革関連六法案は社共両党が欠席した衆院本会議で、自民賛成、公民両党反対で可決、一二月二四日には参院本会議で同様の形で可決成立した。

竹下内閣の瓦解につながる「リクルート事件」は、消費税の導入論議の最中に明るみに出た。

リクルート事件

発端は八八年六月一八日付『朝日新聞』で報道された、川崎市助役に関する記事だった。「「リクルート」川崎誘致時／助役が関連株譲渡／公開で売却益一億円／資金も子会社の融資」。リクルート・コスモス社の未公開株を子会社からの融資で買い、二年後に公開したときの値上がりで元値の数倍もの利益を得るという「濡れ手で粟」の手口だった。続いて三〇日付の同紙は、同じ未公開株が渡辺美智雄(自民党政調会長)、加藤六月(前農水相)、加藤紘一(元防衛庁長官)、塚本三郎(民社党委員長)らに渡っていた事実を報じた。

そして、七月六日付ではついに「リクルート関連非公開株の譲渡／政界首脳の秘書名登場／中曽根・安倍・宮沢三氏／公開の直後に売却／中曽根氏は首相在任時／代金一億四〇〇〇万円」を報じた。翌日には竹下の秘書にも同様に譲渡されていたことが報じられた。未公開株はリクルート社の会長・江《え》副《ぞえ》浩正から政界、官界、マスコミ幹部などに広くばらまかれていた。江副は八九年二月一三日、直接にはNTT取締役らへの贈賄容疑で逮捕される。

一二月九日、宮沢副総理・蔵相が、この問題での自身についての釈明が三転したことの責任を負って辞任した。

昭和から平成へ

八九年は一月七日、昭和天皇が八七歳で死去し、元号が平成と改められて始まった。四月一日から消費税がスタートしたが、それを実現させた竹下は同月一一日、衆院予算委で、自分と秘書などがリクルートから献金、パーティー券などの名目で一億五一〇〇万円を受け取っていたとの自己調査結果を公表した。そして、「〔これ以外のものが〕出るとは全く予測していない」と付け加えた。しかし、『朝日新聞』は同月二二日、竹下の秘書が八七年の総裁選の時期にリクルート社から五〇〇〇万円の借金をし、返済していたという事実を報じた。竹下は三日後の二五日、退陣を表明した。

事件はこれで終わらず、五月には東京地検が藤波孝生(中曽根内閣時の官房長官)らをリクルート社からの受託収賄罪の疑いで逮捕したり、中曽根が衆院予算委に証人喚問されるなどのことがあった。藤波はのち九四年一〇月一七日、東京地裁で無罪の一審判決を得たが、九七年東京高裁では逆転有罪判決を受け、最高裁でも有罪判決が確定した。

後継総裁には、清廉で知られた伊東正義元外相がはじめ有力視されたが、伊東は「本の表紙だけが変わっても中身が変わらなくては駄目だ」と固辞した。安倍、宮沢らはリクルート株の譲渡を受けていたため就任するわけにいかず、結局、竹下内閣の外相・宇野宗佑《そうすけ》(中曽根派)が竹下派の強い支持を得、六月二日の自民党両院議員総会で異例の「起立多数」によって選ばれた。派閥領袖でない者が総裁になったのは、自民党史上これが初めてであった。ところが、宇野は首相就任直後に元芸者との「女性問題」を『サンデー毎日』に暴露されてしまう。

八九年七月二三日投票の参院選挙は、こうした「消費税」「リクルート事件」「首相の醜聞」という三つの条件を背負って行われた。結果は予想を上回る自民党の大敗であった。

土井人気

当選者は社会党が最も多く、五二人。これに主として一人区で社会党系野党統一候補となった「連合」の当選者を加えると六三人と、改選議席の半数を得た。自民党は三八人しか当選しなかった。この結果、自民党は非改選の七三人を加えても一一一議席にとどまり、過半数一二七を大きく割った(議席数はいずれも各党系無所属を含む)。この選挙では、いつも自民党が圧倒的な強さを見せていた二六の一人区で三人しか当選できなかったことが響いた。これらの結果は「消費税が不信任された」(竹下派会長・金丸信の発言)ことなどのほかに、八六年総選挙後に石橋政嗣の退陣後を受けて社会党委員長になった初の女性党首・土井たか子の人気、それに伴って有利に選挙キャンペーンを展開した女性候補が二二人も当選した(「マドンナ旋風」と呼ばれた)ことが大きな要素となった。二二人といっても当選者中の一七・五%に過ぎないが、それでもそれまでの記録一〇人を大きく破ったのである。

宇野から海部へ

選挙敗北の責任をとって、宇野は在職六九日で退陣する。後任は海部俊樹(河本派)、林義郎(二階堂グループだが宮沢派が支援した)、石原慎太郎(無派閥)の三人の間で八月八日、七二年の田中総裁選出以来一七年ぶりの両院議員・都道府県代議員による投票で争われたが、竹下派の推した海部が四五一票中の二七九票を得て就任した。海部もまた派閥領袖を経ないで首相となったが、そのことと、金権にかかわりの少ない「クリーン・イメージ」、さわやかな弁舌、若々しい風貌などで内閣支持率は久々に回復に向かった。

この年、ソ連・東欧諸国には体制変革を求めた激動があり、一一月九日にはベルリンの壁の崩壊にまで発展した。そして一二月二日には地中海のマルタ島でブッシュ、ゴルバチョフの米ソ首脳が会談し、三日には共同記者会見で劇的な「冷戦終結」を確認した。日本政治もやがてそうした大きなうねりに巻き込まれていく。

海部内閣が成立したのは、八六年七月総選挙から既に三年余り経ったときであった。議員らが選挙を意識するときであり、内閣支持率の回復をみて海部は九〇年一月二四日、衆院を解散した。二月一八日投票の総選挙の結果は自民党の当選者が二八六で、前回より一八議席減であった。しかし、各常任委で委員長をとっても過半数の委員を持てる「安定過半数」は確保したし、八九年参院選の惨敗を思えば自民党にとっては安堵できるものであった。社会党も前回の八六から一三九へ大きく戻し、土井人気が依然続いていることを示した。公明、共産、民社各党が減り、野党のなかでの社会党の「ひとり勝ち」が際立った。

25 「国際貢献」と選挙制度改革

湾岸戦争

第二次海部内閣は総選挙後も順調で、七月には朝日新聞の世論調査で五六%の高支持率を得たほどだった。しかし、やがてそうした日本政府を湾岸戦争が揺さぶった。九〇年八月二日、イラク軍がクウェートに侵入、全土を制圧した。七日には米英のサウジアラビア防衛のための派兵が決定された。このあと経済封鎖、海上封鎖などを経て、さまざまの和平工作が失敗したあと、翌九一年一月一七日、米軍を主軸とするペルシャ湾岸に展開した多国籍軍が、ついにイラク軍への攻撃――「砂漠の嵐」作戦――を始める。

日本政府はこの間、終始米国に押される形で総額一三〇億ドルにのぼる多国籍軍の戦費と周辺国援助資金を増税などによって計上した。しかし、もめたのは「カネだけでなくヒトも」という米国からの圧力や、国内の「国際貢献」の主張などで浮上した「国連平和協力法」案の内容と、その可否をめぐってであった。

協力隊に自衛隊を使うのか、その身分は? 携帯兵器は? そして、集団的自衛権を否定していると政府も解釈している憲法九条との関係は? などで、与野党間だけでなく、政府部内、政府・与党間で混乱が続いたあげく、結局九〇年一一月八日に、同法案は廃案となった。長くタブーであった「海外派兵」に一時踏み切った海部内閣は、当初のハト派イメージが大きく損なわれ、その支持率は三三％に落ち、不支持率は五〇％になった。

しかし、この問題は尾を引き、政府・自民党は九一年一月二四日には、自衛隊輸送機を湾岸地域避難民の移送に使うことを決めたり、四月二四日には自衛隊掃海艇のペルシャ湾派遣を決めたりした。そして、「国際貢献」について自公民三党が協議をすすめたうえで、九月一九日、政府は「国連平和維持活動等に対する協力に関する法律」（ＰＫＯ協力法）案を国会に提出した。その処理は「海部後」の宮沢喜一内閣の手に委ねられる。

「政治改革」

海部内閣は、発足当初からもう一つの主題をかかえていた。「政治改革」である。「政治改革」が具体化に向かったはしりは、リクルート事件によって高まった政治腐敗根絶の声に応じ、自民党が竹下内閣末期に政治改革委員会（後藤田正晴会長）をつくったあたりだろう。委員会は竹下の辞意表明後の八九年五月二三日付で「政治改革大綱」を発表した。大綱には、五年後に完成する小選挙区・比例代表並立制（以下、並立制と略記）を意味する提案が書き込まれていた。

宇野内閣はひと月後の同年六月二八日に、第八次選挙制度審議会（小林與三次《よそじ》会長）を発足させた。委員には全国紙やテレビ会社の社長、論説委員長らが多数含まれていた。鳩山、田中両内閣による小選挙区制導入の試みがいずれも失敗したのは、大新聞がすべて反対の論陣を張ったことも大きな原因であったから、今回は大新聞などを味方につける狙いがあったことがはっきりしていた。九〇年四月二六日、同審議会は海部内閣に「大綱」が示唆していた並立制導入と政治資金の規制強化案を答申する。中心は選挙制度改革であった。

しかし、このころ自民党は党勢の復調に安心して「政治改革」熱は冷め、答申を受けての法案化はなかなか進まなかった。この時期には、小選挙区制によって不当に議席が減るに違いない野党はこぞって並立制に反対であり、自民党内にも強い反対意見があった。海部にとってはしかし、「政治改革」こそがリクルート事件で傷を負った安倍、宮沢、それに中曽根派を継いだ渡辺美智雄ら派閥領袖の復権を阻んで、自分の内閣を長続きさせる基礎であった。海部は「改革」を実現すると言い続け、答申から一年三カ月たった九一年七月一〇日に、選挙制度を並立制に変える法案の閣議決定、八月五日開会の臨時国会への提出に漕ぎつけた。

衆院には政治改革特別委員会が設けられ、審議が始まったが、九月三〇日、小此木《おこのぎ》彦三郎委員長は与野党の反対論の強さを考慮、審議日数の不足を理由に廃案にすることにした。これに対して海部は「重大な決意」で事態を打開したいと表明、衆院解散をにおわせた。これが命取りになった。海部を実質的に支えた竹下派は解散反対と海部総裁の続投不支持を通告した。この秋は自民党総裁の改選期に当たっていた。海部は一〇月五日、総裁再選への立候補を断念した。

後継総裁候補の一人だった安倍晋太郎は、九一年五月一五日に死去していた。「海部後」には宮沢、渡辺、そして安倍派の後継者・三塚《みつづか》博が名乗りを挙げた。各派の勢力から見て、竹下派が支持した者が総裁になることは動かせなかった。竹下派会長代行の小沢一郎は一〇月一〇日、自分の事務所に三候補を別々に招いて政策を聞き、竹下、金丸、小沢の三者会談、派閥総会を経て一一日夕、宮沢支持を決めた。このときの「小沢面接」は「竹下派支配」の生々しい場面として世の耳目を集めた。河本派も竹下派に同調、総裁選の前に宮沢の当選は確定した。

宮沢内閣とPKO

宮沢内閣は一一月五日に成立したが、閣僚、党役員人事を事実上竹下派に任せるなど、「二重権力構造」が最初から露骨であった。

この内閣の政策課題は、海部内閣から引き続く「PKO」と「政治改革」であった。PKO協力法案は九一年一二月三日、いったん衆院を通過したが、同月末、参院で継続審議となった。九二年になると、カンボジア和平の進展に伴って、同国への自衛隊派遣をPKO協力の最初の舞台としたい政府は、同法案の成立を急ぐことになる。はじめの案は、PKOのうち停戦監視など直接の軍事行動を伴うPKF本体にも参加することになっていたが、これを凍結することにするなどの自公民三党共同修正案が六月九日未明に参院を通過した。社会党と共産党は記録的な長時間の牛歩戦術で抵抗、衆院でも徹夜国会が続いたが、一五日に可決、成立した。社会党は成立に先立って一四一人の同党所属衆院議員の辞職願を出したが、のち、結局うやむやになる。カンボジアでのＰＫＯのための自衛隊派遣は九二年九月一九日に始まった。

史上最低の投票率

この年七月二六日投票の参院選では、自民党が七〇人当選し、改選議席の過半数を得た。八九年選挙の当選者を主体とする非改選議員が三九人と少なかったため、依然として参院全体の過半数には遠かったが、選挙結果としてはほぼ完全な復調といえた。

社会党は二四で、前回の半分にも及ばなかった。社会党は土井が九一年の統一地方選敗北の責任をとって辞任したあと同年七月に田辺誠が委員長になっていた。田辺は旧江田派を中心とした右派の領袖であったが、九二年の反ＰＫＯではきわめて強硬な戦術をとった。しかし、それは国民の支持を得られなかった。前回躍進した連合は、当選者ゼロという惨敗だった。

この選挙では各党の消長よりも、投票率が五〇・七％と、参院選史上最低を記録したことが衝撃的であった。小中学校が夏休みになって最初の日曜日が投票日で、人々は家族との遊びを優先させたのかもしれないが、政治に対する不信感の強さもまた、原因として無視できないと思われた。これ以後、九三年総選挙や各種地方選挙などで「史上最低の投票率」が次々と記録されていく。

この参院選ではこのほか、九二年五月に前熊本県知事・細川護熙《もりひろ》がつくったばかりの「日本新党」が比例区から四人を当選させたのが目立った。それまでの参院選では、五大政党以外の新党は一、二人当選がやっとであったからである。

バブル経済の崩壊

九〇年代初頭、経済面ではバブルの崩壊という衝撃が日本を襲った。八〇年代後半、地価と株価が暴騰し、日本は投機ブームに浸った。しかし、九〇年代に入ると株価は下落を続け、九〇年一月には三万八〇〇〇円台であった日経平均株価は、同年一〇月に二万円を割った。また、地価も下落を始め、土地を担保にした巨額の融資が不良債権と化した。

宮沢政権は、九二年八月に一〇兆七〇〇〇億円の景気対策を決定したが、不良債権問題に対する危機感は稀薄であった。地価下落が底を打ち、再び上昇に転ずれば、不良債権問題はなくなるという楽観的な見通しのもとで、問題は先送りされた。巨額の財政出動にもかかわらず、景気は上昇の気配を見せず、経済学者やエコノミストの間で、不況の原因と対策をめぐる論争が続いた。景気対策と不良債権処理は、その後の政権に重くのしかかることとなった。

佐川急便事件と竹下派分裂

九二年の政界最大の事件は、竹下派の分裂、「竹下派支配」の終わりであった。それは九三年の自民党一党支配の終焉、非自民政権の成立、政界再編へとつながっていく。

この年、東京地検特捜部が摘発した史上最大の特別背任事件とされる東京佐川急便事件が、竹下派を直撃した。一つは、九月二二日の同社元社長・渡辺広康の初公判などで明らかになった竹下派と暴力団との結びつきである。八七年の自民党総裁選で竹下が総裁になったとき、「ほめ殺し」というやり方で竹下を攻撃した右翼団体に対して、金丸信(党副総裁、同派会長)が広域暴力団稲川会の石井進前会長に、中止工作を依頼していた事実が表に出たのである。

もう一つは、金丸が同社から五億円の裏金を受け取っていたことが八月二二日付『朝日新聞』に報じられたことである。金丸は五日後に事実を認めて党副総裁を辞任したが、九月二五日、金丸が政治資金規正法違反で略式起訴され、罰金わずか二〇万円との報が流れると世論は憤慨し、いったん政治活動再開を志した金丸も、一〇月一四日議員辞職に追い込まれる。

こうした事件をめぐり、また金丸会長の後継者人事をめぐり、竹下派内には内紛が起きた。派中派ができるなどの争いののち、結局一二月一八日、羽田派(小沢一郎、羽田孜、渡部恒三、奥田敬和《けいわ》ら衆院三五人、参院九人)と、小渕派(小渕恵三、橋本龍太郎、梶山静六ら衆院三一人、参院三四人)に分裂する。

これまで竹下派は、竹下内閣後に生まれた宇野、海部、宮沢、三首相の選定にほとんど決定権といっていい影響力をふるい、日常の人事、政策運営でも主導権を握ってきた。そのため内閣、党の各種決定は、それぞれの責任者や組織の考えのほかに竹下派の意向を顧慮しないわけにはいかず、「二重権力構造」が日本政治には定着していた。七八年に始まる「田中支配」以

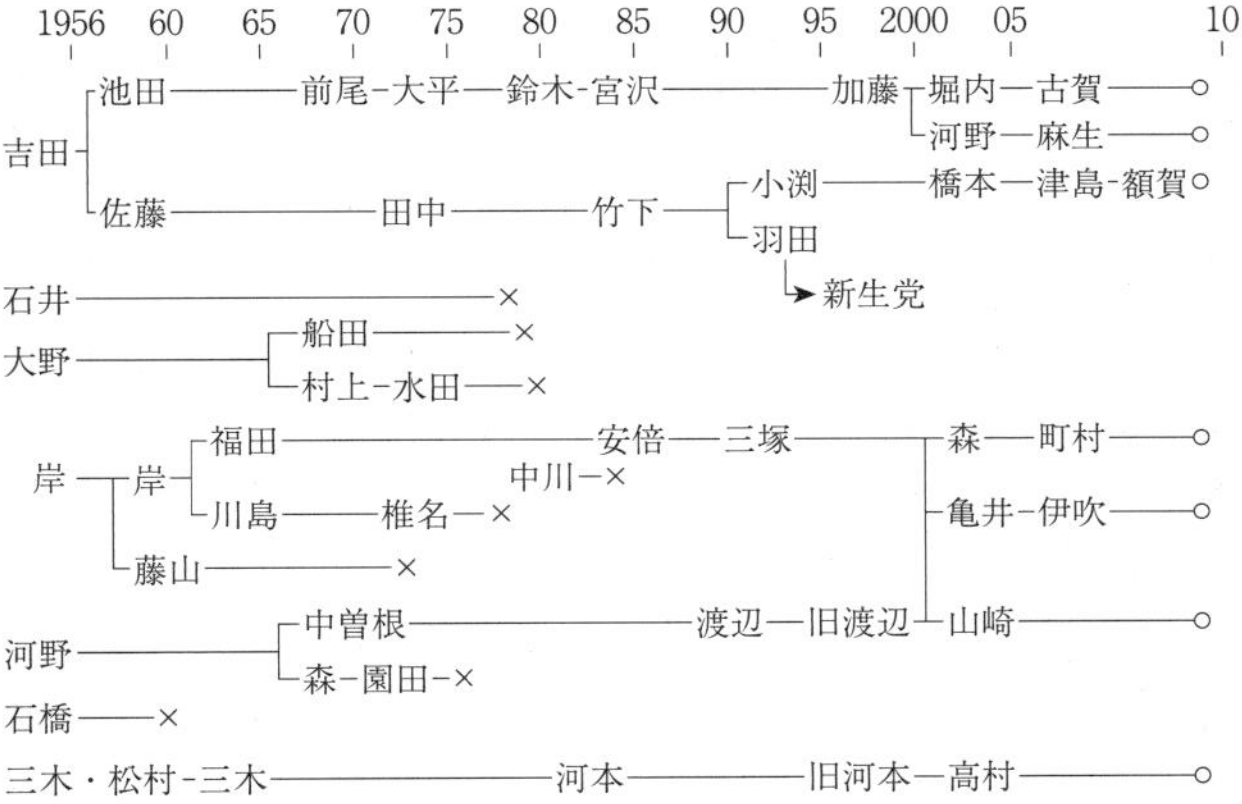

図4　自民党派閥の系譜(2009年の政権交代までを簡略に示す)

来一四年続いたこの派閥の主導権は、分裂で一応終結する。しかし、そのメンバーはこのあとの政界の激動に主要な役割を演じ続けることになる。

「政治改革」は海部内閣の命取りとなったが、宮沢内閣も、というより自民党政権そのものの命取りとなった。

金丸逮捕と「改革」

九三年三月六日、金丸が一八億五〇〇〇万円の所得を隠した巨額脱税容疑で逮捕された。その捜査から大手建設会社、いわゆるゼネコンによる中央、地方の政界へのヤミ献金事件が次々に明るみに出た。そのため政治改革論議は何度目かの高揚を始める。

四月には自民党が単純小選挙区制導入を柱とする政治改革法案をあらためて提出、社会、公明両党はドイツ型の小選挙区・比例代表併用案を軸とする法案をそれぞれ国会に提出したが、梶山静六幹事長(小渕派)ら自民党執行部には、早期決着に消極的な空気が強かった。そうしたなかで羽田派は五月の連休明け、「改革」が実現しない場合は宮沢の責任を追及する方針を明らかにした。また、テレビ・キャスターの田原総一朗は宮沢とのインタビュー番組で、宮沢にこの年の通常国会中に「改革を必ず成し遂げる」との言質をとった。

六月一四日、梶山が「改革は次の参院選後」と発言、選挙制度の変革を先送りする意向を表明した。野党と自民党内の「改革推進派」は反発し、一八日に内閣不信任案が上程され、可決された。自民党から羽田派三四人を中心に三八人が賛成し、ほかに一六人が意図的に欠席して可決したのであった。

新党への期待

宮沢はすぐ衆院を解散したが、解散時の自民党議席は、羽田派が三六人で「新生党」をつくり、また武村正義ら一〇人が「新党さきがけ」をつくるなどで、すでに二二二人に減っていた。これを回復して過半数を維持することが不可能なことは、投票前にだれにも分かることであった。

七月一八日に行われた選挙の結果、それでも自民党系は解散時議席をわずかに上回る二二三人を当選させる善戦ぶりを見せたが、過半数には遠かった。有権者は数々のスキャンダルにもかかわらず自民党を赦《ゆる》したといえたが、同時に「新」と名のつく党にも期待を寄せた。

はじめて衆院に候補者を立てた細川護熙の日本新党は三九議席を獲得、新生党は二〇増の五

五、新党さきがけは三増で一三と、軒並み増やした。他にも公明党は六増で五二、民社党も六増の一九だった。

大きく減ったのは選挙前の一三七から七七へ、ほぼ半数の六〇減となった社会党だけであった(ほかは共産党が一減、社民連が横ばい)。社会党の「一人負け」だった。

26 「保守」政治の拡大

「非自民」政権の誕生

この結果、第五党の党首・細川を首相とする内閣が誕生した。「非自民」政権をつくろうという旗印のもとに七つもの党(他に参院の会派「民主改革連合」が加わった)が連合したのである。

長く自民党政権の権力核をつくっていた田中―竹下―金丸らの系列にいた人々でつくる新生党と、それまで一度も与党になったことのない社会、公明、民社、社民連とが連合するのは難しそうにみえた。しかし、それら五党首は選挙の前、六月二四日には「非自民・非共産連立政権の樹立を目指す」ことで合意していた。むしろ難関は日本新党であった。細川は、選挙中に新生党を指して「今まで自民党の中枢にいて権力抗争で自民党から出てきた人たち。「改革派」と称しているが、いかがわしい人たち」と批評していた。しかし、武村らの新党さきがけとともに、彼らがキャスティング・ヴォートを握っていた。自民党二二三、「非自民」五党が二〇八で、日本新・さきがけの五二がついた方が二五六の過半数を越える構図であった。

日本新党が結局「非自民」側についたのは、自民党に協力して「延命に力を貸した」と言われるのを恐れたのが本質的な理由であろう。しかし、決定的だったのは、日本新党がキャスティング・ヴォートを握っていることを的確に見抜き、選挙後早期に接触して、自らを誹謗した細川に「総理の椅子」を提供するという思い切った手段に出た新生党・小沢の政治技術であった。

ともかく、これで三八年間続いた自民党政権の時代はあっけなく終わった。自民党は五五年に吉田茂系の自由党と鳩山一郎系の民主党とが合同してできて以来、はじめて野党となったのである。

細川人気と小選挙区制

細川内閣は九三年八月九日成立した。衆院議長に初の女性、社会党の土井たか子が就任したのも、時代の変化を印象づけた。発足直後の内閣支持率は、毎日新聞調査で七五％、産経新聞調査では八三％と、空前の高さを記録し、国民の期待の大きさを示した。

細川は封建時代の熊本藩主・細川家の直系子孫で、敗戦直後にA級戦犯で逮捕寸前自殺した元首相・公爵の近衛文麿は母方の祖父であった。その血筋と、戦後首相のなかで田中の五四歳に次ぐ五五歳という若さ、さわやかな風貌と語り口、記者会見で手にしたボールペンを指代わりに質問者を指名するなどの「パフォーマンス」が人気を上乗せした。また、八月一〇日の記者会見で、太平洋戦争は「侵略戦争、間違った戦争」であったと、首相としては初めて明言したのも、一般の人々やアジア諸国に、新鮮、明快な印象を与えた。

細川内閣の連合のシンボルは政治改革、具体的には選挙制度を並立制に変えることであった。細川は、九三年中にそれを成し遂げなければ責任をとる、と言明した。マスメディアの報道も、「改革」の内容、とくに現代民主制の観点から問題の多い小選挙区制を導入することの是非でなく、とにかく制度を変えることが大事だという雰囲気や論調で、内閣の方針を支持する傾向があった。それまで並立制に反対していた旧野党、とくに社会党執行部のなかには、方針転換を「非自民政権をつくるために毒も飲んだ」と表現した者がいた。

しかし、社会党のなかにも強硬な反対派が少数ながらいた。衆参両院の審議は難航し、結局年を越した。あげく九四年一月二一日、大詰めの参院本会議では、野党のほか社会党からの反対票で否決されてしまう。それでも、直後に細川と自民党総裁・河野洋平(総選挙後七月三〇日に宮沢は退陣表明し、三〇日両院議員総会で渡辺美智雄と争って選ばれた)との間で修正成立させることが合意され、結局、一月二九日、「政治改革四法」案は後日の修正を予定し、施行期日を明記しないという変則的な形で衆参両院を通った。

四法の正式な修正成立は九四年三月四日であった。その内容は、小選挙区選出三〇〇人、全国一一ブロックの比例区選出二〇〇人の並立制を導入した公職選挙法改正、国が政党に年間三〇〇億円余の資金を支出する政党助成法などである。これで選挙制度は、ほぼ第八次選挙制度審議会の答申通りの内容に決まった。

コメ開放と国民福祉税

これに先立って与党各党は、九三年一二月一四日、ガット・ウルグアイ・ラウンド農業交渉で、コメに関する貿易の国内市場を部分開放すること――特例措置で関税化を六年間猶予されるが、国内消費量の四~八％を「ミニマム・アクセス」として段階的に輸入する――に合意した。コメの国内市場開放は、数年前から多くの人々が避けられないと思っていたにもかかわらず、政党は共産党も含めて「絶対反対」を公約し、最も困難な政策課題であり続けた。これと選挙制度改革を成し遂げたことで、細川内閣は自民党政権時代からの大きな懸案を二つ片づけたことになった。

しかし、細川は九四年二月三日未明、突然記者会見し、消費税を廃止して税率七％の「国民福祉税」を新設することを表明した。これは実質的には消費税率を三％から一挙に倍以上に引き上げることを意味しており、与党の社会党やさきがけの反対で翌日撤回した。この事件は細川の政治家としての未熟さとともに、背後の大蔵省や新生党代表幹事・小沢一郎の力の強さを印象づけた。

こうしたことがあったにもかかわらず、細川の人気は大きくは衰えず、長期政権になるかに見えた。ところが、細川は四月八日、突然辞任を発表した。野党から追及されていた東京佐川急便からの一億円の借金とその使途についての釈明に行き詰まったうえ、別の金銭疑惑が出てきたという理由であった。在任八カ月であった。

羽田内閣

「非自民」連合は四月二五日、新生党の羽田を後継首相にするが、この過程で新党さきがけは連立離脱、閣外協力に転じる。さらに羽田を首相に選んだ直後、新生、日本新、民社各党が社会党に断りなく、衆院内に与党の統一会派「改新」をつくったため社会党が怒り、連立政権から離脱した。これら「非自民」からの離反は、細川政権運営の主導権が新生党代表幹事・小沢一郎と公明党書記長・市川雄一――いわゆる「一・一ライン」――に握られており、その手法が強引だと反発する気分が重要な動機となっていた。これが二カ月後には自民・社会・さきがけ連立政権のできる背景の一つとなる。

少数与党政権となった羽田内閣は六月二五日、九四年度予算成立直後に総辞職を表明する。社会党との連立復帰交渉が不調で、不信任案可決が必至の情勢となったためであった。正式に辞任した三〇日まで在任わずか六四日、宇野内閣の六九日より短かった(戦後最も短命な内閣は東久邇内閣の五四日、羽田内閣は二番目である)。

村山「自社さ」政権

六月三〇日に成立した後継政権は、三たび意表をつく自民・社会・さきがけ三党連立の、しかも社会党委員長・村山富市を首相とする内閣であった。社会党内には、「改新」などとの連立に復帰する動きもあったが、自党の委員長を首相にという主張には勝てず、さらに改新・公明側が自民党の海部俊樹を離党させて擁立、中曽根康弘、渡辺美智雄らが同調したのをみて「自社さ政権」にまとまった。

村山内閣は、キャスティング・ヴォートを持った勢力に首相の座を与え、それによって政権を獲得するという細川内閣をつくったときと同じ政治力学が再び用いられてできたものといえた。今度の力関係は、自民とさきがけ計二二七、改新・公明党グループ一八三、第三勢力の社会党七四という色分けになっていた。かつてキャスティング・ヴォートをもっていた日本新党は、新生、民社、自由党(羽田内閣成立時に自民党渡辺派から連立に加わり、外相となった柿沢弘治を党首とする五人の党)などとともに「改新」に入り、もはやキャスティング・ヴォートの立場を失っていた。かわってそれを握ったのが社会党であった。武村さきがけ代表、河野自民党総裁らはそのことを摑み、その社会党に「総理の椅子」を差し出したのである。そこには、長年政権を握っていた自民党の権力奪還への執念があった。

社会党党首が首相となった内閣の成立は、片山哲内閣が四八年二月一〇日に退陣して以来四六年四カ月ぶりのことであった。しかし、村山内閣は四七年総選挙で第一党となった社会党を中心とする政権であった片山内閣と異なり、九三年総選挙で「ひとり負け」の惨敗を喫した社会党の政権であった。首相は社会党委員長であったが、閣僚は自民一三、社会五、さきがけ二

となった。という配分であった。河野が副総理・外相、武村が蔵相、自民党小渕派の橋本龍太郎が通産相

社会党の政策転換

村山は七月一八日の臨時国会での所信表明やその後の質疑に答える形で、日米安保体制の堅持、自衛隊の合憲、日の丸・君が代の容認など、それまでの社会党の主張を大きく転換する見解を表明した。社会党は八〇年代半ばころから徐々に路線の「現実化」をはかってきており、小沢らの新生党とともに細川内閣の与党に参加したこと自体、保守党と政策の違いがほとんどなくなっていたことを表していた。村山の政策転換は、首相になった以上やむをえないという形で、最後のハードルを強引に乗り越えたものであった。そのことはまた、冷戦の終焉、ソ連・東欧社会主義国の崩壊などの「時代の転換」を反映していた。

しかし、そうではあっても社会党のかつてから見れば明らかに一八〇度の路線転換は、共産党を除く「政策ののっぺらぼう化」をはっきりともたらした。その結果、戦後政治を主導してきた「保守」は、日本政治全体を覆う広い合意の体系となり、より強い継続に向かいつつあるように見えた。というより、保守政治に対峙してきた「革新」が、従来もっていた意味をほぼ消し去ったために、対立概念を失った「保守」は、保守と限定する必要さえなくなりつつあったといえそうである。

九四年一二月一〇日、新生、日本新、民社、それに公明の一部参院議員と自治体議員らを除

く「公明新党」、自民党脱党組や無所属の衆院議員一七八人、参院議員三六人が合同して、新しく「新進党」が結成された。自民党の両院議員二九五人に次ぐ大政党の出現であった。党首には村山政権誕生時に新生、公明党などが首相候補として自民党から急遽迎えた海部俊樹が所属議員の投票で選ばれた。また、幹事長には小沢一郎が無競争で当選した。

戦後五〇年を迎えた日本政治は、政策ニュアンスの差異による新しい政党分類を求めて、世紀末の流動の時代に入った。

27 節目としての戦後五〇年

阪神大震災と地下鉄サリン

自民、社会、新党さきがけの三党による連立政権の時期は、いったん野党に転落し、窮地に陥った自民党にとって、リハビリテーションの期間のようなものであった。戦後五〇年という歴史の節目を迎えた村山連立政権は、日本の戦争責任を認めた戦後五十周年談話の公表、従軍慰安婦への見舞金の支給、水俣病の未認定患者の救済など過去の政権が積み残した負の遺産を清算するという作業には誠実に取り組んだ。リハビリ中の自民党も、社会党の顔を立て、それらの問題処理に協力した。自民党が歴史観を変えたわけではないが、村山首相が戦争に関する公式見解を出したことで、以後、日本とアジア諸国との間で歴史認識をめぐる紛糾が起こっても、「五十周年談話」をふまえることで紛糾の拡大を防ぐことができた。

戦後五〇年の一九九五年は、一月一七日の阪神・淡路大震災、三月二〇日のオウム真理教による地下鉄サリン事件など、大事件が相次いだ年となった。七月の参議院選挙では投票率が四四・五%と、史上最低を記録し、比例区では新進党が第一党となり、社会党は大敗した。自社さの与党三党は過半数を維持したものの、村山首相は次第に政権維持の意欲を失い、九六年一月五日、退陣を表明した。そして、前年河野洋平に代わって自民党総裁に就任していた橋本龍太郎が、同じ連立基盤の上で首相に選ばれた。

橋本政権と住専

橋本政権にとっての最初の試練は、住専問題の処理であった。バブル期に土地投機の資金を供給していた住宅金融専門会社(住専)各社が、地価の下落によって経営破綻し、その損失をどのように負担するかが大きな政治問題となっていた。住専設立の母体行や住専に資金を供給していた農協系金融機関がそれぞれある程度の負担をかぶったが、政府はさらに多くの金融機関が破綻することを防ぐためには公的資金の投入が不可欠と判断した。九六年度予算には住専処理のための六八五〇億円が計上された。世論は、投機の失敗を税金で穴埋めすることに反発し、野党・新進党は国会でピケを張って予算に反対した。この時、不良債権問題の全体像について全面的に情報を開示し、十分な議論をしなかったことが、九〇年代末の金融危機の一因となった。住専問題は不良債権処理という泥沼のほんの序章でしかなかったのである。

金融不安と並んで官僚の失敗として注目を集めたのが、薬害エイズ事件であった。

薬害エイズ

これは、エイズウイルスが混入している血友病治療薬の非加熱血液製剤が外国では使用中止になったにもかかわらず日本では投与され続け、血友病患者の中に多数のエイズ感染者を生み出したという事件であった。被害者は国の責任を追及して損害賠償を求める裁判を起こしていたが、厚生省は責任を認めようとしなかった。橋本政権で厚生大臣に任命された菅直人は、大臣としての指揮監督権をふるって真相解明に努め、国の責任を認めて被害者に謝罪した。これにより、菅は一躍リーダーとしてのイメージを確立した。

新制度下の総選挙

橋本首相は九六年九月に衆議院を解散し、一〇月に小選挙区・比例代表並立制の下での最初の総選挙が行われた。一月に社会民主党と党名変更した旧社会党は、解散の直前までリベラル勢力の結集による新党作りを模索していたが、さきがけとの合流も不調に終わり、新党構想は挫折した。九月、社民党とさきがけの一部議員は民主党を結成し、菅直人と鳩山由紀夫が共同代表に就任した。総選挙は自民、新進という大政党に加え、民主、社民、共産、さきがけなどの政党が競う展開となった。小選挙区において多数の政党が乱立すれば、大政党が有利になるのは必然であり、自民党は単独過半数には及ばなかったものの、二三九議席を獲得し、第一党の座を確保した。新進党は九五年参院選の比例代表で第一党になった勢いを持続できず、一五六議席にとどまった。また、民主党はブームを起こすにはいたらず、解散前の議席五二を得るにとどまった。

選挙後も、自社さの三党連立の枠組みは維持されたが、その内実は選挙前とまったく異なっていた。社民党とさきがけは分裂によって大幅に議席を減らし、閣外協力に転じた。自民党は過半数を確保するためにこの二党の協力を必要としたが、連立与党の力関係は圧倒的に自民党優位に変化した。九三年の細川政権以来、久しぶりに自民党主導の政権が復活したのである。しかも、橋本首相は自民党最大派閥のリーダーであり、本格政権という期待が高まった。

増税を掲げた選挙戦

この総選挙には従来にない新しい特徴があった。それは、与党が増税を掲げて選挙戦を戦ったことである。村山政権時代、所得税減税の財源を確保するために消費税を三％から五％に引き上げることが与党三党によって合意された。自民党はこの税制改革を維持することを選挙戦で訴えて、勝ち抜いた。八九年の参院選の時と比べれば、国民の税制に対する考え方も変化したことが示された。また、消費税引き上げを国民に納得させるために、自民党は行政改革を大きな争点とした。第二次橋本政権は、抜本的な行政改革を中心とした改革路線を掲げて始動した。

二大政党制の確立と政権交代を追求した新進党は、初めての総選挙で挫折した。この党はかつての公明、民社、新生、自民党の一部などが合体してできた政党であり、当初から寄り合い所帯と言われてきた。政権交代の展望が遠のくと、この党は一気に求心力を失った。この党には、もともと思想や政策が自民党と違わない政治家も多く存在していた。

新進党の挫折

九六年の総選挙の小選挙区で議席を得た新進党の政治家の中からは、政権交代を諦め、次の選挙を考えて自民党に鞍替えする者が続出した。また、党の内部では旧党派間の主導権争いが続いた。九七年末には結党後わずか三年にして、新進党は分裂し、元の党派を単位とする小党に分裂した。

新進党の失敗は、小選挙区制において政党再編成を起こすことが極めて困難であることを物語っている。

政治改革は政策本位の選挙をすぐに実現したわけではなかった。中央集権的な行財政システムに小選挙区制が結びついたとき、代議士は地元と中央政府をつなぐ唯一のパイプとなる。政策的な利益配分に依存する度合いが高い地方に行けば行くほど、代議士は高邁な政策を語るよりも、まず地元に具体的な利益を運ぶことが求められる。そのためには代議士は与党にいなければ話にならない。大都市圏以外の地域においては、日本ではまだ野党政治家を支える基盤が存在しなかった。

新進党にとっては公明党の支持基盤である創価学会がその基盤をなすはずであったが、自民党はオウム真理教のテロ事件を奇貨として宗教法人法改正などのテーマを掲げて創価学会を揺さぶった。旧公明グループが新進党に全面的にコミットしなかったことも、この党の解体を早めた。

新・民主党

自民党に数の面で対抗するためには主義主張を異にする様々な政治家が集まらなければならないが、雑多な政治家が「非自民」という共通項だけで集まれば、その党は政策の不一致で悩むという逆説が、野党を悩ませ続けることになる。自民党も雑居性という点では同じであるが、権力という接着剤がこの党を成り立たせていることが九〇年代の政党再編の動きの中から一層明確になった。

九八年夏の参議院選挙を前に、野党勢力を再結集する動きが再度始まった。新進党から分裂した勢力のうち、自由党(小沢一郎を中心とするグループ)と公明党は独自の路線を歩んだ。他の保守中道系のグループは民主党との提携を選び、九八年四月には新たな民主党が結成された。厚相時代に薬害エイズ事件の解決で世論の賞賛を浴びた菅直人が、旧・民主党時代から引き続き代表の座に就いた。

28　挫折する「改革」

行政改革

橋本首相は、省庁半減を目玉とする行政改革の構想を打ち出し、九六年一一月に改革案を審議するための行政改革会議を設置して、自ら会長になった。この会議は一府一二省庁への中央省庁の再編成、内閣機能の強化、独立行政法人制度の導入などを柱とする行政改革の構想をまとめた。二一世紀を新しい体制で迎えるという首相の公約が改革のペースを規定したことが、こうした大規模な組織改編が可能となった理由である。

この時期に政治家が行政改革への意欲を持ったのは、九〇年代に与党と野党の両方を経験し、従来の政治家がいかに官僚に依存してきたかを悟ったことが一つの動機であった。これ以降、政治主導というスローガンが改革の中心的な理念となる。内閣機能の強化——首相のリーダーシップの明確化や官房スタッフの設置——は、官僚の縦割り行政を政治の力で乗り越えようとする試みであった。

また、財政投融資による特殊法人の事業にメスが入れられたことも改革の成果の一つであった。特殊法人は官僚の天下りの受け皿であり、その事業は事実上失敗していても、実態は隠蔽され、誰も責任をとらないままであった。世論の強い批判を受けて、ようやく特殊法人改革が緒についた。

六大改革

二一世紀に対応した新たな国の形を作るという橋本の意欲は、改革のテーマをさらに広げた。財政構造、金融、地方分権、社会保障、教育と行政改革を合わせて、六大改革を推進すると公約した。そのうち、地方分権改革については、研究者や自治体首長を実働部隊とする地方分権推進委員会が中央省庁の官僚と直接交渉し、機関委任事務制度の廃止を柱とする地方分権の骨格をまとめるという成果を上げた。また、二〇〇三年までに赤字国債発行をゼロにするという目標を掲げた財政構造改革法が九七年一一月に成立した。さらに、九七年四月からは、消費税が五％に、医療費の本人自己負担が二〇％にそれぞれ引き上げられ、国民負担を増やす形での財政や社会保障の改革が始まった。

新進党の混迷で野党への支持が低下する中で、橋本政権にとっての政治的脅威は存在しなかった。しかし、財政金融面で彼の進める改革が実現することが、政権を揺るがす大きな危機を作り出したのである。

経済危機と対策の遅れ

九七年一一月は、日本経済にとって衝撃的な危機の一ヵ月となった。三日、三洋証券が倒産、一七日、北海道拓殖銀行が経営破綻、そして二二日、山一証券が自主廃業を発表した。いずれもバブル期の無謀な投資、融資が不良債権となり、破綻に至ったものである。都市銀行や四大証券の一角が破綻したことは、大きな衝撃を与えた。

以後、経済危機の打開のために積極的な財政出動を求める声が高まっていった。

しかし、橋本は、緊急的対策として九七年度に二兆円規模の減税を行うことを決めたものの、財政構造改革法の理念を重視し、財政出動には消極的であった。九八年度当初予算では、一一年ぶりに政策経費が前年度より削減された。橋本には、自らが推進した改革を中途で挫折させることに対する強い躊躇が存在したのであろう。橋本は政策通と言われ、官僚からも大きな信頼を得ていた。六大改革の多くは大蔵官僚が執着する財政健全化に結びつくものであり、橋本改革は官僚のシナリオに沿ったものという性格を強く持っていた。九七年四月からの消費税増税や医療費引き上げなどが景気を後退させたことが、当時は十分認識されていなかった。各分野における改革が全体として経済にどのような影響を及ぼすかについて、首相やそのスタッフは総合的に把握する能力を持っていなかったのである。

自民敗北

橋本政権の経済対策の遅れは、九八年七月の参議院選挙の結果に大きな影響を及ぼした。選挙戦のさなか、橋本首相は恒久減税の実施について言を左右にした。このことが国民の不信感を高め、事前の予想とは反対に、自民党は改選六一議席に対して、四四議席しか獲得できず、敗北を喫した。この参議院選挙から、投票時間の延長、不在者投票の容易化など投票率を上げるための制度改正が行われたことが、投票率の上昇に寄与した。そして、前回選挙の棄権から投票に回った無党派層の票の多くを民主党が吸収し、二七議席を獲得した。

橋本は惨敗の責任をとって退陣し、経済危機の進行と、経済無策に対する国民の不信によって、改革路線は挫折した。

小渕政権　九八年七月、橋本首相の退陣を受けて自民党総裁選挙が行われた。橋本派からは小渕恵三が後継者に立候補し、橋本派から離れた梶山静六、森派代表の小泉純一郎と総裁の座を争った。その結果、小渕が当選し、七月三〇日、衆議院で首相に指名された。なお、この時の首班指名選挙で参議院においては、野党の結束によって菅直人民主党代表が指名されたが、憲法の規定により小渕が首相に就任した。

小渕は前任者の橋本よりもはるかに地味な性格で、官房長官や外相を除き、閣僚や党役員としての経験も多くはなかった。アメリカの雑誌では「冷めたピザ」と評され、就任当初の世論の期待は小さかった。実際、発足直後の小渕政権は、政策面でも国会運営でも大きな困難に直面した。

政策面では、金融危機対策が最大の課題であった。金融機関の不良債権処理はなかなか進まず、日本長期信用銀行や日本債券信用銀行の経営不安が噂されていた。日本初の金融恐慌という言葉まで飛び出した。深刻な経営危機に陥ったり、破綻したりした金融機関の処理方式を作り出すことが緊急の課題となった。野党は、従来の大蔵省主導の裁量行政が金融機関のモラルハザードや官僚と業界の癒着をもたらしたとして、新たな金融再生策を主張した。

国会運営に関しては、参議院における自民党の過半数割れという困難が存在した。九八年一〇月には、防衛庁における調達の不正の責任を追及するため野党が提出した額賀福志郎防衛庁長官に対する問責決議が、参議院で可決され、額賀は長官辞任を余儀なくされた。また、金融関連法案についても自民党は野党案を丸呑みし、当面の金融不安を乗り切らざるを得なかった。

「真空宰相」

このように不安定な小渕政権は、九八年秋から国会の両院における安定多数を確保するために野党の一部と提携することを模索するようになった。他方、政権交代を目指す民主党は、公明、自由両党との協力関係を強化する必要があった。しかし、菅民主党代表の「金融危機を政局にしない」という発言(金融危機を政権打倒のための手段として利用しないという意味)に自由党が反発し、公明党も政策実現のために与党志向を強めていった。

自民党と公明党との提携の口実となったのは、積極的な景気対策であった。公明党は国民に商品券(実現時には地域振興券と呼ばれた)を配布することによる消費拡大を提案し、小渕政権はこの提案を採用した。商品券に限らず、小渕政権は景気刺激のための減税、公共事業の拡大を進めた。小渕首相は、自らの強固な政策的理念を持たないという点で、「真空宰相」とも呼ばれた。しかし、改革路線にこだわって経済政策に失敗した橋本首相と異なり、真空であるがゆえに融通無碍に政策を進めることができたことで、小渕政権に対する支持は次第に上昇していった。

自自公連立

　九九年一月、自民党と自由党との間で閣僚の削減、公務員削減などを内容とする正式な連立合意が成立した。さらに同年一〇月には公明党との間でも連立合意ができ、自自公連立政権が発足した。これにより小渕政権は国会において磐石の与党基盤を確立した。自由党と公明党とでは、連立政権への参加の動機は異なった。自由党は、民主党を軸とする非自民政権の可能性を諦めた上で、政党再編の手段として自民党との連立を組んだ。政策合意の中身においては、閣僚ポストの削減のように自民党の政治家が受け入れにくい政策を掲げたり、集団的自衛権を行使することを認めるという憲法上の争点をあえて自民党に突きつけたりすることによって、政局の動乱をねらったのである。これに対して、公明党は、自民党が政権の主軸であることを大前提とした上で、地域振興券に代表される利益配分政策を実現するために連立参加という道を選んだ。自由党が政党再編の一段階として連立政権という道を選んだのに対して、公明党は自民党政権を補完するために連立に参加したのである。

　このように自自と自公では連立の意味が異なったのであるが、そうした矛盾を平気で冒すところに自民党の体質が現れている。自民党にとって連立とは、権力を維持するための数の確保以上の意味を持っていなかった。九〇年代中期の自社さ連立と九〇年代末期の自自公連立とでは、目指す政策の方向がまったく異なっていることも、その現れである。自民党は九三年の下野の経験によって、政権の座にいなければ党が解体するという深刻な教訓を学んだ。そうした機会主義が連立政権にそのまま表れているのである。

公明依存を深める自民

組織基盤をほとんど持たない自由党は、自民党にとって公明党との連立のための緩衝材でしかなかった。公明党に対しては、宗教団体を基盤とする独特な党風ゆえに、自民党内には違和感や警戒感を持つ政治家も少なくなかった。そのため当初は自由党を間に挟むことで、公明党との連立政権が円滑に動くといわれた。しかし、自民党政権を補完するための公明党との連立という路線は、次第に自民党の中でも深く根を下ろすことになった。

本来の保守地盤が次第に崩れていく中で、自民党の政治家が手っ取り早く安定的な支持基盤を求めたことが、その最大の理由であった。伝統的な自民党の支持基盤である各種業界団体や農協などは、次第に動員力を失っていった。また、自民党政治家の地域後援会も高齢化が進み、選挙マシーンはかつてのような力を失った。九〇年代半ば以降、各地で政党や団体の支持を持たない無党派型の知事や市長が増加したことは、そうした政治秩序の変容の現れであった。こうした変化に脅威を感じた自民党の政治家は、公明党の組織票を得ることで自らの生き残りを画策した。こうして、国会の中において多数派を形成するための自公連立は、選挙協力へと発展し、自民党は公明党への依存を深めていった。

また、公明党は地方において、七〇年代末から自民党との相乗りで首長選挙に関わるようになっており、自民党と協力して与党の地位にあることについては、違和感は存在しなかった。自公連立は、地方におけるオール与党体制の国政への展開という意味も持っていた。

29　一九九九年という転機

周辺事態法

小渕首相は、外相時代には対人地雷禁止条約の批准に指導力を発揮し、穏健な政治家という印象があった。しかし、九九年の通常国会では日本の平和と民主主義に重大な影響を与える法律を次々と推進した。

安保外交面では、周辺事態法が成立した。これは、橋本政権時代にクリントン政権が提案した安保再定義に端を発し、日米安保体制を質的に転換するための法的枠組みであった。そもそも日米安保条約は、旧ソ連などを仮想敵として、日米共同で日本や極東地域の安全を守るためのものであった。その意味では、冷戦の終焉とともに歴史的使命を失ったはずである。

しかし、アメリカはポスト冷戦時代における世界戦略を支える足場として日米安保条約を再利用しようとした。すなわち、日本や極東の安全を守るためではなく、唯一の超大国として世界各地で自国の権益を追求する上で、日本の基地を利用し、自衛隊から兵站や情報の援助を受けるために日米安保の意義を転換するというのがアメリカの意図であった。周辺事態法はそうしたアメリカの意図を反映し、有事の際の日米の協力関係を規定した法であった。しかし、「周辺」の意味は曖昧にされたままであった。日本から遠く離れ、直接的に日本を脅かす紛争でなくても、アメリカがこれに関与した場合、アメリカの求めに応じて日本はアメリカ軍を支援することが規定されたのである。これにより、戦争に関わらないという憲法九条の規定は空文化された。

盗聴法、国旗・国歌法

国内政治に関しては、個人の権利を抑制し、政府の権力を強めるような三つの法律、住民基本台帳法、通信傍受法(盗聴法)、国旗・国歌法が成立した。住民基本台帳法は、国民すべてにコード番号を与え、住民票をコンピュータ・ネットワークで一元的に管理することを規定している。これに対しては、いわゆる国民総背番号制に道を開き、プライバシーの侵害や情報の漏洩などの危険を招くという強い批判があった。盗聴法は、犯罪捜査上の必要があるとき、警察が裁判所の許可を得て電話等の通信を盗聴することを可能にする法律である。また、国旗・国歌法はそれまで法的根拠のなかった日の丸、君が代について、それぞれ国旗、国歌と規定するものである。この法律は公立学校における君が代の強制をめぐる紛争に端を発しているものであり、法の制定によって学校における日の丸、君が代の押し付けがいっそう強化されることは制定時から予想されていた。

いずれにしても、戦後憲法の理念を脅かしかねない重大な法案であったが、自自公の協力によって容易に成立した。自公連立によって国会審議のあり方も変質した。野党から重要な論点が出され、法案の欠陥が明らかになっても、質疑時間が終われば多数決によって法案を処理するという手法が横行するようになった。最大野党・民主党が安全保障や人権問題について党内で理念を共有していないことも、これらの法案審議において十分な批判ができなかったことの一因であった。

小渕急死と密室の謀議

二〇〇〇年を迎え、懸案を処理し、景気対策にもある程度の効果が上がって、小渕政権は安定軌道に乗ったかに見えた。しかし、その小渕政権は予期せぬ形で終幕を迎えた。四月二日、小渕は脳梗塞で倒れ、意識不明に陥った。そのまま意識を回復することなく、五月一四日に死去した。小渕の急病は、自由党の連立離脱問題をめぐる心労が引き金になったといわれている。小沢一郎は政党再編の切り札として、自らの提示する改革理念に沿って自民党と自由党を合併することを小渕に要求した。しかし、小渕はこれを拒み、小沢は閣外に去った。このとき自由党は分裂、一部は保守党を結成して連立政権に残った。

現職の首相が急病で倒れ、意識不明に陥るという事態は極めて珍しいことであった。緊急の際の代行者について、憲法や法律に明文の規定は存在しなかった。病状についての詳しい情報が公開されないまま、政府・自民党の首脳による後継者選びが進んだ。青木幹雄官房長官、森喜朗《よしろう》幹事長、野中広務幹事長代理、亀井静香政調会長、村上正邦参議院議員会長の五人が密室で話し合いを行い、森を後継首相にすえることを決めた。現職首相の急病という緊急事態で動揺していた自民党の政治家もこれを受け入れ、森が首相に就任した。連立の枠組みは、自自公から自民、公明、保守の三党連立へ変化した。

森の「日本は神の国」

密室の謀議による首相の決定は、国民を無視した非民主的なものであるという強い批判が起こった。森政権は発足当初から強い逆風にあえいでいた。「日本は天皇を中心とする神の国」など、森は数々の失言で世論の顰蹙を買い、首相としての不適格性を露呈した。森は六月に衆議院を解散し、同月、新制度の下での二回目の総選挙が行われた。森の不人気もあって、自民党は現有議席を大きく減らし、単独過半数を獲得することはできなかったが、公明党などとの連立で政権を維持することは容易であった。前年、菅から鳩山由紀夫に代表が交代した民主党は、議席を増やしたものの、政権交代への展望を示すことはできなかった。

総選挙後、自民党の若手議員を中心に執行部に対する批判が強まった。一一月、将来の首相候補として嘱望されていた加藤紘一が自民党の現状を強く批判し、野党が提出する内閣不信任案への同調を示唆した。山崎拓もこれに同調する構えを示した。これにより政局は一気に緊迫し、自民党分裂への期待も高まった。しかし、野中幹事長を中心に加藤、山崎両派の切り崩しが進み、結局、両派は不信任案採決に欠席するにとどまった。これにより、池田派以来の伝統を持つ加藤派は分裂した。

森政権執行部は「加藤の乱」を鎮圧したものの、この政権を維持することは次第に困難となっていった。二〇〇一年二月には、内閣支持率が九%(『朝日新聞』)と、史上最低を記録し、同年夏の参議院選挙を前に森政権が退陣することは必至の情勢となった。

30　小泉ブームと構造改革

総裁選挙と世論

森喜朗の退陣表明を受けて、二〇〇一年四月に自民党総裁選挙が行われた。最大派閥・橋本派からは橋本龍太郎元首相が、森派からは森の後継者として小泉純一郎がそれぞれ立候補し、これに亀井静香、麻生太郎が加わった。この総裁選挙は、一般党員による予備選挙と党所属の国会議員による投票の二段階からなっていた。予備選挙では、各都道府県に割り当てられた票を一位の候補者がすべて獲得するという方式が採用された。

田中真紀子、石原伸晃《のぶてる》など、森政権時代に執行部の古い体質を批判していた若手議員は、派閥の枠を越えて小泉を支持した。また、小泉自身も自民党の改革を訴えて大きなブームを巻き起こした。総裁選挙の有権者はあくまで自民党員であったが、小泉は各地を遊説して一般国民に直接自らの改革論を訴え、森政権に辟易していた国民の期待を集めた。自民党員の多くは、業界団体や政治家後援会などのメンバーであり、橋本派を中心とした利益配分政治のネットワークに所属するはずである。しかし、世論の大きなうねりの中でそのような人々までもが小泉を支持した。予備選挙では小泉がほとんどの都道府県を制して、国民的人気を見せつけた。国会議員の数だけを見れば、橋本が有利であったが、小泉支持の大きな世論に圧倒され、国会議員による本選挙でも小泉が総裁に選ばれた。

人気の源泉

小泉は、田中角栄以来橋本派に受け継がれている利権政治と官僚の二つを標的として、構造改革を掲げた。その言動は、従来の永田町・霞ヶ関の常識をすべて否定するような革命的な響きを持っていた。首相就任後の閣僚人事でも、派閥の均衡や当選回数によるベテランの処遇という従来の基準を無視し、若手や民間人の登用を進めた。また、ハンセン病訴訟で元患者の訴えを認め、国を敗訴させた熊本地裁判決について、厚生労働省官僚の意向を抑えて控訴断念を決断するというパフォーマンスを見せ、国民の喝采を浴びた。そして、郵政事業民営化、道路特定財源の見直し、首相公選制の検討など新しい課題を次々と打ち出して、トップダウン型の政策形成を進めるという印象を与えた。また、国民に対して構造改革の痛みを分かち合うことを求め、それがまた利権政治に辟易した国民に支持された。発足当初の小泉内閣支持率は、八〇%を超える記録的なものであった。

小泉の高い人気の源泉は、自民党の中から自民党を否定したという点に尽きる。前年一一月の加藤の乱が不発に終わったこと、森首相が首相の資質を疑わせるような言動、行動を繰り返していたことなどによって、国民の自民党に対する不満は鬱積していた。それが小泉の登場によって一気に爆発した。政府・与党の中に敵(抵抗勢力)を設定し、これを挑発したり攻撃したりするような問題提起を行うことが、小泉流の政治手法の本質であった。政権の初期においては、こうした手法には、従来タブーとされてきた問題を政策論議の俎上に載せるという意味があった。

不景気の深刻化

小泉ブームが続いたまま二〇〇一年七月に参議院選挙が行われ、自民党は六四議席を得て大勝した。比例代表の得票は二一〇〇万票余りで、九八年の一四〇〇万票余りから五割増であった。

構造改革というスローガンは、小渕政権時代のような財政出動による景気刺激をやめ、新しい産業によって経済を引っ張ること、規制や公共投資を縮小して小さな政府を作ることなどを意味していた。しかし、このような政策を具体化する段階に入ると、自民党は大きな矛盾に直面することになる。地方選出の議員の多く、業界団体の支援を得て比例代表で当選した議員は、業界保護の規制政策や公共投資を実行することを約束して当選している。小泉改革を実現することは、大半の自民党議員にとっては、支持者に対する裏切りとなる。そこで、道路公団や郵政事業の民営化など、改革の具体化過程においては、改革派と抵抗勢力との駆け引きが展開されることとなった。

二〇〇二年に入ると、鈴木宗男が受託収賄罪で逮捕、起訴され、改めて利権政治の実態が変化していないことがメディアで喧伝された。また、井上裕参議院議長も、公共事業の口利きの責任をとって議長、議員を辞職した。一連の事件は、自民党に根を下ろしている利権政治を改革することがいかに難しいかを物語っていた。

小泉政権のもとで、不景気は深刻化した。失業率は五％を超え、東証株価(日経平均)は一時八〇〇〇円を割り込んだ。金融機関の破綻も続き、しばしば経済危機の到来がささやかれた。しかし、小泉政権は景気刺激策への転換をかたくなに拒んだ。

31 「9・11」以後

自衛隊のインド洋派遣

小泉政権が大きな転換を果したのは、外交・安全保障政策の面であった。その引き金となったのは、二〇〇一年九月一一日アメリカで起こった同時多発テロであった。アメリカは、イスラム過激派のアルカイダがテロを主謀したとして、同年一一月その根拠地であるアフガニスタンを攻撃し、アルカイダの引き渡しを拒否したタリバン政権を打倒した。

日本はアメリカによる軍事行動を支援するために、テロ特措法を制定し、自衛隊をインド洋に派遣して、アメリカ軍の支援を行った。この時は、アメリカ政府高官が日本に対して「ショー・ザ・フラッグ」という言葉で圧力をかけたといわれている。一九九一年の湾岸戦争以来、外務省や一部の政治家が追求してきた自衛隊の海外派遣、アメリカに対する軍事協力の一層の深化という課題が、小泉政権のもとで実現したのである。

日米安保体制が日本の安全を守るための仕組みからアメリカの世界戦略を支えるための仕組みに変質するという現実は、小渕政権時代から進んでいた。一国主義《ユニラテラリズム》的志向を持つジョージ・W・ブッシュ政権の発足と「9・11」のショックは、日米の軍事的緊密化を一層加速した。

イラク戦争

さらにアメリカはイギリスとともに二〇〇三年三月、大量破壊兵器を隠匿しているという理由でイラクを攻撃し、フセイン政権を打倒した。このイラク戦争に対しては、フランスとドイツが強く反対し、ロシアや中国も支持しなかった。これとは対照的に、日本はいち早くアメリカ支持を表明した。そして、二〇〇三年秋にはイラク特措法を制定して、二〇〇四年二月には自衛隊をイラクに派遣した。この時には、アメリカ政府高官の「ブーツ・オン・ザ・グラウンド」という言葉に応えたといわれている。アメリカの引き起こした戦争に対して日本が自衛隊を派遣して協力することには、憲法上重大な疑義がある。国民の意見も賛否が分かれていた。

日本がこのように対米追随姿勢を強めた理由として、政府やそれを支持するメディアは北朝鮮の脅威をあげた。小泉は二〇〇二年九月一七日に、日本の首相としては初めて北朝鮮を訪問し、金正日総書記と会見した。その席上、北朝鮮は以前日本人を北朝鮮に拉致し、一部の被害者は既に死亡していることを明らかにし、謝罪した。この事件は日本人に大きな衝撃を与えた。九〇年代以来、北朝鮮は核兵器開発の姿勢を否定せず、ミサイル発射実験も行った。拉致事件による北朝鮮への反感の高まりは、軍事的脅威への警戒感を強めた。北朝鮮との間で軍事紛争が起こった時、日本の安全を守るためにはアメリカの軍事力が不可欠であり、いざというときにアメリカに助けてもらうためには、アフガニスタンやイラクでアメリカの軍事行動に協力しなければならないというのが、小泉首相の説明であった。

日朝会談と拉致事件

小泉政権は、いわゆる有事法制の整備も実現した。九〇年代以来アメリカは日本に対して、軍事協力を緊密化するうえで、実際に軍事紛争が起こった場合の自衛隊等の行動について法制度を整備するよう求めてきた。小泉政権はそれに応え、紛争発生時の地方自治体や民間の協力義務、自衛隊の行動に関する権限等を定めた有事法制を二〇〇三年六月に制定した。このようにして、戦後日本が守ってきた平和国家の路線は、小泉政権によって大きく転換された。

マニフェスト選挙

小泉は二〇〇三年九月の自民党総裁選挙で再選を果たした。この総裁選挙において、橋本派は分裂した。参議院の実力者、青木幹雄と若手は小泉を支持し、橋本派から立候補した藤井孝男は惨敗した。総裁選挙の余勢を駆って小泉は一〇月衆議院を解散し、一一月に総選挙が行われた。

この総選挙で、前年の代表選挙で代表に復帰した菅直人が率いる民主党は、マニフェスト選挙を仕掛けた。マニフェストとは、イギリスの総選挙において各党が示す政権政策のことである。民主党は、従来の羅列的な選挙公約に代わって、自らが政権を獲得した暁に実現する政策の体系を提示して、政権担当能力を示そうとした。民主党にあおられる形で他の政党もマニフェストを提示した。少なくとも形の上では、社会保障、経済、雇用などの課題に関して各党がマクロな政策を競うという新しい選挙戦が戦われた。小泉政権の財政緊縮路線の中で従来型の利益誘導が難しくなっていたことも、選挙戦の変化をもたらした要因であった。

その結果、自民党は二三七議席を獲得し、引き続き政権を維持した。他方、選挙直前に自由党と合併した民主党は、一七七議席を獲得し、戦後政治史上野党としては最大の勢力となった。また、民主党は比例代表の得票で自民党を上回った。そして、小泉政権の内政外交に対決する姿勢を示した共産、社民の両党は惨敗した。この結果、小選挙区制の導入後一〇年にして、日本でも二大政党制に向かって政党の淘汰が進んだという観測も現れた。

二大政党制へ?

しかし、日本における二大政党制の成立という認識に対しては、いくつかの留保が必要とされた。自民党は依然として第一党の地位を守ってはいたが、それは公明党との選挙協力なしにはあり得なかった。自公連立政権の定着とともに、公明党は自民党への協力を強めていった。公明党は一選挙区あたりおよそ二万の組織票を持っていると言われた。公明党は小選挙区での候補擁立を断念する一方、自民党に協力することで連立政権において影響力を拡大するという路線を選んだ。小選挙区における自民党の勝利は、公明党との協力の賜物であった。

他方、民主党の側にも限界が存在した。民主党は「非自民」の受け皿として規模を拡大してきた。野党として成長する限りにおいて、非自民というアイデンティティは有効であるが、実際に政権を獲得した時に何をするのかという前向きの議論を始めると、異質な政治家が集まった民主党は、政権構想を共有しているわけではなかった。量における非自民と質における非自民の矛盾という新進党以来日本の野党が抱えてきた矛盾から、民主党も自由ではなかった。

特にこの矛盾は民主党が劣勢に回った時に露呈した。二〇〇四年の初めには、学歴詐称や秘書給与詐取など民主党議員のスキャンダルが露呈し、民主党の支持率は低下した。そして、年金改革法案の審議に関連して閣僚の年金保険料未払いを攻撃した菅直人代表自身に閣僚在任中の保険料未払いがあったことが発覚し、菅は代表辞任を余儀なくされた。

年金改革と多国籍軍参加

小泉政権による内政、外交両面にわたる政策展開の中で、二〇〇四年七月一一日、参議院選挙が行われた。民主党が、菅代表辞任後の代表選びで混乱する一方、小泉政権に対しては、北朝鮮から拉致被害者の家族を日本に連れ戻したことへの評価もあって、高い支持が続いていた。六月中頃までは、参議院選挙について自民党の優位が予想されていた。

しかし、六月下旬から小泉政権および自民党に対する世論は一変し、逆風が吹き始めた。その最大の理由は、年金改革に対する小泉政権の強引な手法に対し、国民が反発と不安を感じたことである。年金制度の持続可能性に対する疑問が広がっているにもかかわらず、政府は負担の漸増、給付の削減を柱とする年金改革法を、野党の反対を押し切って強行採決により成立させた。法案成立後になって、将来の年金制度の設計の土台となる出生率が大幅に低下している事実(二〇〇三年には一人の女性が産む子供の数の平均が一・二九にまで低下していた)が公表され、年金制度への不安に拍車をかけた。

また、保険料未払い問題に関連して、小泉首相が国会議員当選以前に、勤務実態のない会社から年金保険料を納付してもらっていた事実が明らかになった。このとき首相は、「人生いろいろ」と開き直り、国民の大きな反発を招いた。

第二の理由は、イラクにおいて米英軍による占領から暫定政府が樹立されるのに際して、小泉首相が自衛隊を現地の治安維持のための多国籍軍に参加させることを、ブッシュ大統領に対して約束したことである。おりしも、イラクにおける米軍による捕虜虐待問題が露見、大量破壊兵器の存在も否定されるなど、イラク戦争には大義がないことが決定的に明らかになっていた。こうした状況の中で、国内においてまったく議論もなく、首相の独断で多国籍軍参加を決定したことに対して、国民の不安は高まった。

民主党、改選第一党に

こうした小泉自民党に対する逆風の中で選挙が行われ、自民党の獲得議席は改選五一に対して四九にとどまった。選挙区では公明党の協力によって、自民党はある程度踏みとどまったが、かつての保守地盤であった東北、九州などのいくつかの一人区で民主党に敗れた。小泉政権のもとで進められている地方に対する財政支援の削減や公共事業の見直し、郵政事業の民営化の動きなどで、地方における伝統的な自民党の集票マシーンは、急速に弱体化した。そのことが地方における自民党の敗北や苦戦の原因であった。

これに対して、岡田克也新代表率いる民主党は五〇議席を獲得し、比例でも二一〇〇万票あまりを得て、改選第一党となった。小泉ブームは一旦冷めた形で、無党派層の約半分が民主党に投票した。また、この参議院選挙では、共産党、社民党がそれぞれ四、二議席しか獲得できず、護憲を掲げる革新政党の退潮が明確になった。言い換えれば、前年の総選挙で現れた二大政党制への流れが、この参議院選挙でいっそう強まったということもできる。

ポスト小泉のリーダー候補が存在しない自民党では、敗北の責任を問う声は起こらず、自公連立の継続と小泉政権の続投が決まった。

発足から三年を経過し、小泉政権をめぐる自民党の矛盾が深まっていった。発足当初のようなブームはなくなったが、小泉は政策決定の仕組みの創設と、政策の方向付けの転換について周到に成果を挙げていた。

継続する「改革」

小泉時代には、経済財政諮問会議が予算編成や経済政策全般の司令塔として大きな権威、権力を持った。この会議は、橋本行革の際に首相の補佐機関として設立されたが、小泉はこれをフルに活用した。竹中平蔵(後の総務相)を議員に起用し、日本経団連の首脳など、構造改革路線を支援する学者と経済人でこの会議を固めた。そして、毎年、「骨太の方針」という予算編成や経済運営に関する枠組みを示し、各省の政策はこの中で形成されることとなった。

小泉首相は世論の高い支持を背景に政府与党を支配し、経済財政諮問会議や規制改革会議などのブレーン機関が政策の具体的な方向を打ち出すという、トップダウン型の新しいリーダーシップの形が現れた。政治学には、これを「首相支配」と呼ぶ議論も現れた。

他方、小さな政府路線はしだいに効果を現し、地方や業界の利益を代表する自民党議員は構造改革路線に対する不満を強めるようになった。小泉政権は政府のスリム化と財政支出の抑制を進めた。その代表は市町村の合併であった。平成の大合併により、市町村の数は三二〇〇余から一七〇〇余まで減少した。この大合併は当然、保守政治家の地域基盤を支えてきた首長や地方議員の減少をともなった。また、社会保障費の抑制や地方交付税の削減も、地域の疲弊に拍車をかけた。

自民党の中には人気者小泉を首相にすることで党勢の立て直しを図るという伝統的な発想を持つ政治家もいた。他方、小泉政権の下で小さな政府という理念により、自民党政治を根本的にモデルチェンジしようという政治家もいた。小泉自身も、党内の「抵抗勢力」を排除しても、構造改革を推進するという強い意志を持っていた。この間の矛盾がしだいに深刻になった。

32 郵政民営化という争点

改革派対抵抗勢力

小泉首相は、年来の持論であった郵政民営化を二〇〇五年の通常国会の最大のテーマに据えた。このテーマについては、自民党内から異論や消極論が出された。参議院の代表質問で、青木幹雄参院幹事長は、郵政民営化のために総裁選挙で小泉首相を支持したわけではない、首相に考えを変えてもらわなければならないと、異例の注文を行った。しかし、小泉首相と自民党執行部は、法案の了解は総務会の全会一致を以て行うという慣例を無視し、多数決によって郵政民営化法案の与党了解を取り付け、国会提出にこぎ着けた。そして、法案成立を図るために会期を五五日間延長した。

七月五日、衆議院で採決が行われたが、自民党から三七人の反対、一一人の棄権、退席が出て、五票差の通過となった。参議院では八月八日に採決が行われ、自民党から二二人の反対、八人の棄権が出て、法案は一七票差で否決された。

小泉首相は即座に衆議院を解散し、郵政民営化に対する国民投票として総選挙を断行するという思い切った行動に出た。この解散に対して、参議院で否決された時に衆議院を解散することは筋違いという批判もあった。また、自民党が分裂状態の中で選挙を行うため、小泉自民党にとって大きな賭けであることは間違いなかった。

しかし、小泉首相と自民党執行部は、参議院での法案否決を織り込んだ上で、総選挙に向けた周到な戦術を練っていた。衆議院で造反した議員には党の公認を与えず、更に造反議員の選挙区には党主導で対立候補(女性が多く、刺客といわれた)を擁立した。政権首脳はメディアを巧みに利用し、この選挙を郵政民営化、更には小泉改革に関する国民投票に仕立てた。そして、自民党改革派対その他の抵抗勢力、という構図がメディアで定着し、野党の存在は霞んでしまった。

解散権と公認権

小泉首相は、首相としての解散権、自民党総裁としての公認権という二つの権力をフルに行使して、権力闘争に勝った。これは、それ以前の日本の首相にはなかったリーダーシップの姿であった。一九九〇年代に行われた選挙制度改革や内閣の機能強化によって、首相は大きな権力を手に入れていた。小選挙区制と政党助成金制度は、公認と資金配分を握る執行部の権力を強くする。中選挙区の時代と異なり、候補者の当選は候補者自身の努力だけではなく、全体的な政治の風向きに大きく影響される。〇五年八月の小泉のように圧倒的な人気を持つ党首が党の顔となれば、自民党公認という看板があるだけで多くの候補者は当選できた。一連の小泉の行動は、小選挙区制度のもとでの新しい選挙の戦い方と、与党内での権力闘争のあり方の変化を暗示していた。

しかし、小泉自民党の戦術にはご都合主義的な面もあった。造反組を自民党から追放したことは、自民党は政策問題で分裂することはないという従来の常識を破るものであった。しかし、与野党の勢力が伯仲している参議院では、造反議員も不問に付して、総選挙後の帰順を待った。このように、小泉は政策の論理だけで総選挙へ突き進んだわけではなかった。

小泉劇場と自民圧勝

「改革を止めるな」というスローガンが多くの国民の共感と興奮をもたらし、九月一一日に行われた選挙の結果、自民党は衆議院で二九六議席と圧勝した。この結果は、小選挙区制度のもたらす第一党のボーナス効果を国民に強く印象付けた。自民党は連立与党の公明党と合わせて衆議院の三分の二を上回る圧倒的な多数を獲得した。特に首都圏、近畿圏などの大都市部で自民党は圧勝した。都市の無党派層が自民党を支持したことがうかがわれる。

この選挙は、メディアの役割について大きな教訓を残した。自民党はテレビ、特にワイドショーで取り上げられることを狙って、次々と話題を提供した。「守旧派候補」対「刺客女性候補」という絵になる構図をテレビは連日のように報道し、結果的にメディアは権力の意図通りに動き、国民の関心を集めたことになる。郵政民営化という政策争点をめぐって選挙が戦われた一方で、テレビメディアは小泉劇場のドラマを紹介し続け、政策論争は深まらなかった。

総選挙で圧勝した小泉首相の威光は揺るぎないものとなった。選挙後の特別国会に、郵政民営化法案は再度提出された。通常国会では反対あるいは棄権した自民党参議院議員も今回は賛成に回り、小泉首相が執念を燃やしていた郵政民営化は実現した。

また、〇五年秋の特別国会から翌年の通常国会にかけて、小泉は構造改革の仕上げを行った。特にその中でも重要なのは、社会保障改革と地方分権であった。それぞれの政策の中身については改めて説明するが、民営化、歳出削減によって小さな政府を推進した。

アジア軽視の外交

ここで小泉時代の外交についても触れておく必要がある。小泉首相は〇一年の自民党総裁選挙の際の公約で靖国神社への参拝を訴え、毎年参拝を続けた。〇六年八月一五日に現職首相として終戦記念日に参拝し、中国、韓国との関係は険悪化した。一方で、小泉首相はブッシュ大統領との関係を深め、アジア軽視、対米重視の姿勢が明確になった。〇五年、日本は国連安全保障理事会の常任理事国入りを目指して国連改革を推進しようとしたが、アジア諸国の支援を受けられず、国連改革の気運もしぼんだ。

〇五年総選挙の大敗によって民主党は政権交代への展望を見失った。大敗の責任を取って辞任した岡田克也に代わって、前原誠司が代表に就任した。しかし、前原は自民党との対決の構図を描くことができなかった。彼は訪米の際に、中国が潜在的脅威であると発言し、タカ派ぶりを発揮した。〇六年二月には、民主党議員が予算委員会で、武部勤《たけべつとむ》自民党幹事長がライブドア社長の堀江貴文から不正な政治資金を受け取っていたと追及した。その直後、送金を指示したとされる堀江社長のメールが偽造されたものであることが判明し、前原も責任を取って代表を辞任した。結党以来、順調に議席を増やしてきた民主党は、最大の危機に陥った。

33 安倍・福田・麻生と「ねじれ国会」

長続きせぬ安倍人気

二〇〇六年の始まりとともに、政局の最大の関心はポスト小泉の自民党総裁選びに集中した。この年の九月の自民党総裁任期切れに当たって、小泉は勇退を表明しており、安倍晋三、麻生太郎、福田康夫、谷垣禎一(それぞれから一字ずつを取って、麻垣康三と呼ばれた)の四人が有力候補であった。小泉は彼らを有力閣僚に起用し、競争させた。

次の首相は誰が望ましいかという世論調査では、安倍晋三が一貫して高い支持を得ていた。

彼は四人の中では最も若く、小泉政権の下で北朝鮮拉致事件に対して毅然とした対応を取ったことで人気を集めてきた。高い支持を集める政治家を総理・総裁に据えるという行動様式が自民党の中に広がっていたため、党内世論では、次第に安倍を小泉後継にするという流れが強まった。福田は早々に総裁選挙不出馬を表明し、九月の総裁選挙は安倍、麻生、谷垣の三人で争われた。安倍は、全体の六六％の得票で圧勝し、九月二六日に国会で首班指名を受けた。安倍の登場は自民党の世代交代を印象づけ、発足時の内閣支持率は七〇％前後と、極めて高い水準から出発した。

安倍は、内政面では持ち前の国家主義イデオロギーを前面に出し、外交に関しては柔軟な現実的アプローチを採用した。外交面では、就任早々中国、韓国を連続して訪問し、小泉の靖国参拝によって疎遠となった日中、日韓関係の修復を図った。

内政面では、「戦後レジームからの脱却」というスローガンを唱え、教育基本法の改正、憲法改正のための国民投票法の制定を実現した。そして、憲法改正に強い意欲を示した。

しかし、安倍人気は長続きしなかった。最初のつまずきは、郵政民営化法案に反対して自民党を離党した衆議院議員の復党を認めたことであった。これは、小泉改革路線からの後退と受け止められた。更に、〇六年末から翌年にかけて、閣僚の政治資金をめぐる収支報告書の虚偽記載が続出し、閣僚の更迭、松岡利勝農水相の自殺など、次々と政権を揺さぶる事件が起こった。また、安倍首相は小泉に倣って首相主導の政権運営を唱えたが、首相の指導を強調すればするほど、軸を欠いた首相の無力さと政権の混乱が露わになった。メディアでは「官邸崩壊」という言葉まで使われるようになった。

さらに、〇七年の春から夏にかけて、「消えた年金記録」問題が安倍政権にとっての打撃となった。社会保険庁における国民年金や厚生年金の保険料の管理がきわめて杜撰で、きちんと保険料を納付したにもかかわらず本来受け取るべき金額の年金を受給できない人が大量に発生した問題である。国会で野党の追及を受けて問題を認識した政府は、年金記録の照合を行うことを約束したが、国民の不満は高まり、内閣支持率の低下を加速した。

選挙の小沢

偽メール事件でどん底に落ちた民主党を救ったのは、小沢一郎であった。小沢は、〇六年三月、代表就任に際して、自分が変わることによって民主党を再び政権交代の担い手に変革すると訴えた。そして、四月の衆議院千葉七区の補欠選挙で事前の予想を覆して勝利を収め、選挙の小沢という威光を強めた。

〇七年の参議院選挙に向けて、小沢は「国民の生活が第一」というスローガンを掲げ、小泉政権以来の「小さな政府」路線と正面から対決する構図を描いた。子ども手当、農家戸別所得補償など、再分配を拡大することで、疲弊した地域や国民生活を救済することを前面に打ち出した。また、憲法や安全保障など安倍政権が追求した争点については、議論の土俵に乗らないという対応を取った。民主党は様々な考えの政治家の寄せ集めであり、こうした争点を議論し始めると党内の結束を維持できないという事情があった。それだけではなく、その当時の社会、経済の現実を直視し、生活に関連する政策を立て直すことこそ政治の最大の課題であるとする小沢の現実的判断も働いていた。

小沢は、参議院選挙対策として、地方の一人区での勝利を最も重視した。そして、非大都市圏を回って、地方の選挙を担う連合との関係を深めた。小沢のこの戦略は奏功し、六〇議席を得て大勝し、自民党は三七議席と大敗した。民主党は参議院での第一党となり、自民、公明の与党は過半数を失った。

福田・小沢の大連立構想

与党が参議院で過半数を失ったことにより、政権運営は多くの困難に直面することとなった。安倍は、参院選の大敗にもかかわらず、政権継続の意向を示した。臨時国会の冒頭、所信表明演説を行い、その翌日の九月一二日の代表質問直前に退陣表明を行うという異例の展開となった。そして、福田康夫が後継首相に就任した。

参議院では国会同意人事が否決されたり、インド洋における海上自衛隊の給油活動の根拠法の延長が不可能になったりするなど、政府は大きな政策変更を余儀なくされた。一一月初旬、福田首相は小沢民主党代表と会談を行い、突然、大連立政権を樹立すると発表した。これに対しては民主党内から強い批判が起こり、小沢は大連立を撤回し、次の総選挙での政権交代を目指すという姿勢に戻った。

通常国会は与野党の対決により、波乱の展開となった。予算については憲法の規定で、衆議院の可決から三〇日で成立するが、一般の法律についてはそのような自然成立の規定はない。特に争点となったのは、〇八年三月末で期限を迎える揮発油税の暫定税率の根拠法をめぐる扱いであった。民主党は、揮発油税が道路建設のための目的税であることを批判し、暫定税率の廃止を主張した。その結果、暫定税率は年度末でいったん失効し、ガソリンの小売値が下がるという事態となった。揮発油税など重要な法案について、与党は衆議院の三分の二による再議決によって成立させた。

麻生政権と首相の威信

政権運営に行き詰まりを感じた福田首相は、九月一日退陣を表明し、首相が二人続けてわずか一年で政権を投げ出すという異常事態となった。後継の総裁選挙は五人が立候補する乱戦となったが、麻生太郎が選ばれた。麻生は政権発足早々の支持率の高い時期に解散総選挙を行うことを考えていたが、リーマンショックに始まる九月以降の世界的な金融危機への緊急対策を行わねばならないことなどを理由に解散を先延ばしした。

民主党の側では、二〇〇九年三月、小沢一郎代表の政治資金管理団体が政治資金収支報告書に虚偽の記載をしたという容疑で、小沢の公設秘書が逮捕された。五月、小沢は総選挙を目前に代表を退き、鳩山由紀夫幹事長が代表に選出された。小沢の代表辞任により、資金問題は、民主党にとっての逆風にはならなかった。

総選挙までに時間を置いても、自民党の苦境を打開することはできなかった。麻生首相は演説原稿の漢字を読み間違えることなどで話題を集め、首相の威信は低下した。自民党内には総選挙の苦戦を見越して、麻生下ろしの動きさえ出た。衆議院の任期満了が近づく中、麻生首相は七月二一日に解散し、政権選択の総選挙に突入した。

34 「派遣村」からの問い

構造改革の帰結

小泉政権は、中曽根政権以来の、五年継続する長期政権となった。この間、構造改革という名の下に、国内政策の大きな転換を実現した。それは、グローバル資本主義に適応する大企業の要求にこたえるものであった。小泉政権の下で、九〇年代の日本経済の足かせとなった不良債権問題が解決され、二〇〇二年から日本経済は高度成長期のいざなぎ景気を超える長期の経済成長が実現された。そして、輸出企業を中心に空前の収益を上げた。しかし、他方で労働者の平均賃金あるいは労働分配率は低下を続けた。企業が儲かれば労働者も豊かになるという高度成長期以来の常識がこの時期に消滅した。

小泉構造改革は、「小さな政府」、「官から民へ」というスローガンに代表されるように、アメリカで隆盛となった新自由主義の考え方に基づいて構想された。その中身は、規制緩和、民営化、政府歳出の削減を柱としていた。

規制緩和に関しては、製造業への派遣労働の解禁が決定された。これにより、非正規労働者が一層増加することとなった。

歳出削減については、歳出の最大項目である社会保障費と地方交付税が標的とされた。社会保障については、二〇〇三年度の閣議決定により社会保障費の自然増を毎年二二〇〇億円ずつ抑制することが継続された。また、後期高齢者医療制度の導入による高齢者の自己負担の増加、障害者自立支援法の制定による障害者の施設利用時の自己負担の増加など、社会保障面での負担増、サービスの低下が進められた。こうした社会保障費の削減は、医療崩壊、介護難民の発生をもたらした。

地方分権改革として、補助金削減、国税から地方税への税源移譲、地方交付税の見直しの三つを一体として進める三位一体改革が推進された。しかし、補助金の一般財源化は各省の反対に遭って容易に進まなかった。また、三位一体とは無関係に二〇〇一年から〇七年度まで毎年地方交付税の削減が続き、七年間で六・六兆円、率にして三割が削減された。結果を見れば、小泉政権が進めた地方分権とは地方自治体への財政緊縮のしわ寄せであった。さらに、小泉時代には公共事業費の削減も進んだ。公共事業予算の配分をテコに自民党政治家が集票・集金システムを築いた「土建国家」も昔話となった。

規制緩和による経済活性化という政策は、一九九〇年代以降のアメリカで、特に金融分野で展開された。二〇〇〇年代、ブッシュ政権の時代に拡大したのは、サ

リーマン・ショック

ブプライム・ローンという低所得者向けの住宅ローンを材料とした様々な金融商品の取引であった。土地・住宅価格が上昇を続けている間はこれらの金融商品は高い収益をもたらしたが、二〇〇〇年代後半になると住宅ローンの焦げ付きが増加した。そして、二〇〇八年九月にアメリカの大手証券会社リーマンブラザーズが破綻し、リーマン・ショックが世界の金融界を大きく動揺させた。金融機関の抱える不良債権は百兆円の単位に上ると推計された。

政府を小さくして市場を放任すれば経済は繁栄する、という新自由主義は行き詰まった。金融機関の救済や景気刺激のために、各国の政府は数十兆円単位の財政出動を迫られた。

リーマン・ショックによる経済の混乱は、アメリカ大統領選挙と重なった。イラク戦争の失敗によって不人気となった共和党は、経済危機によって一層攻撃を受けることとなった。一九三〇年代の大恐慌を連想させる危機的状況の中で、一一月、民主党のバラク・オバマ上院議員が、アフリカ系アメリカ人として初めて大統領に当選した。オバマはチェンジ(変革)を訴えて、金融制度改革、社会保障、特に医療保険改革などに乗り出した。オバマの当選はアメリカだけではなく、世界中に大きな感銘を与えた。政治変革の気運は日本にも及んだ。

リーマン・ショック以前から、日本では新自由主義的構造改革路線の弊害が次第に明らかになり、「小さな政府」や官から民へというスローガンに熱狂した世論は変化し始めていた。二〇〇五年暮れには、マンションやビルの耐震強度偽装事件が明らかになった。その背景には、建築基準法の規制緩和によって建築確認・検査事務が民間会社に開放されたという要因が存在した。また、二〇〇六年一月には、IT分野の新興ビジネスの象徴であったライブドアの堀江貴文社長が粉飾決算の容疑で逮捕され、手段を問わない金儲け至上主義に対する反発が強まった。

非正規労働の増加

労働の規制緩和によって派遣、有期雇用などの非正規労働が増加し、二〇〇〇年代半ばには全労働者の三分の一を超えた。そして、フルタイムで働いても貧困から抜け出せないワーキングプアの存在が注目を集めるようになった。OECDの定義では、その国の所得の中央値の半分以下の人々の割合を「相対的貧困率」と呼ぶが、二〇〇〇年代半ばには日本の相対的貧困率は一五%に達し、OECD加盟諸国の中でメキシコ、トルコ、アメリカに次ぐ四番目となった。二〇〇六年六月と一二月には、NHKが「ワーキングプア」の特集番組を放映し、大きな反響を呼んだ。二〇〇八年六月八日に、東京・秋葉原で、自動車部品工場で働いていた派遣労働者が一七人を死傷させる無差別殺人事件を起こした。この衝撃的な事件は、安定した仕事を持たない若者を社会に統合することの困難と必要性について、社会に問いかけた。

小泉政権は、従来の日本では「結果の平等」が過度に追求されたとして、努力した者が報われる社会を目指すことを表明していた。つまり、その結果、格差が生じても仕方ないというのが政府の認識であった。また、国会での議論の中で、政府は不平等の拡大の原因について、相対的に所得の少ない高齢者が増加した結果であると説明した。しかし、経済学者の調査によれば、すべての世代において不平等は拡大していた。政府はいざなぎ越えの景気拡大を誇る一方で、不平等や貧困問題を放置していた。

「年越し派遣村」

二〇〇八年秋のリーマン・ショックは日本にも大きな衝撃をもたらした。不良債権処理を終えたばかりの日本の金融機関は、サブプライム・ローンに関連する不良債権を多く抱えていたわけではなかった。しかし、輸出に依存して収益を上げていた日本企業は、リーマン・ショック以後の世界経済の低迷によって一挙に業績不振に陥った。そして、派遣切りと呼ばれる非正規労働者の人員整理が行われた。この年の暮れにかけて、解雇とともに寮を退去させられたことで、大量の路上生活者・失業者が発生した。

二〇〇八年一二月三一日、東京の日比谷公園にそのような路上生活者が集まり、「年越し派遣村」と呼ばれるテント村を作って越年した。テントに収容しきれない人々は、隣接する厚生労働省庁舎の講堂に寝泊まりした。そして、年明けとともに、生活保護申請や就職斡旋などの支援が行われた。この運動は、貧困者やホームレスの支援を行っているＮＰＯや労働組合などが主催したもので、社会に失業、貧困問題の深刻さを知らせた。

35 実現した政権交代

第四五回総選挙は二〇〇九年八月三〇日に投票が行われ、民主党が三〇八議席を獲得し、戦後の日本で初めての、選挙による明確な政権交代が起こった。この選挙戦では、自民党政権の継続か、民主党を中心とした政権への交代かが最大の争点となった。そして、四年前の総選挙をちょうど裏返すように、民主党が圧勝した。

鳩山政権と政治主導

九月一六日、民主党、社会民主党、国民新党の三党連立により、鳩山由紀夫政権が誕生した。また、小沢が幹事長に就任した。新政権は、政治主導を掲げ、事務次官会議の廃止、各省における政務三役(大臣、副大臣、大臣政務官)によるリーダーシップの確立など、政策決定や政権運営において官僚を排除する方針を明確にした。官僚支配を打破し、機動的で総合的な政策決定を行うために国家戦略、行政刷新の両大臣が新たに設置された。また、自民党政権では党の政務調査会が族議員の温床になり、各省官僚によって与党議員が籠絡されたことへの反省から、政府与党一元化という掛け声の下で、党の政策調査会が廃止された。

鳩山は、地球温暖化防止のために二酸化炭素の排出量を二〇二〇年までに一九九〇年比二五

％削減することを温暖化サミットで表明し、国際的に高い評価を得た。また、東アジア共同体の創設を訴えた。発足時における支持率は七〇％程度で、国民の大きな期待の中で政権は船出した。

政策面では、「国民の生活が第一」のスローガンの下、マニフェストで打ち出された社会保障や生活支援の政策が実行に移された。小泉時代に廃止された生活保護における母子加算の復活を手始めに、月額一万三〇〇〇円の子ども手当の創設、高校授業料の無償化、農家に対する戸別所得補償などが実現した。

また、情報公開も政権交代の大きな成果であった。外相に就任した岡田克也は、沖縄返還交渉の際に結ばれた密約について調査するためのチームを設置した。そして、非核三原則の運用をめぐって日本政府が米国による核兵器の持ち込みを容認すること、沖縄返還の際に軍用地原状回復費用を日本が肩代わりすること、朝鮮半島有事の際に米軍の出動を認めることという三点について密約が存在したことを明らかにした。国内政策に関しては、仙谷由人行政刷新担当大臣の下で事業仕分けが行われた。仕分けチームによって各省の事業に関する点検、評価が行われ、継続すべきもの、縮小、廃止すべきものに分類された。事業仕分けについては、費用対効果という物差しだけで政策を裁断するという問題点もあったが、長年官僚が特殊法人や独立行政法人を使って効果の疑わしい事業を継続し、天下り官僚にとっての利権や既得権となっていた実態も明らかになった。

しかし、年末の予算編成においてマニフェストに記された主要政策をめぐって混乱が相次いだ。揮発油税の暫定税率の廃止は財政難の折柄、棚上げとされた。また、高速道路の無料化もきわめて限定的な実施となった。景気低迷による予想外の歳入減という事情もあったが、野党時代に作ったマニフェストの政策が十分な詰めを欠いていたことも明らかとなった。

政治資金疑惑

鳩山政権は、継続とともに次第に支持率が低下していった。その最大の原因は、政治資金をめぐる疑惑であった。鳩山は、母親から総額一一億円以上の資金援助を受けていたが、それを政治資金収支報告書に記載せず、架空名義による個人献金として処理していたことが明らかとなった。また、小沢の資金問題についても、前年とは別の建設会社からの政治献金について虚偽記載があったとして、二〇一〇年一月、元公設秘書で衆議院議員の石川知裕などが逮捕された。党の代表と幹事長をめぐる資金疑惑は、国民の強い批判と不信を招いた。

普天間基地

政策面でも鳩山政権は迷走を続けた。最大の難問は、アメリカ海兵隊の普天間基地の移設であった。二〇〇六年に、米軍再編の一環として、普天間基地を廃止し、名護市辺野古沖に新たな海兵隊基地を建設することで日米の合意が成立していた。しかし、自民党政権は地元の反対運動などもあり、この合意を実行できないままであった。鳩山は選挙戦の最中に沖縄を訪れた際、普天間基地の県外、国外移設を公約した。政権交代によって、沖縄では基地の県外移設を求める声が一層強まった。

鳩山の県外移設という方針は内閣には共有されず、外相、防衛相はそれぞれ県内移転を前提とした発言を繰り返し、鳩山の指導力の欠如が浮き彫りとなった。外務省、防衛省は二〇〇九年中に当初案通り辺野古沖への移転を決定しようとしたが、社民党の反対もあり、鳩山は二〇一〇年五月末までに決着することで問題を先送りした。全国紙を中心とするメディアからは、鳩山政権は日米の同盟関係、相互信頼を損なうという強い批判が浴びせられた。

通常国会では、野党側が鳩山、小沢の資金疑惑を追及し、民主党は証人喚問などによる真相究明に消極的な態度を取った。自民党政権時代のスキャンダルをめぐる攻防がそのまま裏返しになった展開となった。予算は三月中に成立したが、関連法案の審議は遅れ、最終的には強行採決が繰り返された。

菅政権と消費税

五月末という普天間基地移設の決着の期限が近づくにつれて、鳩山政権は苦境に陥った。政治資金をめぐる批判と政策面での迷走が相まって、支持率は低下の一途をたどった。鳩山は普天間移設について辺野古沖に新基地を建設するという日米合意を結び、これに反発する社民党は連立を離脱した。政権運営に行き詰まった鳩山は六月二日退陣を表明し、同時に小沢にも幹事長を辞任するよう求めた。翌々日、両院議員総会で代表選挙が行われ、菅直人が選ばれ、後継首相に就任した。これにより、民主党および内閣支持率は急回復した。

菅は、鳩山が高い目標を設定し、自縄自縛に陥ったことから学習し、現実主義的な政権運営を目指した。そして、財政健全化と社会保障の拡充を両立させるために消費税率の引き上げを含む税制改革が必要であると表明した。七月の参議院選挙は、税制改革のあり方が焦点となった。

自民党は下野した後、谷垣禎一が総裁となったが、党勢回復は遅々として進まなかった。そして、参議院選挙を前に離党者が新党を立ち上げることが相次いだ。参議院選挙は野党側で多くの政党が入り乱れて戦われることとなった。

再びねじれ状態

菅の増税路線は野党から攻撃を受け、菅は税制改革について明確なビジョンを示すことができなかった。こうしたぶれは、民主党支持の急低下をもたらし、選挙の結果、民主党は改選議席を大きく下回る四四議席に留まり、与党は過半数を失った。他方、自民党は五一議席と、改選議席の中では第一党となった。これによって、政権を失った自民党は踏みとどまった形となった。また、自民党を離党した渡辺喜美が率いるみんなの党が一〇議席と躍進した。政権交代に期待したが、民主党の混迷に失望した有権者の受け皿となったことが、その原因であった。その他の野党や新党は改選議席を下回った。

この結果、民主党政権の下でも衆参のねじれ状態が生じた。自民党政権時代と異なり、民主党、国民新党の連立政権は衆議院で三分の二の議席を持っておらず、参議院で否決された法案を再議決により成立させることはできない。その意味で、菅政権は厳しい政権運営を余儀なくされることとなった。

試練の民主党政権

参院選の敗北の後、菅は民主党執行部を続投させ、敗北の総括について明確な動きは起こさなかった。これに対して、小沢を支持するグループは不満を強めた。菅は、鳩山前代表の残任期間を引き継ぐため、九月に代表としての任期切れを迎えることとなっていた。

反菅グループは対立候補を擁立する動きを模索したが、結局、小沢自身が代表選挙に出馬し、菅と一騎打ちを演じた。この対立構図は、一九九四年の細川連立政権の崩壊過程を思い出させるものであった。九四年の場合、初めてできた非自民連立政権の与党において、「小沢対反小沢」という対立軸が抜き差しならないものとなり、連立与党は分裂した。そして、小沢に反発した当時の社会党と新党さきがけが自民党と連立を組み、自民党の政権復帰に道を開いた。

今回、菅は「脱小沢」という政治姿勢を明確にした。そして、前年の総選挙で示したマニフェストの修正と現実的な政権運営を強調した。これに対して、小沢は菅について官僚の言いなりになったと批判し、マニフェストの遵守を主張した。九月一四日の選挙の結果、国会議員の支持は菅二〇六人、小沢二〇〇人と、ほぼ拮抗したが、菅は党員・サポーターや地方議員の票を大量に獲得し、大差で勝利した。

小沢が敗れれば、小沢グループの離党や政党再編という観測もあったが、代表選挙の後、民主党内には混乱は起こらなかった。自民党竹下派が小沢・羽田グループと小渕派に分裂した時と比べ、選挙制度や政治資金の仕組みが大きく異なっており、派閥の凝集力が低下していたことが、その理由であった。

菅は、代表選挙を乗り切ったが、その直後から多くの政権運営の難問に直面することとなった。外交面では、日中関係という難問が出現した。九月、中国漁船が尖閣諸島付近の領海に侵入し、船長が石垣海上保安部に逮捕されるという事件が起こった。中国政府はこれに抗議し、日中関係は急速に険悪化した。那覇地検はこの船長を処分保留で釈放したが、政府は検察の処分に関与していないと説明した。野党やメディアからは、弱腰外交という批判が噴出した。菅政権は、日中関係の再構築という新たな課題を背負うこととなった。

国内では、景気、雇用対策が喫緊の課題となった。財源難のもとで、政策立案は困難を極めた。また、ねじれ国会のもと、民主党単独で政策を実現することはできないため、菅は野党に協力を呼びかけた。政権交代からわずか一年で、民主党政権は新たな政権運営の手法を模索することとなった。

36　3・11の衝撃

大震災と大津波

二〇一一年三月一一日、午後二時四六分、宮城県沖を震源とするマグニチュード九・〇の地震が発生し、高さ一〇メートルを超える津波が北海道から千葉県までの太平洋岸を襲った。この地震は、一般に東日本大震災と呼ばれる。津波と地震は東日本各県に大きな被害をもたらし、死者、行方不明者は一万八千人以上にのぼる。また、避難生活の中で病気になるなどして亡くなった震災関連死を含めれば、犠牲者は二万二千人を超える。

巨大津波と激しい振動は、海沿いの都市を破壊し、交通網を寸断した。多数の生存者は避難所での生活を長期間余儀なくされた。また、電子部品、紙などの工業生産も停止し、日本経済全体に大きな打撃を与えた。また、物流の途絶は、直接的な被害の小さかった東京など大都市にもモノ不足をもたらし、原発の停止に伴う計画停電とも相まって、社会不安が高まった。

原発事故

この大震災は、国際原子力事象評価尺度で最も深刻なレベル7の原子力発電所事故をもたらした点でも、歴史に残る。福島県双葉郡大熊町の海岸に位置する東京電力福島第一原子力発電所も高さ一〇メートルを超える津波に襲われた。地震によって外部電源が遮断され、発電所内の非常用電源が作動したが、津波によって発電機が浸水し、原発は全電源喪失状態に陥った。地震の翌日の一二日、一・二・三号機は冷却システムの停止によって炉心溶融を起こした。また、一・三・四号機は炉心溶融の際に発生した水素が充満、爆発し、建屋が破壊された。

炉心溶融、水素爆発により極めて大量の放射性物質が大気中に放出された。特に、風の影響で原発の北西の地域に大量の放射性物質が降下したことにより、多数の住民が避難を余儀なくされた。当初、原発事故に関する情報提供は不十分で、放射性物質によって汚染された場所に避難した例もあった。政府のスポークスマンだった枝野幸男官房長官は連日記者会見を行い、状況の説明に当たっていたが、福島の住民に対する情報提供には不的確、不十分な面があった。

他方、東京電力の事故対応も極めて杜撰であった。過酷事故への対応についてマニュアルは役に立たず、訓練も行われていなかった。電源喪失後、電源車を現地に送ったが、プラグの形が異なり使用できないことも明らかになった。事故直後から東電本店と福島第一原発はテレビ会議システムでつながれ、東電は状況を把握していたが、政府に対しては官邸にいた東電幹部が携帯電話で聞いた情報を伝えただけであった。三月一五日、清水正孝社長は現場からの作業員の撤退を政府に伝えたが、菅は直ちに東電本社に行き、撤退はあり得ないと指示した。その後、政府は事故対策統合本部を東電本店に置き、そこで対策の立案が行われた。

この事故は、いわゆる原発の安全神話を打ち砕いた。地震や津波によって原発の冷却システムが破壊され、大事故につながる危険性について、震災以前から地震学者の指摘があり、国会でも野党議員が質問したことがあった。しかし、歴代の政府は原発には多重の安全確保の仕組みがあると主張して、特段の地震、津波の対策は取られなかった。それゆえ、原発事故の責任の所在をめぐる議論と、以後のエネルギー政策における原発の位置づけが重大な政治争点となった。

被害の救済　菅直人政権は、震災と原発事故の対応で忙殺、翻弄された。自然災害である地震、津波による物理的損害については、補正予算を組み、仮設住宅の建設やインフラの復旧が進んだ。この種の政策は政治争点とはならなかった。

それに対し、多分に人災の面を含む原発事故の処理、被害者に対する補償、エネルギー政策の再検討は、大きな政治争点となった。事故の被害は極めて広範囲にわたり、避難生活を余儀なくされ、農業などの生業を失ったという直接的被害に加え、避難指示区域以外の場所の住民の中にも自主避難を続け生活の基盤を失った者が多数存在した。また、賠償費用は加害者である東京電力という民間企業の負担能力をはるかに超えた。民主党内部からも専門家からも、東京電力を破綻処理し、国有化したうえで国の責任で補償を行うべきだという声が上がった。しかし、政府は東京電力の破綻処理を避け、原子力損害賠償支援機構を新設し、交付国債と政府保証融資によって同機構の資金を調達したうえで、東京電力の株式の取得と賠償資金の融資を行うという枠組みをつくった。

原発政策の転換

既存の原発の稼働を認めるかどうか、中期的なエネルギー政策の中で原発をどう位置付けるかも対立の焦点となった。震災前に菅政権はエネルギー源に占める原発の割合を五〇%に高めるというエネルギー基本計画をまとめ、原発輸出を成長戦略の柱に据えていた。しかし、菅は原発事故の衝撃で、原発政策を逆転させた。福島第一原発四号機は事故当時点検中で、使用済み燃料棒が冷却槽に保管されていた。この冷却が停止すればより大規模なメルトダウンが起こる可能性があり、冷却が維持されたのは幸運の所産であった。菅は東日本壊滅も覚悟したと後に語っている。この経験が、菅に脱原発を決意させた。

菅は、五月六日に、東海地震が起きた場合の津波対策が不十分であるという理由で、静岡県御前崎市にある中部電力浜岡原発の停止を要請した。これは法律の根拠のない政治的な要請であったが、中部電力はこれを受け入れた。

菅は、脱原発と並行して再生可能エネルギーの促進に力を入れた。ヨーロッパ諸国では風力、太陽光などの再生可能エネルギーを普及させるために、電気料金に少額の上乗せをして得られた資金によって、再生可能電力の買取価格を長期間固定して、投資を促進する固定価格買取制度が定着していた。菅政権は、この制度を日本でも導入する法案を震災直後に国会に提出し、八月に成立した。

大震災と原発事故は、一極集中と地方の衰弱、危険な施設を地方に押し付けて大都市がその恩恵だけを享受するという従来の日本の形に対する反省を促した。

菅政権の退陣

大震災の前から、政権運営は難航を極めていた。菅は政府、与党の要職を小沢に反対するグループで固め、民主党内での菅と小沢の対立は続いた。衆参ねじれ状況の中で、小沢一郎の政治資金問題などをめぐり、自民党からの攻撃は続いた。また、大震災への対応の混乱によって内閣支持率は低下し、四月に行われた統一地方選挙でも民主党は敗北し、政権は世論の批判にさらされた。

予算は衆議院の可決だけで成立したが、赤字国債の発行については根拠となる財政特例法を成立させることが必要であり、一一年度に入っても政権は同法案の衆議院通過を先送りした。菅は、消費税率引き上げを柱とする社会保障・税一体改革の原案を作成し、これについて自民、公明両党の協力を呼び掛けたが、両党は震災関連の政策以外には反対し、倒閣を目指した。民主党内では、菅が打ち出した消費税率引き上げに反対する小沢グループや鳩山由紀夫前首相の支持者による政権批判が続いた。

六月一日に、自民党、公明党などは、菅内閣不信任案を提出した。菅は、六月二日に、震災対策に「一定のめど」がついたら退陣すると述べて、党の分裂を回避しようとした。その採決には小沢をはじめ一五人の民主党議員が欠席、二人が賛成票を投じた。不信任案は否決されたものの、菅内閣の行き詰まりは明らかだった。

菅は「一定のめど」の具体的な内容を明らかにしようとしなかった。他方、震災対応のため補正予算の編成と財源確保のための財政特例法の成立が必要であり、民主党内だけでなく、野党の協力は不可欠であった。六月二八日の民主党両院議員総会に出席した菅は、第二次補正予算、財政特例法、固定価格買取制度の成立が一定のめどだと発言した。その後、野党はこの三件の成立を認める代わりに菅の退陣を求め、八月二六日、菅は正式に退陣を表明した。

37 政治刷新への幻滅

野田政権と一体改革

菅首相の退陣表明を受けて、二〇一一年八月二九日に民主党代表選挙が行われた。五人の立候補者の中で、第一回投票では小沢、鳩山の支援を受ける海江田万里が一位、野田佳彦が二位となった。過半数を得た候補者がいないため決戦投票が行われ、鹿野道彦、前原誠司らの支援を受けた野田が逆転勝利した。野田は、翌日首相に指名された。圧倒的な人気で誕生した民主党政権だったが、一年で二人の首相が退陣に追い込まれ、野田は三人目となった。

菅政権は六月三〇日に社会保障・税の一体改革の基本案を決定していた。その中では、高齢化の進行に伴う社会保障費の増加に備えるために消費税率を一〇%にすることが必要となると結論付けた。そして、実施時期は二〇一〇年代半ばまでとあいまいにしつつ、一一年度中に「必要な法制上の措置を講じる」とした。政権交代選挙において民主党は、政権任期中の増税を否定していたため、消費税率引き上げは党内で厳しい対立を招いた。代表選挙における野田と小沢グループの対立は激化した。

野田は、菅が打ち出した消費税率引き上げを中心とする一体改革と経済成長戦略の路線を引き継いだ。就任直後九月に行った最初の所信表明演説では、消費税率を一〇%に引き上げる法案を一二年の通常国会に提出することを宣言した。政府与党では予算編成と並行して一体改革の内容の議論が進められた。社会保障の当然増のカバーだけでなく、低所得者の基礎年金の加算、年金受給資格期間を二五年から一〇年に短縮するなどの強化措置を盛り込む一方で、消費税率を一四年四月に八%に、一五年一〇月に一〇%に引き上げるという一体改革案をまとめ、民主党内の激しい論争を経て一二年一月六日に素案が決定された。一二月末には増税に反対する九人の衆議院議員が離党し、民主党の混迷は深まった。

参議院のねじれに加え、民主党内からの造反の可能性が大きいこともあり、野田は、一二年の通常国会の運営の傍ら、一体改革について自民、公明両党との協議を進めた。三党合意による一体改革関連法案は六月二六日衆議院で可決されたが、小沢グループを中心に五七人が反対、一六人が欠席・棄権した。八月一〇日には参議院で可決され、成立した。これにより、消費税率を二段階で一〇％に引き上げることが決まった一方、従来の年金、医療、介護の社会保障三経費に加え、子ども・子育て支援が社会保障に組み込まれた。増税に反対する小沢はグループの議員と離党し、「国民の生活が第一」を結成した。

一体改革という掛け声にもかかわらず、増税分がすべて社会保障を通して国民に還元されるわけではなかった。政府の説明によれば、税率一〇％の時の増収分一四兆円のうち、社会保障拡充に使われるのは二・八兆円で、七・三兆円が財政赤字の削減のために使われるとされた。震災後のデフレ状況の中で国民負担を増やすべきではないという反対派の主張にも理由はあった。

原発再稼働

福島第一原発の事故以降、すべての原発は一旦停止された。日本の電力需要は原発なしでは賄えないというのが原発を正当化する一つの根拠だったが、一一年の夏を日本は原発なしでのりきった。原発事故の衝撃、安全性に対する根本的な疑問、生活を奪われた被害者に対する共感などから、原発廃止を求める世論が高まった。原発事故の前にも反対運動は存在したが、参加者の範囲は反核、平和運動と重なった部分が大きく、広がりはなかった。事故後は、事故がもたらす放射能汚染が生命、健康への脅威であると感じる人が増え、一般市民がデモや集会に参加するようになった。

電力会社は、コストの高い火力発電の比率を減らし、原発再稼働を求めていた。しかし、原発の稼働再開に対しては世論の反対に加え、地元自治体を中心に不安の声が強く、菅政権は、原子炉の安全性を再確認するためにストレステストを実施させた。原発への依存度が最も高い関西電力は、福井県の大飯原発の再稼働を急いだ。一二年二月一三日には、国の原子力安全・保安院は関西電力が提出したストレステストの報告書を妥当と評価した。

これを受け、野田首相、枝野幸男経産大臣、細野豪志原発事故担当大臣、藤村修官房長官が協議を重ね、四月一三日、再稼働を認めることを決めた。この決定に対して、広範な反対運動が盛り上がった。五月からは毎週金曜日に首相官邸前で脱原発を求める集会が開催されるようになり、官邸周辺の歩道を人が埋め尽くすという事態が繰り返された。これは、公安委員会の許可を必要とする車道を歩く示威行進ではなく、歩道上で人が声を出すという新しい運動の形態であった。

反対運動にもかかわらず、七月一日に大飯原発は再起動した。民主党政権の内部では、脱原発を明確にすべきだというグループと、原発の持続を求める電力・電機業界の労働組合の支持を受けたグループの対立が深刻化した。野田政権は関係閣僚によるエネルギー・環境会議を設置し、中長期的なエネルギー政策の検討を進めた。そして、九月一四日に、「二〇三〇年代に原発稼働ゼロを可能とするよう、あらゆる政策資源を投入する」という基本方針を定め、四〇年廃炉ルールの厳格適用、原子力規制委員会が安全を確認した原発のみ再稼働、新増設はしない、という三原則を中心とする「革新的エネルギー・環境戦略」を策定した。これは両派の主張を折衷したもので、脱原発の運動からは批判が出た。他方で、推進派の議員とその背後にいる電力・電機関係の労組も二〇三〇年代に原発ゼロを目指すことを承認した点は大きな変化であった。

尖閣問題と野党

一二年夏、野田政権は尖閣諸島の領有をめぐって、対中国外交に苦慮していた。四月に石原慎太郎東京都知事が尖閣諸島を東京都が買収する意向を表明し、そのための募金を開始した。七月までに一三億円が集まり、石原の反中ナショナリズムは一定の支持を得た。しかし、東京都が買収した場合、石原は尖閣諸島に実効支配を示す港湾施設を建設する構想を明らかにし、それが実現すれば尖閣諸島の現状を大きく変更することになり、日中関係の危機がエスカレートすることは必至だった。野田政権は東京都による買収を阻止するために、七月七日に尖閣諸島の国有化を宣言した。しかし、この措置は中国の激しい反発を招き、日中関係は険悪化した。八月には、韓国の李明博大統領が竹島に上陸した。野田政権は領土問題で弱腰という批判を浴びた。

政権交代から三年が経過し、民主党は内紛と震災・原発事故への対応の遅れで、国民の支持を失っていた。自民党は九月二六日に総裁選挙を行った。現職の谷垣禎一は出馬を見送り、五人の候補者で総裁の座を争った。一回目の投票では、党員票で他を圧倒した石破茂が一位となったが、国会議員のみで行う決選投票で安倍晋三が逆転勝利した。また、九月二八日に大阪市長の橋下徹を代表とする日本維新の会が結成され、総選挙に向けて民主党に対決する野党の態勢が整備された。

「自爆解散」　野田は、八月八日、社会保障・税一体改革法案の成立のために谷垣禎一自民党総裁、山口那津男公明党代表と会談し、一体改革が成立したら近いうちに国民の信を問うと発言し、解散総選挙への流れが強まった。野田は一一月一四日の安倍自民党総裁らとの党首討論において、衆議院の定数削減を提案し、一六日に衆議院を解散することを表明した。一二月一六日に総選挙の投票が行われることとなった。小沢一郎は野田政権に反発する議員を集め、嘉田由紀子滋賀県知事を代表とする「日本未来の党」を結成して総選挙に臨んだ。

民主党系が大分裂した結果、民主党は選挙前の二三〇議席から五七議席へと激減した。日本未来の党も、選挙前の六一議席から九議席へとなり、小沢の仕掛けは失敗に終わった。自民党は二九四議席と大勝し、公明党との連立によって安倍晋三が再び首相に就任することとなった。また、石原慎太郎も合流した日本維新の会は選挙前の一一議席から五四議席へと躍進した。こうして、三年三カ月にわたる民主党政権は、惨憺たる崩壊を迎えた。

38　史上最長政権の構図

二〇一二年一二月二六日、特別国会が開かれ、安倍晋三が首相に指名された。〇七年九月に退陣して以来、五年ぶりの再登板となった。安倍は最初の政権の失敗と民主党政権の失敗を教訓に、政権構想と政策を立案、推進するための陣容を準備していた。その意味で、第二次安倍政権は〇九年の民主党政権よりも本格的な政権交代を実現したということができる。

安定政権への戦略

安倍は憲法改正という自身のライフワークを政策の先頭に出すのではなく、経済刺激によって国民の支持を勝ち取り、安定政権を築くことを政権戦略とした。そして、デフレ脱却を最大の公約とし、のちにアベノミクスと呼ばれる経済政策を展開した。景気循環を振り返ると、一二年一〇～一一月が景気の底で、以後景気は回復していった。安倍政権は絶好の経済環境の中で発足したことになる。

安倍政権の経済政策を献策したのは、積極的な通貨の発行により景気拡大を目指すリフレ派と呼ばれる学者、エコノミストで、浜田宏一(東京大学名誉教授)、本田悦郎(元大蔵官僚)、岩田規久男(学習院大学名誉教授)などであった。アベノミクスは、①金融緩和、②公共投資、③成長戦略の「三本の矢」からなるとされた。

「異次元金融緩和」

この中で最も見えやすく、具体的な結果をもたらしたのは金融政策の転換であった。総選挙に際して二%の物価上昇を実現するまで無制限の金融緩和を実施すべき(インフレターゲット論)という政策を打ち出した安倍は、白川方明総裁の下で物価目標を設定することに慎重な姿勢を取っていた当時の日本銀行を批判した。そして、政治主導で総裁人事を行えるようにするため、独立性を保障した日銀法の改正にまで言及していた。

政権発足直後の一三年一月二二日、政府と日銀は合意を結び、従来の「物価安定の目途一%」を改め、「物価安定の目標二%」とする新たな金融政策を採用した。白川は同年四月の任期切れを待たず、二人の副総裁の任期切れに合わせて、三月に退任した。安倍は後任に、自らのブレーンでもある黒田東彦(元財務省財務官)を据え、日銀に対する政府の統制を強めた。

黒田体制の下で日銀は「異次元金融緩和」を進めた。国債やETF(株価指数連動型上場投資信託)の買い入れを大幅に増やし、金融機関の保有資金残高(マネタリーベース)を一二年末の一三八兆円から一三年末に二〇〇兆円、一四年末に二七〇兆円に増やすことを目標に掲げた。その後、一八年末には五〇四兆円に達した。

この金融緩和は円安を招いた。ドル円レートは、一三年一月の一ドル=八六円から同年末には一ドル=一〇五円にまで円安となった。これは輸出企業に大きな利益を与え、株価の上昇をもたらした。日経平均株価は、衆議院が解散された一二年一一月の八九四六円から一三年末には一万六二九一円に上昇した。

公共投資と開発ブーム

第二の矢である公共投資についても、一二年度補正予算で一〇兆円の公共投資の上乗せが行われた。さらに一三年度には九二・六兆円(うち公共投資五・三兆円)の当初予算に加え、公共投資を中心とする五・五兆円の補正予算が組まれ、一三年のGDP成長率は二・〇%に押し上げられた。一三年九月には、IOC(国際オリンピック委員会)の総会で、二〇二〇年に東京でオリンピック、パラリンピックを開催することが決まり、東京を中心とする開発ブームが盛り上がった。その後、第二の矢は一三年度限りで打ち切られ、一四年度以降、公共投資額はほぼ横ばいとなった。

アベノミクスの恩恵が均等に及んでいないことも事実であった。安倍は経済界に対して賃金引き上げを要請するという異例の行動をとった。しかし、消費増税が実行された中で、実質賃金はほとんど伸びなかった。一二年と一七年を比べると、企業の経常利益は七三%、株式配当は六六%も増えたのに対して、人件費は五%しか増えなかった。また、社会保障分野の多くの分野では、七〇から七四歳の医療費窓口負担を二割に引き上げる、年間所得一六〇万円以上の人について介護サービスの負担を二割に引き上げるなど、個人負担の増加が実行された。

第一と第二の矢は一定の効果を上げ、株を持つ富裕層を中心に社会には好況感が広がった。一三年七月の参議院選挙で、自民党は六五議席を得て三一議席の大幅増を達成し、公明党と合わせて過半数を確保し、ねじれ状態を解消した。民主党は一七議席にとどまり、前年の衆院選以来の後退が続いた。

アベノミクス解散

一四年四月には、民主党政権時代の社会保障・税一体改革に基づいて、消費税率が五％から八％に引き上げられた。さらに一五年一〇月から一〇％に引き上げられることが決まっていたが、安倍は、消費増税を一七年四月に延期することを表明し、その是非を国民に問うためと称して、一四年一一月二一日に衆議院を解散し、一二月一四日に総選挙を実施した（安倍は一六年六月に一〇％への引き上げを一九年一〇月に再延期することを決めた）。

この選挙は前回の選挙から二年しかたっていない時点で行われ、増税延期の是非という争点も分かりにくく、投票率は五二・六％にとどまった。そして、自民党は前回獲得議席より四議席少ないだけの二九一議席を得て、公明党の三五議席と合わせて衆議院の三分の二を超え、圧勝した。経済政策を中心に堅実な政権運営を続ける安倍首相を国民は信任したことになる。民主党は一〇議席増の七三議席を得たが、政権崩壊後の低迷を抜け出すまでには至らなかった。

安倍が消費増税の延期を決断したのは、政府内における財務省と経産省の対立があり、財政再建を優先する財務省よりも、景気回復を推進する経産省の路線を選んだためであった。一四年の増税は安倍にとっては所与の前提であったが、軌道に乗っていた景気拡大策を挫折させることを嫌って、自分の手で増税延期を決めた。これによって、政権基盤はさらに強化された。そして、首相秘書官や内閣官房、内閣府の主要なポストにも経産省の官僚が充てられ、経済政策の立案を支えていった。また一四年五月には内閣人事局が発足し、幹部公務員の人事を一元的に管理することとされた。これにより、各省のエリート官僚に対する首相、官房長官の影響力が強まった。

成長戦略

成長戦略で最も早く具体化したのは、法人税減税であった。一四年度に二五・五%だった法人税率(大企業向け基本税率)は一八年度には二三・二%に引き下げられた。また、外国人観光客(インバウンド)を増やすため、ビザの緩和などの奨励策が取られ、円安の影響もあり訪日外国人旅行者の数は一二年の八三六万人から一五年は一九七〇万人、一九年には三一九〇万人へと急増した。そして、外国人観光客の消費金額も、一三年の一・四兆円から一九年には四・八兆円へと増加した。中国人観光客による大量の買い物が話題となった。また、民主党政権時代に提起されたTPP(環太平洋経済連携協定)の締結を推進することも成長戦略の柱とされた。

「一億総活躍社会」

安倍は、一五年九月の自民党総裁選挙で再選を果たした直後に、同年からの三年間をアベノミクス第二ステージと名付け、「一億総活躍社会」を目指すと述べた。

このスローガンは、第一次安倍政権における「再チャレンジ」の政策を引き継ぐものであった。規制緩和路線がもたらした競争社会で敗れた人々に社会参画の機会を与え、平等をある程度進めることに、安倍首相は関心を持っていた。

そして、①希望を生み出す強い経済(GDP六〇〇兆円を目指す)、②夢をつむぐ子育て支援(希望出生率一・八を目指す)、③安心につながる社会保障(介護離職ゼロを目指す)の三項目を「新三本の矢」と名付けた。さらに、一六年八月には「働き方改革」を打ち出し、担当大臣と働き方改革実現会議が設置された。

保育や介護などの供給体制の充実や労働時間短縮によるワークライフバランスの回復は、従来、進歩派が主張してきた政策だったが、安倍はそれらを政権の公約に取り込んだ。伝統的な保守派に加えて、中間層を支持基盤に組み込むという戦略がアベノミクスにも反映された。しかし、新三本の矢で示された目標は、いわば矢が目指すべき的であり、矢そのもの、つまり具体的な政策手段が何であるかは明確にはならなかった。

メディア統制

安倍政権は、テレビや新聞などのマスメディアに対する統制を強めた。一四年一月、籾井勝人NHK会長は就任直後の記者会見で、「(国際放送について)政府が右というものを我々は左というわけにいかない」と発言し、NHKの報道姿勢についての疑問を招いた。自民党は一四年一一月、衆議院選挙を前にNHKと在京キー局の編成・報道幹部宛てに「選挙報道の公平中立と公正を確保するよう」要請する文書を個別に渡した。放送局を監督する権限を持っているのは総務省であり、一政党がこのような要請を出したのは異例だったが、テレビの報道姿勢に影響を与えた。民間放送のワイドショーでこの総選挙を取り上げた時間の長さは、前回よりも短くなった。

また、一六年二月には、高市早苗総務相が衆議院予算委員会で、放送法第四条に定められている「政治的公平」などの原則に沿って番組が放送されているかの判断は総務大臣が行い、放送局が放送法を守らないことが何度も続けば、電波法に基づく「停波の可能性がないわけではない」と述べた。その直後の年度末で、民放やNHKの番組で政府の政策に対して批判的なコメントもしてきたキャスターやコメンテーターが相次いで降板した。新聞、放送の経営幹部と安倍首相がしばしば会食するようになったことも、安倍政権のメディア対応の特徴であった。

新聞界では、朝日、毎日、東京が安倍政権批判、読売、産経が安倍政権擁護の姿勢を取り、二極化が進んだ。一四年に朝日新聞は従軍慰安婦問題や福島第一原発事故に関する吉田昌郎所長の証言に関する報道で誤報があったことを謝罪した。このことは同紙の権力監視機能を損なった。国境なき記者団が発表する「報道の自由度ランキング」で、日本は一〇年に一一位だったが、一六年には七二位と大きく後退した。

また一七年六月、指定された犯罪について共謀だけで処罰する組織犯罪処罰法改正案を成立させた。これに対しても、法律家や学者から人権侵害のおそれが強いという批判がある。

39　安全保障政策の転換

景気回復を売り物にする一方で、安倍政権は憲法やこれに関連する政策についても、持論を実現する動きを始めた。二〇一二年に起草された自民党の憲法改正草案では、憲法改正手続きを規定した九六条を改正し、国会の単純過半数で憲法改正を発議できるようにすることが提起された。安倍もこの案を取り上げ、一二年一二月の政権交代以来、記者会見や国会答弁でしばしば九六条先行改正論を述べた。国会の三分の一の反対によって憲法改正ができないのは民主主義的ではないというのが、その言い分であった。これに対しては、公明党が慎重姿勢を示し、憲法学者からは九六条改正は「裏口入学」という批判が浴びせられた。世論の強い反対を見て、安倍はこの案を取り下げた。

九六条改正案と特定秘密保護法

一三年一二月には、特定秘密保護法を成立させた。この法律は、安全保障に関する重要事項について政府が特定秘密に指定し、それを漏洩、あるいは取得した者に対して一〇年以下の懲役などの重い刑事罰を科すという内容であった。国民の知る権利や報道の自由を侵害する恐れがあるとして、野党は強く反対したが、それを押し切った形となった。

内閣法制局の制圧

安倍は、政権発足直後に休止状態だった「安全保障の法的基盤の再構築に関する懇談会(安保法制懇)」を再開し、集団的自衛権の行使容認に向けた動きを開始した。その最初の関門は、従来、集団的自衛権の行使は憲法九条に違反するという見解を保持してきた内閣法制局に方針転換を求めることであった。一三年八月には、山本庸幸法制局長官を最高裁判事に起用した後の空席に、外務省出身の小松一郎を据えた。法制局長官は次長が昇進するのが慣例であり、極めて異例の人事であった。この人事は、集団的自衛権に関する内閣法制局の見解を変更するための第一歩であった。

一四年五月には、安保法制懇が集団的自衛権の行使を可能にすべきとの提言を提出した。この月、小松は病気のため長官を辞職し、後任には横畠裕介次長が昇任した。横畠は小松の路線を引き継ぎ、憲法解釈の変更を正当化した。人事権を通して、内閣が内閣法制局を制圧したということができる。こうして七月一日、集団的自衛権行使容認の閣議決定が行われた。これは、行政府の解釈によって実質的に憲法改正を行ったという批判を学界やメディアから招いた。

安全保障法制と政治対立

政府は、一五年の通常国会に集団的自衛権の行使を可能にする安全保障法制を提出した。この法案は、「我が国に対する武力攻撃が発生した場合のみならず、我が国と密接な関係にある他国に対する武力攻撃が発生し、これにより我が国の存立が脅かされ、国民の生命、自由及び幸福追求の権利が根底から覆される明白な危険がある場合において、これを排除し、我が国の存立を全うし、国民を守るために他に適当な手段がないときに、必要最小限度の実力を行使することは、従来の政府見解の基本的な論理に基づく自衛のための措置として、憲法上許容される」という前年七月の閣議決定を法文化したものであった。

政府は、中国の軍拡や北朝鮮の核・ミサイル開発を念頭において、日本を取り巻く安全保障環境が厳しさを増していることを強調し、主として米国を想定して日本と密接な関係にある国との防衛面での協力を一層強化することが日本の安全に必要と主張した。そして、新たな防衛政策を「積極的平和主義」と呼んだ。

最大野党の民主党の中には、集団的自衛権行使を必要だと考える議員も存在した。岡田克也代表は、集団的自衛権行使は憲法違反という見解を取り、民主党は法案に明確に反対した。そして、共産党、社会民主党、自由党とともに国会内で反対の論陣を張った。

六月四日に開かれた衆議院憲法審査会に参考人として招致された憲法学者三人が安保法制は憲法違反と発言し、反対論はにわかに盛り上がった。その主要な論点は、専守防衛という原理で憲法九条に適合すると説明されてきた自衛隊が、同盟関係にある他国の防衛のために実力行使をすることは許されないということであった。山口繁元最高裁長官をはじめとする最高裁判事経験者、歴代の内閣法制局長官、さらに河野洋平、古賀誠、野中広務、山崎拓などの自民党の元有力議員が反対意見を表明したことも、世論に影響を与えた。国会周辺や各地では頻繁に抗議の集会が開かれた。とくに、大学生がＳＥＡＬＤｓ（自由と民主主義のための学生緊急行動）という団体を立ち上げ、ソーシャルメディアを通した新しい運動手法で注目を集めた。運動の中では、「立憲主義」という古風な言葉が反対運動の根拠となり、その広がりは、六〇年安保以来とも言われた。

七月の共同通信世論調査では、内閣支持率は三七・七％となり、前月の四七・四％から大幅に下落し、逆に不支持は五一・六％と前月の四三・〇％から大きく上昇した。他の新聞、テレビの調査でも支持と不支持が逆転した。このように、国民の多くは憲法九条を実質的に変えることに対して、大きな疑問を持っていた。

しかし、九月一九日未明、安保法制は参議院で可決され、成立した。ただし、この反対運動の経験は野党や市民運動の形に大きな影響を与えることとなる。

野党協力の深まり

安保法制反対運動に参加した市民は、国会の外で大衆運動を続けても、国会の中における与党の圧倒的な数の前には無力であるという現実を見せつけられた。また、安保法制の次に安倍政権は憲法改正の発議に取り掛かるかもしれないという危惧があった。そこで、運動が終わった後も、翌一六年に予定されていた参議院選挙を目指して、特に一人区における野党の協力により立憲主義勢力を増やすという選挙を志向する運動が現れた。

定数一の選挙区で野党候補が複数立てば、自民党が漁夫の利を得るのは必然だったからである。

安保法制反対運動の中心だった学者、労働組合、ＳＥＡＬＤｓ、女性団体は一五年一二月に、安保法制の廃止と立憲主義の回復を求める市民連合を結成し、野党に対して選挙協力を進めるよう働きかけを行った。共産党の志位和夫委員長は安保法制成立直後に、立憲主義を守る野党が協力し、国民連合政府を樹立しようと訴えていたので、選挙協力には基本的に前向きであった。しかし、民主党との協力には難問があった。党内には共産党との協力に反対する議員が存在し、さらに民主党を支援する連合は共産党との提携に絶対反対であった。

一六年四月に、衆議院北海道五区で補欠選挙が行われた。これは、町村信孝元衆議院議長の死去に伴う選挙で、自民党が楽勝するはずであった。しかし、民進党(二月に民主党と維新の党の一部が合併)系の女性候補が野党統一候補として立候補し、接戦を演じた。共産党も力を入れて支援し、野党協力の効果が確認された。

七月の参議院選挙では、三二の一人区のすべてで野党統一候補が擁立されることになった。これは戦後の選挙でも初めてのことであった。この選挙では、自民党が五六議席を獲得し、非改選の六五議席と合わせて参議院のちょうど半数を占めた。公明党も選挙区で全勝し、一四議席を得た。その結果、与党と憲法改正に積極的な野党、無所属の議員を合わせると参議院でも三分の二を超えることとなった。野党側は、三二の一人区のうち東北、甲信越を中心とする一一県で勝利し、選挙協力が一定の成果を上げた。この経験から、衆議院の小選挙区と参議院の一人区という一つの議席を争う選挙においては、野党が候補者を一本化すべきという声が野党支持者の間で強まった。

天皇の生前退位

一六年七月一三日、NHKニュースは明仁天皇が退位を検討していると報じた。そして、八月八日にはテレビを通してビデオメッセージが放映され、加齢による体力の衰えから天皇の座から退く意向を示した。皇室典範では天皇の即位は前天皇の死去の際にのみ行われることとなっており、明仁天皇のメッセージはこの制度の改正を求めるものであった。象徴天皇は国政に関する権能を有していないはずだが、新たな制度対応を求めるこの異例なメッセージは、大きな反響を呼んだ。

明仁天皇は、年頭のメッセージや戦没者追悼式典などで、戦後日本の平和国家としての歩みを称賛し、憲法を擁護することの重要性を説いていたことから、安倍政権との緊張関係が存在したと言われる。また明仁天皇と美智子皇后はアジア太平洋戦争について国策の誤まりと批判する歴史家・学者を招いて度々懇談の機会を持ち、安倍とは対極の歴史観を持っていることをうかがわせた。

政府は、九月に「天皇の公務の負担軽減等に関する有識者会議」を設置し、退位制度について検討を始めた。翌年、「天皇の退位等に関する皇室典範特例法」が制定された。退位については、皇室典範の改正による一般的規定を設けるのではなく、明仁天皇の退位のみを根拠づけるための特別法という形をとった。そして、一九年四月三〇日に退位することとなった。

40　長期政権の終わり

積極外交

二〇一六年は、六月にイギリスでEU離脱(ブレグジット)が国民投票で承認され、一一月にはアメリカ大統領選挙でドナルド・トランプが事前の世論調査の予想を覆して勝利した。ブレグジット運動やトランプは、ソーシャルメディアを通して虚偽の情報を流布し、人々の感情を刺激して大きな支持を集めた。民主主義の発祥の地であるはずの英米においてデマゴーグの手法が威力を発揮したことで、民主主義に対する懐疑論が世界的に広がった。

日本の場合、安倍政権について英米の民主主義の衰滅と同様の現象と見るか、世界の中でも最も安定した自由民主主義の政権と見るかで、評価は分かれた。後者の見解は、主として安倍の外交面での活躍に基づいていた。安倍は「地球儀を俯瞰する外交」を唱え、歴代首相最多の外国を訪問し、途上国への支援を打ち出した。特にトランプ政権のアメリカ、中国、ロシアという大国をも相手に、積極的な外交を展開した。ロシアとの間ではプーチン大統領と会談を重ね、北方領土問題について、実質的に歯舞、色丹の二島先行返還で解決することを目指した。

これに対して、プーチンは北方領土の実効支配を強化している、アメリカとの関係では戦闘機やミサイル迎撃システムなどの高額な防衛装備を購入するなど一方的な譲歩を行っている、韓国との関係はかつてないほど悪化しているという批判もあった。

相次ぐ疑惑

一七年に入ると安倍政権は政治倫理上の疑惑について批判を浴び、窮地に立たされた。二月、大阪府豊中市の国有地が学校法人森友学園の新設小学校の用地として大幅に値引きされて売却された疑惑が明らかになった。同学園の理事長は安倍の支持者で、安倍昭恵夫人を名誉校長に迎えていた。安倍は衆議院予算委員会で、「私や妻が関わっていたら、首相も政治家も辞める」と疑惑を否定する発言をした。

しかし、政府は国有地の値引きの根拠を示すことはなかった。また、安倍答弁を受けて、売却の実務を担当した財務省近畿財務局で、売却に安倍昭恵が関与したことを記した公文書が改竄されたことが翌年三月に明らかになった。さらに、同じ時期、この改竄の作業を命じられた財務省職員が自殺した。

もう一つの疑惑は、安倍の友人である加計孝太郎が理事長を務める加計学園に獣医学部設置を認可したことである。一九六六年以来獣医学部の新設は認可されてこなかった。この方針を覆し、国家戦略特区という枠組みを使って、愛媛県今治市に獣医学部の新設が認可された。同じく獣医学部新設を希望した京都産業大学の申請が却下された一方、今治市の特区申請の手続きには政府が便宜を図った理由について、追及が続いた。

これらの疑惑は政権支持率の低下をもたらし、七月には支持と不支持が逆転した。七月二日に行われた東京都議会選挙では、小池百合子知事が作った都民ファーストの会が第一党に躍進し、自民党は三四議席減の二三議席(公明党と同数)と史上最低を記録した。安倍政権は発足以来の危機に直面した。

「国難突破解散」

一七年八月二九日早朝、北朝鮮は日本上空を通過するミサイルを発射した。政府は、北関東、信越、東北、北海道に全国瞬時警報システム(Jアラート)を発動し、交通機関が一時停止するなどの影響があった。北朝鮮の脅威は、安倍政権に対する支持を取り戻す契機となった。また、都議会選挙における小池の成功を見て、最大野党民進党では共産党を含む野党共闘路線ではなく、より保守的な小池との提携を目指して離党する者が相次いだ。

安倍はこのような情勢を見て、反転攻勢を決意し、九月二三日、党幹部に二八日に衆議院を解散する決意を伝えた。二五日に安倍は記者会見でこれを「国難突破解散」と呼んだ。

民進党の分裂

解散の動きを見て、野党陣営では前年の参院選同様、小選挙区における候補者一本化を図る動きが始まった。二五日、小池が希望の党を結成し、二六日には前原誠司民進党代表と小池が会談した。そして、二八日の解散直後、民進党は希望の党に合流して総選挙を戦うという方針を決定した。しかし、二九日、小池は記者会見で、集団的自衛権や憲法改正に反対するものは排除すると発言し、野党陣営の様相は一変した。安保法制に反対してきた枝野幸男などのリベラル派は、立憲民主党を結成した。保守二党路線とリベラル野党路線が分裂した形となった。

この選挙は、自民・公明の与党ブロック、希望の党という保守野党、立憲民主党、共産党、社民党のリベラル野党ブロックの三つ巴の戦いとなった。野党陣営が大きく分裂したことで自民党が漁夫の利を得て、二八四議席と現状維持を果たした。都議会選挙でブームを起こした小池は排除発言で批判を浴び、自ら出馬しなかったこともあり、希望の党は五〇議席にとどまった。立憲民主党は公示直前の結成にもかかわらず、小選挙区における共産党との候補者調整の効果もあり、五五議席、比例代表で一一〇〇万票を獲得するという躍進を遂げた。安倍は政権発足以来最大の危機をしのぎ、野党陣営の混迷が深まるという結果になった。

野党側では、一八年五月、旧民進党の議員が希望の党を離れ、参議院の民進党議員と新たに国民民主党を結成した。しかし、野田、岡田などの有力議員が参加せず、野党第二党にとどまった。

最長政権へ

自民党では、一七年三月に党則改正により総裁の連続三選が可能となったことを受け、一八年九月の総裁選挙で安倍と石破茂が争った。石破は地方の一般党員の投票では安倍を上回ったが、国会議員票で安倍が圧倒し、三選を果たした。これにより、安倍政権が近代日本最長の政権となる道が開かれた。

安倍は順調な政権運営を続け、一九年五月一日に徳仁が天皇に即位し、令和と改元された。新元号の出典について、安倍は漢籍ではなく日本の古典に求めることを求め、万葉集収録の和歌の序文をもとにした令和が採用された。

一九年七月の参院選では、三年前と同様に一人区での野党候補の一本化が実現し、一〇選挙区で勝利した。また、山本太郎が結成した新党、れいわ新選組が比例代表で二議席獲得した。立憲民主党が野党第一党の地位を固め、自民党は参議院における単独過半数を失い、改憲勢力も三分の二を下回った。

新型コロナ危機

一九年一一月、中国武漢市で新型コロナウイルスによる肺炎が発生し、二〇年に入って中国全土、更に全世界に広がった。一月にＷＨＯ(世界保健機構)は、緊急事態に認定し、各国に警戒と対応を呼び掛けた。欧米では流行が早く、都市封鎖、外出禁止など対策が取られた。日本では、二月初めに横浜港に寄港したクルーズ船内で多くの日本人を含む乗客の間で、さらに二月後半から全国に感染が広がった。安倍首相は二月二七日に全国の小中高校を春休みまで一斉に休校するよう要請した。その後も感染は広がり、四月一六日には全国で緊急事態宣言が出され、五月二五日まで続いた。日本では欧米のような都市封鎖は行われなかったが、厳しい外出制限が要請され、小売、交通、サービスなどの分野で甚大な打撃が発生した。

二、三月の初動の対応が遅れたのは、四月の習近平中国主席の来日や七月以降のオリンピック、パラリンピックを予定通り開催することに政府がこだわっていたことも一つの理由であった。オリンピックは一年延期、習近平来日は中止され、政府は感染の現状に関する厳しい見通しを国民に知らせることとなった。

コロナ危機の経済的打撃に対して、政府は雇用や中小企業の事業継続のために各種の補助金を打ち出した。また、外国人を含む全住民に対し一人一〇万円の定額給付金も支給された。しかし、首相の発案で全世帯に布マスクを二枚ずつ配布する、第二波の流行が憂慮される中で旅行や外食を促進するための補助制度を立案するなど、対策の不徹底さも明らかになった。安倍政権の対応については不満が広がり、内閣支持率は春以降低下し、不支持が上回るようになった。

一九年一一月、政府主催の「桜を見る会」に安倍の地元支持者が多数招待され、支持者を集めた宴会が開かれた際、安倍事務所が関与したにもかかわらず、必要な会計報告が行われていないという疑惑がもちあがった。のちに安倍の秘書が政治資金規正法違反で有罪となった。

こうした批判の中で安倍は八月二四日に、大叔父の佐藤栄作が持つ連続在職日数を超えた。しかし、その直後の二八日の記者会見で健康不安を理由に首相を辞任することを表明した。七年八ヵ月に及ぶ長期政権の功罪については肯定、否定の両面の議論がある。大きな特徴の一つは、長期政権の継続が官僚機構やマスメディアで自明の前提となり、首相官邸、内閣官房の中枢統制機能が強まったことである。主要な政策や人事は官邸主導で打ち出されるようになった。それは九〇年代の政治、行政の制度改革が目指した集権的政府の実現であった。

退陣

安倍退陣を受けて九月一四日、自民党では総裁選挙が行われ、石破茂、岸田文雄、菅義偉の三人の戦いの結果、主要な派閥の支持を得た菅が圧勝、九月一六日、首相の座についた。

〈データ〉
国会議員選挙の結果

衆議院議員総選挙・基本数字(率は %)

〔0=22 回〕　　(1946. 4. 10)

	議席数			議席率	得票数	得票率	
	候補	当選	率			相対率	絶対率
自由	485	140	28.9	30.2	13,505,746	24.36	15.43
事後変化					+576,829		
計		148		31.8	14,082,575	25.40	16.10
進歩	376	94	25.0	20.3	10,350,530	18.67	11.83
事後変化					+882,080		
計		110		23.6	11,232,610	20.26	12.84
協同(協民)	92	14	15.2	3.0	1,799,764	3.25	2.06
事後変化					+1,685,125		
計		45		9.7	3,484,889	6.28	3.98
国民	—	—	—	—	——	—	—
事後変化							
計		33	—	7.1	2,183,014	3.94	2.50
選挙　小計	953	248	26.0	53.4	25,656,040	46.27	29.32
変化後小計		336		72.1	30,983,088	55.88	35.41
社会	331	93	28.1	20.0	9,924,930	17.90	11.34
事後変化					+144,977		
計		96		20.6	10,069,907	18.16	11.51
共産	143	5	3.5	1.1	2,135,757	3.85	2.44
事後変化							
計		6		1.3	2,135,757	3.85	2.44
選挙　小計	474	98	20.7	21.1	12,060,687	21.75	13.79
変化後小計		102		21.9	12,205,664	22.01	13.95
諸派	570	38	6.7	8.2	6,488,032	11.70	7.42
事後変化					−1,978,689		
計		0		0.0	4,509,343	8.13	5.15
無所属	773	80	10.3	17.2	11,244,120	20.28	12.85
事後変化					−3,493,336		
計		28		6.0	7,750,784	13.98	8.86
総計	2770	464	16.8	100.0	55,448,879	100.00	63.38
投票率							72.08
棄権・無効					32,040,613		36.62
当日有権者					36,878,417 人 →87,489,492 票		
与党	自由 142+進歩 97=239; 51.3% (1946. 5. 16 第 90 帝国議会召集日)						

備考) 1. このほか，再選挙で自由，社会に各 1 人の当選者があるが，この選挙結果の数には含まれない.

2. 選挙後に追放等での異動が多かったため，この回に限り「変化後」(「計」の欄)は最初の議会召集日でなく，会期最終日の 46 年 10 月

〔I＝23 回〕　　(1947. 4. 25)

	議席数			議席率	得票数	得票率	
	候補	当選	率			相対率	絶対率
自由	326	131	40.2	28.1	7,312,524	26.73	17.88
事後変化		-5+3			−49,181		
計		129		27.7	7,263,343	26.55	17.76
民主	350	124	35.4	26.6	6,960,270	25.44	17.01
事後変化		+8			＋238,022		
計		132		28.3	7,198,292	26.31	17.60
国協	108	31	28.7	6.7	1,915,948	7.00	4.68
日農	13	4	30.8	0.9	214,754	0.78	0.52
事後変化		+4			＋129,141		
計		8		1.7	343,895	1.26	0.84
選挙　小計	797	290	36.4	62.2	16,403,496	59.95	40.10
変化後小計		300		64.4	16,721,478	61.11	40.88
社会	289	143	49.5	30.7	7,176,882	26.23	17.54
事後変化		+1			＋26,168		
計		144		30.9	7,203,050	26.33	17.61
共産	120	4	3.3	0.9	1,002,883	3.67	2.45
選挙　小計	409	147	35.9	31.6	8,179,765	29.90	19.99
変化後小計		148		31.8	8,205,933	30.00	20.06
諸派	142	17	12.0	3.6	1,174,662	4.29	2.87
事後変化		-17			−559,594		
計		0		0.0	615,068	2.25	1.50
無所属	242	12	5.0	2.6	1,603,684	5.86	3.92
事後変化		+6			＋215,444		
計		18		3.9	1,819,128	6.65	4.45
総計	1590	466	29.3	100.0	27,361,607	100.00	66.89
投票率							67.95
棄権・無効					13,545,886		33.11
当日有権者					40,907,493		100.00
与党	社 144＋民 132＋国 31＝307；65.9％						

備考）1. この回以降，衆院 40 回，参院第 16 回まで，「変化後」は，選挙後最初の特別国会召集日に議員が所属した党派に基づく数字である.

2. 無所属は院内に無所属倶楽部をつくった.

＜前ページの 備考）続き＞

11 日の状態とした.

3. 絶対得票率算出の基礎となる当日有権者数は，この回では有権者が持つ票数で，$2\sum x+3\sum y$（$\sum x$ は定数 10 以下の選挙区の有権者数合計，$\sum y$ は定数 11 以上の選挙区の有権者数合計）で算出した.

4. 無所属のうち 23 人は無所属倶楽部をつくり，他 5 人は純無所属.

〔II＝24回〕 (1949. 1. 23)

	議席数			議席率	得票数	得票率	
	候補	当選	率			相対率	絶対率
民主自由	420	264	62.9	56.7	13,420,269	43.87	31.87
事後変化		+5			＋163,020		
計		269		57.7	13,583,289	44.40	32.26
民　主	208	69	33.2	14.8	4,798,352	15.68	11.40
事後変化		+1			＋29,837		
計		70		15.0	4,828,189	15.78	11.47
国　協	63	14	22.2	3.0	1,041,879	3.41	2.47
日本農民	16	1	6.3	0.2	205,420	0.67	0.49
事後変化		-1			−59,638		
計		0		0.0	145,782	0.48	0.35
農民新党	12	6	50.0	1.3	297,203	0.97	0.71
事後変化		+4			＋147,089		
計		10		2.1	444,292	1.45	1.06
新自由	11	2	18.2	0.4	187,232	0.61	0.44
事後変化		-2			−60,449		
計		0		0.0	126,783	0.41	0.30
選挙　小計	730	356	48.8	76.4	19,950,355	65.21	47.38
変化後小計		363		77.9	20,170,214	65.93	47.90
社　会	187	48	25.7	10.3	4,129,794	13.50	9.81
労働者農民	45	7	15.6	1.5	606,840	1.98	1.44
共　産	115	35	30.4	7.5	2,984,780	9.76	7.09
小　計	347	90	25.9	19.3	7,721,414	25.24	18.34
社会革新	29	5	17.2	1.1	387,214	1.27	0.92
諸　派	47	3	6.4	0.6	525,427	1.72	1.25
事後変化		-3			−110,747		
計		0	0.0	0.0	414,680	1.36	0.98
無所属	211	12	5.7	2.6	2,008,109	6.56	4.77
事後変化		-7+3			−109,112		
計		8		1.7	1,898,997	6.21	4.51
総　計	1364	466	34.2	100.0	30,592,519	100.00	72.66
投票率							74.04
棄権・無効					11,512,781		27.34
当日有権者					42,105,300		100.00
与　党	民自 269＋民主犬養派 33＝302；64.8％						

〔III＝25 回〕 (1952. 10. 1)

	議席数			議席率	得票数	得票率	
	候補	当選	率			相対率	絶対率
自由	475	240	50.5	51.5	16,938,221	47.93	36.21
事後変化		+4-2			＋17,913		
計		242		51.9	16,956,134	47.98	36.25
改進	209	85	40.7	18.2	6,429,450	18.19	13.75
事後変化		+4			＋200,620		
計		89		19.1	6,630,070	18.76	14.18
再建連盟	12	1	8.3	0.2	181,329	0.51	0.39
事後変化		-1			－34,748		
計		0		0.0	146,581	0.41	0.31
選挙 小計	696	326	46.8	70.0	23,549,000	66.64	50.35
変化後小計		331		71.0	23,732,785	67.16	50.74
左社	96	54	56.3	11.6	3,398,597	9.62	7.27
事後変化		+2			＋65,445		
計		56		12.0	3,464,042	9.80	7.41
右社	109	57	52.3	12.2	4,108,274	11.63	8.78
事後変化		+3			＋429,429		
計		60		12.9	4,537,703	12.84	9.70
協同(平野)	28	2	7.1	0.4	390,015	1.10	0.83
事後変化		-2			－390,015		
計		0		0.0	0	0.00	0.00
労働者農民	11	4	36.4	0.9	261,190	0.74	0.56
共産	107	0	0.0	0.0	896,765	2.54	1.92
選挙 小計	351	117	33.3	25.1	896,765	25.62	19.36
変化後小計		120		25.8	9,159,700	25.92	19.58
諸派	29	4	13.8	0.9	377,692	1.07	0.81
事後変化		-4			－182,816		
計		0		0.0	194,876	0.55	0.42
無所属	166	19	11.4	4.1	2,355,172	6.66	5.04
事後変化		-10+6			－105,828		
計		15		3.2	2,249,344	6.37	4.81
総計	1242	466	37.5	100.0	35,336,705	100.00	75.55
投票率							76.43
棄権・無効					11,435,879		24.45
当日有権者					46,772,584		100.00

与党	自由単独 242；51.9%

備考）無所属のうち 12 人は院内に無所属倶楽部をつくり，3 人は純無所属.

〔IV＝26 回〕　(1953. 4. 19)

	議席数			議席率	得票数	得票率	
	候補	当選	率			相対率	絶対率
吉田自由 事後変化 計	316	199 +3 202	63.0	42.7 43.3	13,476,428 ＋177,038 13,653,466	38.95 39.46	28.62 28.99
鳩山自由	102	35	34.3	7.5	3,054,688	8.83	6.49
改進 事後変化 計	169	76 +1 77	45.0	16.3 16.5	6,186,232 ＋44,879 6,231,111	17.88 18.01	13.14 13.23
選挙　小計 変化後小計	587	310 314	52.8	66.5 67.4	22,717,348 22,939,265	65.65 66.29	48.24 48.71
左社	108	72	66.7	15.5	4,516,715	13.05	9.59
右社	117	66	56.4	14.2	4,677,833	13.52	9.93
労農	12	5	41.7	1.1	358,773	1.04	0.76
共産	85	1	1.2	0.2	655,990	1.90	1.39
小計	322	144	44.7	30.9	10,209,311	29.50	21.68
諸派	13	1	7.7	0.2	152,050	0.44	0.32
無所属 事後変化 計	105	11 −4 7	10.5	2.4 1.5	1,523,736 −221,917 1,301,819	4.40 3.76	3.24 2.76
総計 投票率	1027	466	45.4	100.0	34,602,445	100.00	73.48 74.22
棄権・無効					12,487,722		26.52
当日有権者					47,090,167		100.00
与党	吉自単独 202；43.3％						

備考）労農，共産，諸派，無所属の 14 人は院内に小会派クラブをつくった.

〔V＝27 回〕　(1955. 2. 27)

	議席数			議席率	得票数	得票率	
	候補	当選	率			相対率	絶対率
民主	286	185	64.7	39.6	13,536,044	36.57	27.49
自由 事後変化 計	248	112 +2 114	45.2	24.0 24.4	9,849,457 ＋76,020 9,925,477	26.61 26.81	20.00 20.16
選挙 小計 変化後小計	534	297 299	55.6	63.6 64.0	23,385,501 23,461,521	63.18 63.38	47.50 47.65
左社	121	89	73.6	19.1	5,683,312	15.35	11.54
右社	122	67	54.9	14.3	5,129,594	13.86	10.42
労農	16	4	25.0	0.9	357,611	0.97	0.73
共産	60	2	3.3	0.4	733,121	1.98	1.49
小計	319	162	50.8	34.7	11,903,638	32.16	24.18
諸派 事後変化 計	37	2 -1 1	5.4	0.4	496,614 －40,444 456,170	1.34 1.23	1.01 0.93
無所属 事後変化 計	127	6 -1 5	4.7	1.3	1,229,081 －35,576 1,193,505	3.32 3.22	2.50 2.42
総計 投票率	1017	467	45.9	100.0	37,014,837	100.00	75.18 75.84
棄権・無効					12,220,538		24.82
当日有権者					49,235,375		100.00
与党	民主単独 185；39.6％						

備考）1. 労農，共産，無所属の 11 人は院内に小会派クラブをつくり，諸派の 1 人は純無所属になった．

2. 同姓候補の得票を按分する場合などの影響で，得票数の合計が合わないことがある(以下各回同じ)．

〔**VI＝28 回**〕　(1958. 5. 22)

	議席数			議席率	得票数	得票率	
	候補	当選	率			相対率	絶対率
自　民	413	287	69.5	61.5	22,976,846	57.80	44.17
事後変化		+11			＋503,324		
計		298		63.8	23,480,170	59.07	45.14
保守無・諸	+45	0		0.0	＋833,566	2.10	1.60
無所属算入		298		63.8	24,313,736	61.16	46.75
社　会	246	166	67.5	35.5	13,093,993	32.94	25.17
事後変化		+1			＋61,722		
計		167		35.8	13,155,715	33.09	25.29
共　産	114	1	0.9	0.2	1,012,035	2.55	1.95
社共　小計	360	167	46.4	35.8	14,106,028	35.49	27.12
変化後小計		168		36.0	14,167,750	35.64	27.24
革新無所属	+3	0		0.0	＋82,203	0.21	0.16
無所属算入		168		36.0	14,249,953	35.85	27.40
諸　派	33	1	3.0	0.2	287,991	0.72	0.55
各系へ算入	-4	－1			－128,285		
残	29	0		0.0	159,706	0.40	0.31
無所属	145	12	8.3	2.6	2,380,795	5.99	4.58
各系へ算入	-44	－11			－1,352,530		
残	98	1		0.2	1,028,265	2.59	1.98
総　計	951	467	49.1	100.0	39,751,661	100.00	76.43
投票率							76.99
棄権・無効					12,261,868		23.57
当日有権者					52,013,529		100.00
与　党	自民単独 298；63.8%						

備考）1. 無所属の小沢貞孝と共産党の志賀義雄は小会派クラブに属したが，9月，小沢は社会党に入党した.

2. この回以降，無所属の得票を保守系，革新系の別に集計し，それぞれの勢力に加える．保守，革新の分類は，その候補者が選挙後に入党したり，以前，または以後に，ある党の公認候補となった者に限り，その党の系統に従って分けるのを原則とする．ただし，当選後，たとえば「公明党・国民会議」のような会派に属することが，予定されている候補も事後入党者と同じに扱う．また，自民党の派閥があからさまに自派の候補として公表した無所属候補者も，保守系にいれる.

〔VII＝29 回〕　　(1960. 11. 20)

	議席数			議席率	得票数	得票率	
	候補	当選	率			相対率	絶対率
自民 事後変化 計	399	296 +4 300	74.2	63.4 64.2	22,740,271 ＋210,133 22,950,404	57.56 58.09	41.87 42.26
保守無所属 無所属算入	+21	0 300		0.0 64.2	＋359,685 23,310,089	0.91 59.00	0.66 42.92
社会 事後変化 計	186	145 -1 144	78.0	31.0 30.8	10,887,134 －48,004 10,839,130	27.56 27.43	20.05 19.96
民社	105	17	16.2	3.6	3,464,147	8.77	6.38
共産	118	3	2.5	0.6	1,156,723	2.93	2.13
社民共小計 変化後小計	409	165 164	40.3	35.3 35.1	15,508,004 15,460,000	39.25 39.13	28.55 28.46
革新無所属 無所属算入	+3	0 164		0.0 35.1	＋28,624 15,488,624	0.07 39.20	0.05 28.52
諸派	34	1	2.9	0.2	141,941	0.36	0.26
無所属 各系へ算入 残	98 -24 74	5 -4+1 2	5.1	1.1 0.4	1,118,905 －550,438 568,467	2.83 1.44	2.06 1.05
総計 投票率	940	467	49.7	100.0	39,509,123	100.00	72.74 73.51
棄権・無効					14,803,870		27.26
当日有権者					54,312,993		100.00
与党	自民単独 300；64.2％						

備考）無所属残は清瀬一郎と久保田鶴松，諸派は古賀了.

〔VIII＝30 回〕　(1963. 11. 21)

	議席数			議席率	得票数	得票率	
	候補	当選	率			相対率	絶対率
自民 事後変化 計	359	283 +11 294	78.8	60.6 63.0	22,423,915 ＋548,977 22,972,892	54.67 56.01	38.47 39.42
保守無所属 無所属算入	+34	0		0.0	＋727,316 23,700,208	1.77 57.78	1.25 40.66
社会	198	144	72.7	30.8	11,906,766	29.03	20.43
民社	59	23	39.0	4.9	3,023,302	7.37	5.19
共産	118	5	4.2	1.1	1,646,477	4.01	2.83
社民共小計	375	172	45.9	36.8	16,576,545	40.41	28.44
諸派	64	0	0.0	0.0	59,765	0.15	0.10
無所属 保守系算入 残	119 -34 85	12 -11 1	10.1	2.6 0.2	1,956,313 －1,276,293 680,020	4.77 1.66	3.36 1.17
総計 投票率	917	467	50.9	100.0	41,016,540	100.00	70.38 71.14
棄権・無効					17,265,138		29.62
当日有権者					58,281,678		100.00
与党	自民単独 294；63.0％						

備考）無所属残は清瀬一郎.

〔**IX＝31 回**〕　　(1967. 1. 29)

	議席数			議席率	得票数	得票率	
	候補	当選	率			相対率	絶対率
自　民 事後変化 計	342	277 +3 280	81.0	57.0 57.6	22,447,838 ＋165,353 22,613,191	48.80 49.16	35.64 35.90
保守無・諸 無所属算入	+31	+5 285		1.0 58.6	＋1,293,584 23,906,775	2.81 51.98	2.05 37.95
社　会 事後変化 計	209	140 +1 141	67.0	28.8 29.0	12,826,103 ＋73,029 12,899,132	27.88 28.04	20.36 20.48
公　明	32	25	78.1	5.1	2,472,371	5.38	3.92
民　社	60	30	50.0	6.2	3,404,463	7.40	5.40
共　産	123	5	4.1	1.0	2,190,563	4.76	3.48
野党　小計 変化後小計	424	200 201	47.2	41.2	20,893,500 20,966,529	45.42 45.58	33.17 33.28
革新無所属 無所属算入	+4	0		0.0	＋160,388 21,126,917	0.35 45.93	0.25 33.54
諸　派 保守へ算入 残	16 -1 15	0	0.0	0.0	101,244 －10,782 90,462	0.22 0.20	0.16 0.14
無所属 各系へ算入 残	135 -34 101	9 -9 0	6.7	1.9 0.0	2,553,988 －1,681,572 872,416	5.55 1.90	4.05 1.38
総　計 投票率	917	486	53.0	100.0	45,996,573	100.00	73.02 73.99
棄権・無効					16,996,223		26.98
当日有権者					62,992,796		100.00
与　党	自民単独 280；57.6％						

備考）自民系無所属は，松野幸泰，阿部喜元，古内広雄，中尾栄一，斉藤寿夫の 5 人．いずれも 69 年 1 月までに自民党に入党した．

〔**X＝32 回**〕 (1969. 12. 27)

	議席数			議席率	得票数	得票率	
	候補	当選	率			相対率	絶対率
自民 事後変化 計	328	288 +12 300	87.8	59.3 61.7	22,381,570 ＋674,821 23,056,391	47.63 49.07	32.32 33.29
保守無所属 無所属算入	+31	3 303		0.6 62.3	＋749,684 23,806,075	1.60 50.66	1.08 34.37
社会	183	90	49.2	18.5	10,074,100	21.44	14.55
公明	76	47	6.18	9.7	5,124,666	10.91	7.40
民社 事後変化 計	68 +1 69	31 +1 32	45.6	6.4 6.6	3,636,590 ＋58,965 3,695,555	7.74 7.86	5.25 5.34
共産	123	14	11.4	2.9	3,199,031	6.81	4.62
野党 小計 変化後小計	450	182 183	40.4	37.4 37.7	22,034,387 22,093,352	46.89 47.02	31.81 31.90
革新無所属 無所属算入	+3	0 183		0.0 37.7	＋117,938 22,211,290	0.25 47.27	0.17 32.07
諸派	37	0	0.0	0.0	81,373	0.17	0.12
無所属 各系へ算入 残	130 -35 95	16 -16 0	12.3	3.3	2,492,560 －1,601,408 891,152	5.30 1.90	3.60 1.29
総計 投票率	945	486	51.4	100.0	46,989,892	100.00	67.85 68.51
棄権・無効					22,270,532		32.15
当日有権者					69,260,424		100.00
与党	自民単独 300；61.7%						

備考）自民系無所属は，中村拓道，池田正之輔，関谷勝利の 3 人．いずれも 71 年 6 月までに自民党に入党した．

〔**XI＝33 回**〕　(1972. 12. 10)

	議席数			議席率	得票数	得票率	
	候補	当選	率			相対率	絶対率
自民 事後変化 計	339	271 +13 284	79.9	55.2 57.8	24,563,199 ＋803,490 25,366,689	46.85 48.39	33.30 34.39
保守無所属 無所属算入	+31	0 284		0.0 57.8	＋675,136 26,041,825	1.29 49.67	0.92 35.30
社会	161	118	73.3	24.0	11,478,742	21.90	15.56
公明	59	29	49.2	5.9	4,436,755	8.46	6.01
民社 事後変化 計	65 +1 66	19 +1 20	29.2	3.9 4.1	3,660,953 ＋57,203 3,718,156	6.98 7.09	4.96 5.04
共産 共系諸・無 計	122 +3 125	38 +2 40	31.1	7.7 8.1	5,496,827 ＋205,343 5,702,170	10.49 10.88	7.45 7.73
革新無所属	+2	0		0.0	＋80,961	0.15	0.11
野党　小計 無所属算入	407 413	204 207	50.1	41.5 42.2	25,073,277 25,416,784	47.83 48.48	33.99 34.45
諸派 各系へ算入 残	15 -2 13	2 -2 0	13.3	0.4 0.0	143,019 −121,636 21,383	0.27 0.04	0.19 0.03
無所属 各系へ算入 残	134 -35 99	14 -14 0	10.4	2.9 0.0	2,645,582 −1,700,497 945,085	5.05 1.80	3.59 1.28
総計 投票率	895	491	54.9	100.0	52,425,078	100.00	71.07 71.76
棄権・無効					21,344,558		28.93
当日有権者					73,769,636		100.00
与党	自民単独 284；57.8%						

備考）諸派の当選者は，瀬長亀次郎(沖縄人民党)と安里積千代(沖縄社会大衆党)で，それぞれ共産党と民社党に算入した．

〔XII＝34回〕 (1976. 12. 5)

	議席数			議席率	得票数	得票率	
	候補	当選	率			相対率	絶対率
自民	320	249	77.8	48.7	23,653,626	41.78	30.35
事後変化		+12, −1			＋804,686		
計		260		50.9	24,458,312	43.20	31.39
新自ク	25	17	68.0	3.3	2,363,984	4.18	3.03
事後変化		+1			＋72,286		
計		18		3.5	2,436,270	4.30	3.13
保守無所属	+27	+3			＋793,992	1.40	1.02
総保守		281		55.0	27,688,574	48.91	35.53
社会	162	123	75.9	24.1	11,713,008	20.69	15.03
事後変化		+1			——		
計		124		24.3	11,713,008	20.69	15.03
公明	84	55	65.4	10.8	6,177,300	10.91	7.93
無所属から	+1	+1			＋113,529		
計	85	56		11.0	6,290,829	11.11	8.07
民社	51	29	56.9	5.7	3,554,075	6.28	4.56
共産	128	17	13.3	3.3	5,878,192	10.38	7.54
無所属から	+3	+2			＋154,695		
計	131	19		3.7	6,032,887	10.66	7.74
他革新・無	+2	0		0.0	＋57,692	0.10	0.07
革新　小計	425	224	52.7	43.8	27,322,575	48.26	35.06
無所属算入	431	228		44.6	27,648,491	48.84	35.48
諸派	17	0	0.0	0.0	45,113	0.08	0.06
保守へ算入	−1	0			−10,702		
残	16	0		0.0	34,411	0.06	0.04
無所属	112	21	18.8	4.1	3,227,463	5.70	4.14
各系へ算入	−32	−19			−1,986,178		
残	80	2		0.4	1,241,285	2.19	1.59
総計	899	511	56.8	100.0	56,612,761	100.00	72.65
投票率							73.45
棄権・無効					21,313,824		27.35
当日有権者					77,926,585		100.00
与党	自民単独 260；50.9%						

備考）1. 保守系無所属は，橋本登美三郎，鳩山邦夫，田中角栄.
2. 無所属残は，麻生良方，宇都宮徳馬.
3. 総選挙直後に千葉3区の水田三喜男(自民)が死去し，千葉千代世(社会)が繰り上げ当選したため，自社両党の当選者数にそれぞれ−1, ＋1の変動があった.

〔XIII＝35 回〕　(1979. 10. 7)

	議席数			議席率	得票数	得票率	
	候補	当選	率			相対率	絶対率
自民 事後変化 計	322	248 +10 258	77.0	48.5 50.5	24,084,130 +670,646 24,754,776	44.59 45.83	30.04 30.88
新自ク	31	4	12.9	0.8	1,631,811	3.02	2.04
保守無所属 総保守	+30	+5 267		1.0 52.3	+985,595 27,372,182	1.82 50.68	1.23 34.14
社会	157	107	68.2	20.9	10,643,450	19.71	13.28
公明 無所属から 計	64 +1 65	57 +1 58	89.1	11.2 11.4	5,282,682 +93,634 5,376,316	9.78 9.95	6.59 6.71
民社 無所属から 計	53 +1 54	35 +1 36	66.0	6.8 7.0	3,663,691 +89,142 3,752,833	6.78 6.95	4.57 4.68
共産 無所属から 計	128 +3 131	39 +2 41	30.5	7.6 8.0	5,625,527 +141,908 5,767,435	10.42 10.68	7.02 7.19
社民連	7	2	28.6	0.4	368,660	0.68	0.46
他革新・無	+2	0		0.0	+42,087	0.08	0.05
革新　小計 無所属算入	409 416	240 244	58.7	47.0 47.7	25,584,010 25,950,781	47.37 48.05	31.91 32.37
諸派	33	0	0.0	0.0	69,101	0.13	0.09
無所属 各系へ算入 残	96 -37 59	19 -19 0	19.8	3.7 0.0	2,641,064 −2,023,012 618,052	4.89 1.14	3.29 0.77
総計 投票率	891	511	57.4	100.0	54,010,120	100.00	67.37 68.01
棄権・無効					26,159,804		32.63
当日有権者					80,169,924		100.00
与党	自民単独 258；50.5%						

備考）保守系無所属は，佐藤孝行，渡部正郎，橋本登美三郎，田中角栄，西岡武夫．

〔**XIV＝36回**〕　(1980. 6. 22)

	議席数			議席率	得票数	得票率	
	候補	当選	率			相対率	絶対率
自民 事後変化 計	310	284 +3 287	91.6	55.6 56.2	28,262,441 ＋291,273 28,553,714	47.88 48.38	34.92 35.28
新自ク	25	12	48.0	2.3	1,766,396	2.99	2.18
保守無所属 総保守	+16	+6 305		1.2 59.7	＋864,188 31,184,298	1.46 52.83	1.07 38.53
社会	149	107	71.8	20.9	11,400,747	19.31	14.09
公明 無所属から 計	64 +1 65	33 +1 34	51.6	6.5 6.7	5,329,942 ＋97,674 5,427,616	9.03 9.19	6.59 6.71
民社 無所属から 計	50 +1 51	32 +1 33	64.0	6.3 6.5	3,896,728 ＋85,343 3,982,071	6.60 6.75	4.82 4.92
共産 無所属から 計	129 +3 132	29 0 29	22.5	5.7 5.7	5,803,613 ＋140,197 5,943,810	9.83 10.07	7.17 7.34
社民連	5	3	60.0	0.6	402,832	0.68	0.50
他革新・無	+3	0		0.0	＋156,085	0.26	0.19
革新　小計 無所属算入	397 405	204 206	51.4	39.9 40.3	26,833,862 27,313,161	45.46 46.27	33.16 33.75
諸派	42	0	0.0	0.0	109,168	0.18	0.13
無所属 各系へ算入 残	61 −24 37	11 −11 0	18.0	2.2 0.0	2,056,967 −1,634,760 422,207	3.48 0.72	2.54 0.52
総計 投票率	835	511	61.2	100.0	59,028,836	100.00	72.94 74.57
棄権・無効					21,896,198		27.06
当日有権者					80,925,034		100.00
与党	自民単独 287；56.2％						

備考）保守系無所属は，佐藤孝行，田中角栄，田中伊三次，中川秀直，西岡武夫，松野頼三.

〔**XV＝37 回**〕　(1983. 12. 18)

	議席数			議席率	得票数	得票率	
	候補	当選	率			相対率	絶対率
自民 事後変化 計	339	250 +9 259	73.7	48.9 50.7	25,982,785 ＋694,296 26,677,081	45.76 46.98	30.84 31.66
新自ク	17	8	47.1	1.6	1,341,584	2.36	1.59
保守無所属 総保守・無	+31	+2 269		0.4 52.6	＋939,972 28,958,637	1.66 51.00	1.12 34.37
社会 無所属から 計	144 +2 146	112 +1 113	77.8	21.9 22.3	11,065,082 ＋224,512 11,289,594	19.49 19.88	13.13 13.40
公明 無所属から 計	59 +1 60	58 +1 59	98.3	11.4 11.5	5,745,751 ＋114,302 5,860,053	10.12 10.32	6.82 6.96
民社 無所属から 計	54 +1 55	38 +1 39	70.4	7.4 7.6	4,129,907 ＋73,500 4,203,407	7.27 7.40	4.90 4.99
共産 無所属から 計	129 +3 132	26 +1 27	20.2	5.1 5.3	5,302,485 ＋136,995 5,439,480	9.34 9.58	6.29 6.46
社民連	4	3	75.0	0.6	381,045	0.67	0.45
野党　小計 無所属算入	390 397	237 241	60.8	46.4 47.4	26,624,270 27,173,579	46.89 47.86	31.60 32.25
諸派	18	0	0.0	0.0	62,323	0.11	0.07
無所属 各系へ算入 残	84 -38 46	16 -15 1	19.0	3.1 0.0	2,768,735 −2,183,577 585,158	4.88 1.03	3.29 0.69
総計 投票率	848	511	60.3	100.0	56,779,700	100.00	67.39 67.94
棄権・無効					27,472,908		32.61
当日有権者					84,252,608		100.00
与党	自民 259＋新自ク 8＝267；52.3%						

備考）保守系無所属は，佐藤孝行，田中角栄.

〔**XVI＝38 回**〕　　（1986. 7. 6）

	議席数			議席率	得票数	得票率	
	候補	当選	率			相対率	絶対率
自民	322	300	93.2	58.6	29,875,501	49.42	34.57
無所属から		+4			364,068		
計		304		59.3	30,239,569	50.03	34.99
新自ク	12	6	50.0	1.2	1,114,800	1.84	1.29
保守無所属	80	2			2,874,075	4.75	3.33
総保守・無	414	312	75.4	60.9	33,864,376	56.02	39.18
社会	138	85	61.6	16.6	10,412,584	17.23	12.05
無所属から	+4	+1			319,635		
計	142	86	60.6	16.8	10,732,219	17.75	12.42
公明	61	56	91.8	10.9	5,701,277	9.43	6.60
無所属から	+1	+1			101,735		
計	62	57	91.9	11.1	5,803,012	9.60	6.71
民社	56	26	46.4	5.1	3,895,858	6.44	4.51
無所属から	+2	0			83,899		
計	58	26	44.8	5.1	3,979,757	6.58	4.60
共産	129	26	20.1	5.1	5,313,246	8.79	6.15
無所属から	+2	+1			113,722		
計	131	27	20.6	5.3	5,426,968	8.98	6.28
社民連	5	4	80.0	0.8	499,670	0.83	0.58
野党小計	389	197	50.6	38.5	25,822,635	42.72	29.88
無所属算入	398	200	50.3	39.1	26,441,626	43.74	30.59
諸派	15	0	0.0	0.0	120,627	0.20	0.14
無所属	100	9	9.0		3,515,043	5.81	4.07
各党派へ	−89	−7			3,493,066		
残	11	2		0.4	21,977	0.04	0.03
総計	838	512	61.1	100.0	60,448,606	100.00	69.94
投票率							71.40
棄権・無効					25,978,239		30.06
当日有権者					86,426,845		100.00

与党	自民 304＋新自ク 6＝310；60.5％ のち新自クは田川誠一を除き自民に合流，与党は 309 となる．

〔**XVII＝39 回**〕　　　（1990. 2. 18）

	議席数			議席率	得票数	得票率	
	候補	当選	率			相対率	絶対率
自民 事後変化 計	338	275 +11 286	81.4	53.7 55.9	30,315,417 725,841 31,041,258	46.14 47.24	33.56 34.37
進歩	7	1	14.3	0.2	281,793	0.43	0.31
保守無所属	109	4	3.7	0.8	3,486,591	5.31	3.86
総保守・無	454	291	64.1	56.8	34,083,801	51.87	37.74
社会 無所属から 計	149	136 +3 139	91.3	26.6 27.1	16,025,472 250,682 16,276,154	24.39 24.77	17.74 18.02
公明 無所属から 計	58	45 +1 46	77.6	8.8 9.0	5,242,675 117,725 5,360,400	7.98 8.16	5.80 5.93
共産	131	16	12.2	3.1	5,226,986	7.96	5.79
民社	44	14	31.8	2.7	3,178,949	4.84	3.52
社民連	6	4	66.7	0.8	566,957	0.86	0.63
野党系無	25	2	8.0	0.4	1,259,462	1.92	1.39
野党小計 無所属算入	413	215 221	52.1	42.0 43.2	30,241,039 31,500,501	46.03 47.94	33.48 34.88
諸派	64	0	0.0	0.0	58,535	0.09	0.06
各系無所属 その他の無 事後変化 無所属計	134 22 156	21 0 −15 6	15.7	 1.2	4,746,053 61,467 1,094,248 4,807,520	7.22 0.09 7.32	5.25 0.07 5.32
総計 投票率	953	512	53.7	100.0	65,704,304	100.00	72.74 73.31
棄権・無効					24,618,604		27.26
当日有権者					90,322,908		100.00
与党	自民単独 286；55.9％						

備考）無所属は，保守系＝中曽根康弘，藤波孝生，亀井久興，徳田虎雄．野党系＝岡崎宏美，吉岡賢治．

〔**XVIII＝40回**〕　(1993. 7. 18)

	議席数			議席率	得票数	得票率	
	候補	当選	率			相対率	絶対率
自民	285	223	78.2	43.6	22,999,646	36.62	24.34
事後変化		+8−3			504,378		
計		228		44.6	23,504,024	37.42	24.88
社会	142	70	49.3	13.7	9,687,588	15.43	10.25
無・連から		+7			578,034		
計		77		15.1	10,265,622	16.35	10.87
新生	69	55	79.7	10.8	6,341,364	10.10	6.71
無・自から		+5			406,384		
計		60		11.7	6,747,748	10.74	7.14
公明	54	51	94.4	10.0	5,114,351	8.14	5.41
無所属から		+1			151,260		
計		52		10.2	5,265,611	8.38	5.57
日本新	57	35	61.4	6.8	5,053,981	8.05	5.35
さきがけ	16	13	81.3	2.5	1,658,097	2.64	1.76
さ・日新へ		+4			389,847		
計		52		10.2	7,101,925	11.31	7.52
共産	129	15	11.6	2.9	4,834,587	7.70	5.12
民社	28	15	53.5	2.9	2,205,682	3.51	2.33
無所属から		+4			358,336		
計		19		3.7	2,564,018	4.08	2.71
社民連	4	4	100.0	0.8	461,169	0.73	0.49
事後変化		−4			461,169		
計		0			0	0.00	0.00
諸派	62	0	0.0	0.0	143,486	0.23	0.15
無所属	109	30	27.5	5.9	4,304,188	6.85	4.56
各党派へ		−22			−1,927,070	3.07	2.04
残		8		1.6	2,377,118	3.78	2.52
総計	955	511	53.5	100.0	62,804,144	100.00	66.48
投票率							67.26
棄権・無効					31,673,672		33.52
当日有権者					94,477,816		100.00
与党	社会77＋新生60＋公明52＋日新・さ52＋民社19＝260；50.9％						

〔**XIX＝41 回**〕　　　　(1996. 10. 20)

	議席数			議席率	得票数	得票率	
	候補	当選	率			相対率	絶対率
自民							
小選挙区	288	169	58.68	56.33	21,836,096	38.63	22.35
比例代表	327	70	21.41	35.00	18,205,955	32.76	18.64
計	355	239	67.32	47.80			
	(260)		(38.86)				
新進							
小選挙区	235	96	40.85	32.00	15,812,325	27.97	16.19
比例代表	133	60	45.11	30.00	15,580,053	28.04	15.95
計	361	156	43.21	31.20			
	(7)		(42.39)				
民主							
小選挙区	143	17	11.89	5.67	6,001,666	10.62	6.14
比例代表	159	35	22.01	17.50	8,949,190	16.10	9.16
計	161	52	32.30	10.40			
	(141)		(17.22)				
共産							
小選挙区	299	2	0.67	0.67	7,096,765	12.55	7.27
比例代表	53	24	45.28	12.00	7,268,743	13.08	7.44
計	321	26	8.10	5.20			
	(31)		(7.39)				
社民							
小選挙区	43	4	9.30	1.33	1,240,649	2.19	1.27
比例代表	48	11	22.92	5.50	3,547,240	6.38	3.63
計	48	15	31.25	3.00			
	(43)		(16.48)				
さきがけ							
小選挙区	13	2	15.38	0.67	727,644	1.29	0.74
比例代表	11	0	0.00	0.00	582,093	1.05	0.60
計	15	2	13.33	0.40			
	(9)		(8.33)				
民改連							
小選挙区	2	1	50.00	0.33	149,357	0.26	0.15
比例代表	1	0	0.00	0.00	18,844	0.03	0.02
計	2	1	50.00	0.20			
	(1)		(33.33)				
諸派・無所属							
小選挙区	238	9	3.78	3.00	3,663,917	6.48	3.75
比例代表	76	0	0.00	0.00	1,417,077	2.55	1.45
計	240	9	3.75	1.80			
	(74)		(2.87)				
総計							
小選挙区	1,261	300	23.79	100.00	56,528,421	100.00	57.87
比例代表	808	200	24.75	100.00	55,569,195	100.00	56.89
計	1,503	500	33.27	100.00			
	(566)						
投票率							
小選挙区							59.65
比例代表							59.62
棄権・無効							
小選挙区					41,152,298		42.13
比例代表					42,111,524		43.11
当日有権者					97,680,719		100.00

備考)(　)内は重複立候補者数と，重複候補を別々の候補と扱った場合の当選率.

〔**XX**＝42 回〕　　(2000. 6. 25)

	議席数			議席率	得票数	得票率	
	候補	当選	率			相対率	絶対率
自民							
小選挙区	271	177	65.31	59.00	24,945,806	41.01	24.84
比例代表	326	56	17.18	31.11	16,943,425	28.31	16.86
計	337	233	69.14	48.54			
	(260)		(39.03)				
民主							
小選挙区	242	80	33.06	26.67	16,811,732	27.64	16.74
比例代表	259	47	18.15	26.11	15,067,990	25.18	14.99
計	262	127	48.47	26.46			
	(239)		(25.35)				
公明							
小選挙区	18	7	38.89	2.33	1,231,753	2.03	1.23
比例代表	63	24	38.10	13.33	7,762,032	12.97	7.72
計	74	31	41.89	6.46			
	(7)		(38.27)				
共産							
小選挙区	300	0	0.00	0.00	7,352,843	12.09	7.32
比例代表	66	20	30.30	11.11	6,719,016	11.23	6.69
計	332	20	6.02	4.17			
	(34)		(5.46)				
社民							
小選挙区	71	4	5.63	1.33	2,315,234	3.81	2.31
比例代表	76	15	19.74	8.33	5,603,680	9.36	5.58
計	76	19	25.00	3.96			
	(71)		(12.93)				
保守							
小選挙区	16	7	43.75	2.33	1,230,464	2.02	1.23
比例代表	3	0	0.00	0.00	247,334	0.41	0.25
計	19	7	36.84	1.46			
自由							
小選挙区	61	4	6.56	1.33	2,053,736	3.38	2.04
比例代表	72	18	25.00	10.00	6,589,490	11.01	6.56
計	75	22	29.33	4.58			
	(58)		(16.54)				
無所属の会							
小選挙区	9	5	55.56	1.67	652,138	1.07	0.65
比例代表	2	0	0.00	0.00	151,345	0.25	0.15
計	11	5	45.45	1.04			
改革ク							
小選挙区	4	0	0.00	0.00	203,736	0.33	0.20
比例代表	0	—	—	—	—	—	—
計	4	0	0.00	0.00			
自由連合							
小選挙区	123	1	0.81	0.33	1,071,012	1.76	1.07
比例代表	33	0	0.00	0.00	660,724	1.10	0.66
計	126	1	0.79	0.21			
	(30)		(0.64)				

(新)社会							
小選挙区	0	—	—	—	—	—	—
比例代表	4	0	0.00	0.00	99,565	0.17	0.10
計	4	0	0.00	0.00			
諸派・無所属							
小選挙区	84	15	17.86	5.00	3,014,014	4.96	3.00
比例代表	0	—	—	—	—	—	—
計	84	15	17.86	3.13			
総　　計							
小選挙区	1,199	300	25.02	100.00	60,822,470	100.00	60.56
比例代表	904	180	19.91	100.00	59,844,601	100.00	59.55
計	1,404	480	34.19	100.00			
	(699)		(22.82)				
投 票 率							
小選挙区							62.49
比例代表							62.45
棄権・無効							
小選挙区					39,611,328		39.44
比例代表					40,647,727		40.45
当日有権者							
小選挙区					100,433,798		100.00
比例代表					100,492,328		100.00

備考)(　)内は重複立候補者数と，重複候補を別々の候補と扱った場合の当選率.

〔**XXI＝43 回**〕　(2003. 11. 9)

	議席数			議席率	得票数	得票率	
	候補	当選	率			相対率	絶対率
自民							
小選挙区	277	168	60.65	56.00	26,089,326	43.85	25.52
比例代表	314	69	21.97	38.33	20,660,185	34.96	20.19
計	336	237	70.54	49.38			
	(255)		(40.10)				
民主							
小選挙区	267	105	39.33	35.00	21,814,154	36.66	21.34
比例代表	274	72	26.28	40.00	22,095,636	37.39	21.60
計	277	177	63.90	36.88			
	(264)		(32.72)				
公明							
小選挙区	10	9	90.00	3.00	886,507	1.49	0.87
比例代表	45	25	55.56	13.89	8,733,444	14.78	8.54
計	55	34	61.82	7.08			
共産							
小選挙区	300	0	0.00	0.00	4,837,952	8.13	4.73
比例代表	47	9	19.15	5.00	4,586,172	7.76	4.48
計	316	9	2.85	1.88			
	(31)		(2.59)				
社民							
小選挙区	62	1	1.61	0.33	1,708,672	2.87	1.67
比例代表	65	5	7.69	2.78	3,027,390	5.12	2.96
計	65	6	9.23	1.25			
	(62)		(4.72)				
保守新							
小選挙区	11	4	36.36	1.33	791,588	1.33	0.77
比例代表	0	—	—	—	—	—	—
計	11	4	36.36	0.83			
無所属の会							
小選挙区	8	1	12.50	0.33	497,108	0.84	0.49
比例代表	0	—	—	—	—	—	—
計	8	1	12.50	0.21			
自由連合							
小選挙区	1	1	100.00	0.33	97,423	0.16	0.10
比例代表	0	—	—	—	—	—	—
計	1	1	100.00	0.21			
諸派・無所属							
小選挙区	90	11	12.22	3.67	2,779,642	4.67	2.72
比例代表	0	—	—	—	—	—	—
計	90	11	12.22	2.29			
総計							
小選挙区	1026	300	29.24	100.00	59,502,373	100.00	58.20
比例代表	745	180	24.16	100.00	59,102,827	100.00	57.77
計	1159	480	41.42	100.00			
	(612)		(27.10)				

投票率 小選挙区 比例代表							 59.86 59.81
棄権・無効 小選挙区 比例代表					 42,730,571 43,203,857		 41.80 42.23
当日有権者 小選挙区 比例代表					 102,232,944 102,306,684		 100.00 100.00

備考)(　)内は重複立候補者数と，重複候補を別々の候補と扱った場合の当選率.

〔**XXII＝44回**〕 (2005. 9. 11)

	議席数			議席率	得票数	得票率	
	候補	当選	率			相対率	絶対率
自民							
小選挙区	290	219	75.52	73.00	32,518,389	47.77	31.58
比例代表	336	77	22.92	42.78	25,887,798	38.18	25.12
計	346	296	85.55	61.67			
	(280)		(47.28)				
民主							
小選挙区	289	52	17.99	17.33	24,804,786	36.44	24.09
比例代表	295	61	20.68	33.89	21,036,425	31.02	20.41
計	299	113	37.79	23.54			
	(285)		(19.35)				
公明							
小選挙区	9	8	88.89	2.67	981,105	1.44	0.95
比例代表	43	23	53.49	12.78	8,987,620	13.25	8.72
計	52	31	59.62	6.46			
共産							
小選挙区	275	0	0.00	0.00	4,937,375	7.25	4.79
比例代表	39	9	23.08	5.00	4,919,187	7.25	4.77
計	292	9	3.08	1.88			
	(22)		(2.87)				
社民							
小選挙区	38	1	2.63	0.33	996,007	1.46	0.97
比例代表	43	6	13.95	3.33	3,719,522	5.49	3.61
計	45	7	15.56	1.46			
	(36)		(8.64)				
国民新党							
小選挙区	10	2	20.00	0.67	432,679	0.64	0.42
比例代表	11	2	18.18	1.11	1,183,073	1.74	1.15
計	14	4	28.57	0.83			
	(7)		(19.05)				
新党日本							
小選挙区	6	0	0.00	0.00	137,172	0.20	0.13
比例代表	8	1	12.50	0.56	1,643,506	2.42	1.59
計	8	1	12.50	0.21			
	(6)		(7.14)				
新党大地							
小選挙区	1	0	0.00	0.00	16,698	0.02	0.02
比例代表	3	1	33.33	0.56	433,938	0.64	0.42
計	4	1	25.00	0.21			
諸派							
小選挙区	1	0	0.00	0.00	1,557	0.00	0.00
比例代表	0	—	—	—	—	—	—
計	1	0	0.00	0.00			
無所属							
小選挙区	70	18	25.71	6.00	3,240,521	4.76	3.15
比例代表	0	—	—	—	—	—	—
計	70	18	25.71	3.75			

総　計 小選挙区 比例代表 計	 989 778 1131 (636)	 300 180 480	 30.33 23.14 42.44 (27.16)	 100.00 100.00 100.00	 68,066,291 67,811,069	 100.00 100.00	 66.09 65.79
投 票 率 小選挙区 比例代表							 67.51 67.46
棄権・無効 小選挙区 比例代表					 34,918,922 35,256,897		 33.91 34.21
当日有権者 小選挙区 比例代表					 102,985,213 103,067,966		 100.00 100.00

備考)(　)内は重複立候補者数と，重複候補を別々の候補と扱った場合の当選率.

〔**XXIII＝45 回**〕 (2009. 8. 30)

	議席数			議席率	得票数	得票率	
	候補	当選	率			相対率	絶対率
自民							
小選挙区	289	64	22.15	21.33	27,301,982	38.68	26.26
比例代表	306	55	17.97	30.56	18,810,217	26.73	18.10
計	326 (269)	119	36.50 (20.00)	24.79			
民主							
小選挙区	271	221	81.55	73.67	33,475,334	47.43	32.20
比例代表	327	87	26.61	48.33	29,844,799	42.41	28.71
計	330 (268)	308	93.33 (51.51)	64.17			
公明							
小選挙区	8	0	0.00	0.00	782,984	1.11	0.75
比例代表	43	21	48.84	11.67	8,054,007	11.45	7.75
計	51	21	41.18	4.38			
共産							
小選挙区	152	0	0.00	0.00	2,978,354	4.22	2.87
比例代表	79	9	11.39	5.00	4,943,886	7.03	4.76
計	171 (60)	9	5.26 (3.90)	1.88			
社民							
小選挙区	31	3	9.68	1.00	1,376,739	1.95	1.32
比例代表	37	4	10.81	2.22	3,006,160	4.27	2.89
計	37 (31)	7	18.92 (10.29)	1.46			
国民新党							
小選挙区	9	3	33.33	1.00	730,570	1.04	0.70
比例代表	18	0	0.00	0.00	1,219,767	1.73	1.17
計	18 (9)	3	16.67 (11.11)	0.63			
改革クラブ							
小選挙区	1	0	0.00	0.00	36,650	0.05	0.04
比例代表	1	0	0.00	0.00	58,141	0.08	0.06
計	1 (1)	0	0.00 (0.00)	0.00			
新党日本							
小選挙区	2	1	50.00	0.33	220,223	0.31	0.21
比例代表	8	0	0.00	0.00	528,171	0.75	0.51
計	8 (2)	1	12.50 (10.00)	0.21			
新党大地							
小選挙区	0	—	—	—	—	—	—
比例代表	4	1	25.00	0.56	433,122	0.62	0.42
計	4	1	25.00	0.21			

みんなの党							
小選挙区	14	2	14.29	0.67	615,244	0.87	0.59
比例代表	14	3	21.43	1.67	3,005,199	4.27	2.89
計	15	5	33.33	1.04			
	(13)		(17.86)				
諸　派							
小選挙区	292	0	0.00	0.00	1,077,543	1.53	1.04
比例代表	51	0	0.00	0.00	466,786	0.66	0.45
計	343	0	0.00	0.00			
無所属							
小選挙区	70	6	8.57	2.00	1,986,056	2.81	1.91
比例代表	0	—	—	—	—	—	—
計	70	6	8.57	1.25			
総　計							
小選挙区	1139	300	26.34	100.00	70,581,679	100.00	67.90
比例代表	888	180	20.27	100.00	70,370,255	100.00	67.70
計	1374	480	34.93	100.00			
	(653)		(23.68)				
投票率							
小選挙区							69.28
比例代表							69.27
棄権・無効							
小選挙区					33,367,763		32.10
比例代表					33,579,187		32.30
当日有権者							
小選挙区					103,949,442		100.00
比例代表					103,949,442		100.00

備考)(　)内は重複立候補者数と，重複候補を別々の候補と扱った場合の当選率.

〔**XXIV＝46 回**〕　(2012. 12. 16)

	議席数			議席率	得票数	得票率	
	候補	当選	率			相対率	絶対率
自民							
小選挙区	288	237	82.29	79.00	25,643,309	43.01	24.67
比例代表	326	57	31.67	31.67	16,624,457	27.62	15.99
計	337	294	61.89	61.25			
	(277)						
民主							
小選挙区	264	27	10.23	9.00	13,589,773	22.81	13.08
比例代表	267	30	11.24	16.67	9,628,653	16.00	9.26
計	267	57	21.35	11.88			
	(264)		(10.73)				
維新							
小選挙区	151	14	9.27	4.67	6,942,353	11.64	6.68
比例代表	172	40	23.26	22.22	12,262,228	20.38	11.79
計	172	54	41.40	11.25			
	(151)		(16.72)				
公明							
小選挙区	9	9	100.00	3.00	885,881	1.49	0.85
比例代表	45	22	48.89	12.22	7,116,474	11.83	6.85
計	54	31	57.41	6.46			
みんな							
小選挙区	65	4	6.15	1.33	2,807,244	4.71	2.70
比例代表	68	14	20.59	7.78	5,245,586	8.72	5.05
計	69	18	26.09	3.75			
	(64)		(13.64)				
日本未来							
小選挙区	111	2	1.80	0.67	2,992,365	5.02	2.88
比例代表	119	7	5.88	3.89	3,423,915	5.69	3.29
計	121	9	7.49	1.88			
	(109)		(3.91)				
共産							
小選挙区	299	0	0.00	0.00	4,700,289	7.88	4.52
比例代表	35	8	22.86	4.44	3,689,159	6.13	3.55
計	322	8	2.48	1.67			
	(12)		(2.40)				
社民							
小選挙区	24	1	4.17	0.33	451,762	0.76	0.43
比例代表	33	1	3.03	0.56	1,420,790	2.36	1.37
計	34	2	5.88	0.42			
	(23)		(3.51)				
国民新党							
小選挙区	2	1	50.00	0.33	117,185	0.20	0.11
比例代表	1	0	0.00	0.00	70,847	0.12	0.07
計	3	1	33.33	0.21			

新党大地							
小選挙区	7	0	0.00	0.00	315,604	0.53	0.30
比例代表	7	1	14.29	0.56	346,848	0.58	0.33
計	7	1	14.29	0.21			
	(7)		(7.14)				
新党改革							
小選挙区	0	—	—	—	—	—	—
比例代表	2	0	0.00	0.00	134,781	0.22	0.13
計	2	0	0.00	0.00			
幸　福							
小選挙区	0	—	—	—	—	—	—
比例代表	42	0	0.00	0.00	216,150	0.36	0.21
計	42	0	0.00	0.00			
諸　派							
小選挙区	27	0	0.00	0.00	165,331	0.28	0.16
比例代表	0	—	—	—	—	—	—
計	27	0	0.00	0.00			
無 所 属							
小選挙区	48	5	10.42	1.67	1,006,468	1.69	0.97
比例代表	0	—	—	—	—	—	—
計	48	5	10.42	1.04			
総　計							
小選挙区	1294	300	23.18	100.00	59,626,567	100.00	57.36
比例代表	1117	180	16.11	100.00	60,179.888	100.00	57.89
計	1504	480	31.91	100.00			
	(907)		(19.91)				
投 票 率							
小選挙区							59.32
比例代表							59.31
棄権・無効							
小選挙区					44,331,363		42.64
比例代表					43,777,000		42.11
当日有権者							
小選挙区					103,959,866		100.00
比例代表					103,959,866		100.00

備考)(　)内は重複立候補者数と，重複候補を個々の候補と扱った場合の当選率.

〔**XXV＝47回**〕　(2014. 12. 14)

	議席数			議席率	得票数	得票率	
	候補	当選	率			相対率	絶対率
自民							
小選挙区	283	222	78.45	75.25	25,461,448	48.10	24.49
比例代表	341	68	19.94	37.78	17,658,916	33.11	16.99
計	352 (272)	290	82.39 (46.47)	61.05			
民主							
小選挙区	178	38	21.35	12.88	11,916,849	22.51	11.46
比例代表	197	35	17.77	19.44	9,775,991	18.33	9.40
計	198 (177)	73	36.87 (19.47)	15.37			
維新							
小選挙区	77	11	14.29	3.73	4,319,645	8.16	4.15
比例代表	83	30	36.14	16.67	8,382,699	15.72	8.06
計	84 (76)	41	48.81 (25.63)	8.63			
公明							
小選挙区	9	9	100.00	3.05	765,390	1.45	0.74
比例代表	42	26	61.90	14.44	7,314,236	13.71	7.04
計	51	35	68.63	7.37			
共産							
小選挙区	292	1	0.34	0.34	7,040,169	13.30	6.77
比例代表	42	20	47.62	11.11	6,062,962	11.37	5.83
計	315 (19)	21	6.67 (6.29)	4.42			
社民							
小選挙区	18	1	5.56	0.34	419,347	0.79	0.40
比例代表	24	1	4.17	0.56	1,314,441	2.46	1.26
計	25 (17)	2	8.00 (4.76)	0.42			
生活							
小選挙区	13	2	15.38	0.68	514,575	0.97	0.49
比例代表	19	0	0.00	0.00	1,028,721	1.93	0.99
計	20 (12)	2	10.00 (6.25)	0.42			
次世代							
小選挙区	39	2	5.13	0.68	947,395	1.79	0.91
比例代表	45	0	0.00	0.00	1,414,919	2.65	1.36
計	48 (36)	2	4.17 (2.38)	0.42			
新党改革							
小選挙区	0	—	—	—	—	—	—
比例代表	4	0	0.00	0.00	16,597	0.03	0.03
計	4	0	0.00	0.00			

幸　福							
小選挙区	0	—	—	—	—	—	—
比例代表	42	0	0.00	0.00	260,111	0.49	0.25
支持政党なし							
小選挙区	0	—	—	—	—	—	—
比例代表	2	0	0.00	0.00	104,854	0.20	0.10
計	4	0	0.00	0.00			
諸　派							
小選挙区	5	0	0.00	0.00	43,726	0.08	0.04
比例代表	0	—	—	—	—	—	—
計	50	0	0.00	0.00			
無 所 属							
小選挙区	45	9	20.00	6.78	1,511.242	2.85	1.46
比例代表	0	—	—	—	—	—	—
計	45	9	0	1.90			
総　計							
小選挙区	959	295	30.76	100.00	52,939,789	100.00	50.92
比例代表	841	180	21.40	100.00	53,334,447	100.00	51.30
計	1191 (609)	475	39.88 (26.39)	100.00			
投 票 率							
小選挙区							52.66
比例代表							52.65
棄権・無効							
小選挙区					52,822,821		50.81
比例代表					52,023,564		50.04
当日有権者							
小選挙区					103,962,784		100.00
比例代表					103,962,785		100.00

備考)(　)内は重複立候補者数と，重複候補を個々の候補と扱った場合の当選率.

〔XXVI＝48 回〕 (2017.10.22)

	議席数 候補	当選	率	議席率	得票数	得票率 相対率	絶対率
自民							
小選挙区	277	218	78.70	75.43	26,500,776	47.82	24.98
比例代表	313	66	21.09	37.50	18,555,717	33.28	17.49
計	332	284	85.54	61.08			
	(258)		(47.63)				
立憲民主							
小選挙区	63	18	28.57	6.23	4,726,326	8.53	4.45
比例代表	77	37	48.05	21.02	11,084,890	19.88	10.45
計	78	55	70.51	11.83			
	(62)		(38.57)				
希望							
小選挙区	198	18	9.09	6.23	11,437,601	20.64	10.78
比例代表	234	32	13.68	18.18	9,677,524	17.36	9.12
計	235	50	21.28	10.75			
	(197)		(11.57)				
公明							
小選挙区	9	8	88.89	2.77	832,453	1.50	0.78
比例代表	44	21	47.73	11.93	6,977,712	12.51	6.58
計	53	29	54.72	6.24			
共産							
小選挙区	206	1	0.49	0.35	4,998,932	9.02	4.71
比例代表	65	11	16.92	6.25	4,404,081	7.90	4.15
計	243	12	4.94	2.58			
	(28)		(4.43)				
維新							
小選挙区	47	3	6.38	1.04	1,765,053	3.19	1.66
比例代表	52	8	15.38	4.55	3,387,097	6.07	3.19
計	52	11	21.15	2.37			
	(47)		(11.11)				
社民							
小選挙区	19	1	5.26	0.35	634,770	1.15	0.60
比例代表	21	1	4.76	0.57	941,324	1.69	0.89
計	21	2	9.52	0.43			
	(19)		(5.00)				
日本のこころ							
小選挙区	0	—	—	—	—	—	—
比例代表	2	0	0.00	0.00	85,552	0.15	0.08
計	2	0	0.00	0.00			
幸福							
小選挙区	0	—	—	—	—	—	—
比例代表	41	0	0.00	0.00	292,084	0.52	0.28
計	41	0	0.00	0.00			

新党大地							
小選挙区	0	—	—	—	—	—	—
比例代表	2	0	0.00	0.00	226,552	0.41	0.21
計	2	0	0.00	0.00			
支持政党なし							
小選挙区	0	—	—	—	—	—	—
比例代表	4	0	0.00	0.00	125.019	0.22	0.12
計	4	0	0.00	0.00			
諸　派							
小選挙区	44	0	0.00	0.00	211,251	0.38	0.20
比例代表	0	—	—	—	—	—	—
計	44	0	0.00	0.00			
無所属							
小選挙区	73	22	30.14	7.61	4,315,027	7.79	4.07
比例代表	0	—	—	—	—	—	—
計	73	22	30.14	4.73			
総　計							
小選挙区	936	289	30.88	100.00	55,422,192	100.00	52.24
比例代表	855	176	20.58	100.00	55,757,552	100.00	52.56
計	1791	465	25.96	100.00			
	(611)		(19.36)				
投票率							
小選挙区							53.68
比例代表							53.68
棄権・無効							
小選挙区					50,667,424		47.76
比例代表					50,331,100		47.44
当日有権者							
小選挙区					106,091,229		100.00
比例代表					106,091,229		100.00

備考)(　)内は重複立候補者数と，重複候補を個々の候補と扱った場合の当選率．小選挙区で自民3，立憲民主1の追加公認を含む．

参議院議員選挙・基本数字

〔第1回〕　(1947. 4. 20)

		全国区				地方区				合計				議席率	選挙前		前回当選	前々回当当
		候補	当選	非改	合計	候補	当選	非改	合計	候補	当選	非改	合計		議席	議席率		
自由	e	19	8	—	—	54	30	—	—	73	38	—	—	15.2				
	x		+2	—	—		+4	—	—		+6	—	—					
	t		10	—	—		34	—	—		44	—	—	17.6	—	—	—	—
民主	e	13	8	—	—	41	22	—	—	54	30	—	—	12.0				
	x		+2	—	—		+9	—	—		+11	—	—					
	t		10	—	—		31	—	—		41	—	—	16.4	—	—	—	—
小計	e	32	16	—	—	95	52	—	—	127	68	—	—	27.2				
	x		+4	—	—		+13	—	—		+17	—	—					
	t		20	—	—		65	—	—		85	—	—	34.0	—	—	—	—
国協	e	9	3	—	—	14	6	—	—	23	9	—	—	3.6				
	x		−3	—	—		−6	—	—		−9	—	—					
	t		0	—	—		0	—	—		0	—	—	0.0	—	—	—	—
緑風	e	—	0	—	—	—	0	—	—	—	0	—	—	0.0				
	x		+48	—	—		+44	—	—		+92	—	—					
	t		48	—	—		44	—	—		92	—	—	36.8	—	—	—	—
社会		34	17	—	—	67	30	—	—	101	47	—	—	18.8	—	—	—	—
共産		12	3	—	—	30	1	—	—	42	4	—	—	1.6	—	—	—	—
諸派	e	21	4	—	—	15	7	—	—	36	11	—	—	4.4				
	x		−4	—	—		−6	—	—		−10	—	—					
	t		0	—	—		1	—	—		1	—	—	0.4	—	—	—	—
無所属	e	138	57	—	—	110	54	—	—	248	111	—	—	44.4				
	x		−45	—	—		−45	—	—		−90	—	—					
	t		12	—	—		9	—	—		21	—	—	8.4	—	—	—	—
合計		246	100	—	—	331	150	—	—	577	250	—	—	100.0	—	—	—	—

備考) 1. e は選挙時，x は事後変化，t は合計.
2. x と t は通常選挙後初の国会召集日の状態.
3. 按分票の小数点以下切り捨てなどによって，得票数の合計が合わないことがある.

	全国区			地方区		
	得票数	得票率		得票数	得票率	
		相対率	絶対率		相対率	絶対率
自　由	1,360,456	6.40	3.32	3,769,704	17.10	9.20
事後変化	+233,022			+469,902		
計	1,593,478	7.50	3.89	4,239,606	19.22	10.35
民　主	1,659,631	7.80	4.05	2,989,132	13.56	7.30
事後変化	+202,140			+1,031,119		
計	1,861,771	8.75	4.55	4,020,251	18.23	9.82
国　協	549,916	2.59	1.34	978,522	4.44	2.39
事後変化	−413,565			−700,121		
計	136,351	0.64	0.33	278,401	1.26	0.68
選挙結果小計	3,570,003	16.79	8.71	7,737,358	35.09	18.89
変化後小計	3,591,600	16.89	8.77	8,538,258	38.71	20.85
緑　風	0			0		
事後変化	+8,555,388			+5,097,904		
計	8,555,388	40.22	20.89	5,097,904	23.12	12.45
社　会	3,479,814	16.36	8.50	4,901,341	22.23	11.97
共　産	610,948	2.87	1.49	825,304	3.74	2.01
諸　派	911,709	4.29	2.23	1,058,032	4.80	2.58
事後変化	−502,866			−666,628		
計	408,843	1.92	1.00	391,404	1.78	0.96
無所属	12,698,698	59.70	31.00	7,527,191	34.14	18.38
事後変化	− 8,074,119			−5,232,176		
計	4,624,579	21.74	11.29	2,295,015	10.41	5.60
合　計	21,271,172	100.00	51.93	22,049,226	100.00	53.83
棄権・無効などの率			48.07			46.17
当日有権者数	40,958,588	投票率　61.12%				

〔**第2回**〕　(1950. 6. 4)

		全国区				地方区				合計				議席率	選挙前		前回当選	前々回当
		候補	当選	非改	合計	候補	当選	非改	合計	候補	当選	非改	合計		議席	議席率		
自由	e	73	18	1	19	63	34	23	57	136	52	24	76					
	x		+1		+1						+1		+1					
	t		19	1	20		34	23	57		53	24	77	30.8	61	25.6	—	—
民主	e	18	1	5	6	28	8	15	23	46	9	20	29					
	x		+1		+1		0				+1		+1					
	t		2	5	7		8	15	23		10	20	30	12.0	42	17.6	—	—
農協	e	1	1	0	1	3	2	0	2	4	3	0	3					
	x		−1		−1		−2		−2		−3		−3					
	t		0	0	0		0	0	0		0	0	0	0.0	0	0.0	—	—
小計	e	92	20	6	26	94	44	38	82	186	64	44	108					
	x		+1		+1		−2		−2		−1		−1					
	t		21	6	27		42	38	80		63	44	107	42.8	103	43.3	—	—
緑風	e	40	6	21	27	18	3	20	23	58	9	41	50					
	x		+4		+4		+3		+3		+7		+7					
	t		10	21	31		6	20	26		16	41	57	22.8	70	29.4	—	—
社会	e	32	15	10	25	43	21	15	36	75	36	25	61					
	x						+1		+1		+1		+1					
	t		15	10	25		22	15	37		37	25	62	24.8	42	17.6	—	—
労農		2	1	2	3	7	1	1	2	9	2	3	5	2.0	7	2.9	—	—
小計	e	34	16	12	28	50	22	16	38	84	38	28	66					
	x						+1		+1		+1		+1					
	t		16	12	28		23	16	39		39	28	67	26.8	49	20.6	—	—
共産		12	2	2	4	38	0	0	0	50	2	2	4	1.6	5	2.1	—	—
諸派		16	0	0	0	13	0	0	0	29	0	0	0	0.0	0	0.0	—	—
無所属	e	117	12	3	15	39	7	0	7	156	19	3	22					
	x		−5		−5		−2		−2		−7		−7					
	t		7	3	10		5	0	5		12	3	15	6.0	11	4.6	—	—
合計		311	56	44	100	252	76	74	150	563	132	118	250	100.0	238	100.0	—	—

備考）無所属は第一クラブ14と純無所属1の合計.

	全国区			地方区		
	得票数	得票率		得票数	得票率	
		相対率	絶対率		相対率	絶対率
自由	8,313,756	29.70	19.13	10,414,995	35.90	23.96
事後変化	+162,737					
計	8,476,493	30.28	19.50			
国民民主	1,368,783	4.89	3.15	2,966,011	10.23	6.82
事後変化	148,254					
計	1,517,037	5.42	3.49			
農民協同	238,339	0.85	0.55	412,782	1.42	0.95
事後変化	−238,339			−316,830		
計	0	0.00	0.00	95,952	0.33	0.22
選挙結果小計	9,920,878	35.44	22.83	13,793,788	47.56	31.74
変化後小計	9,993,530	35.70	22.99	13,476,958	46.46	31.01
緑風	3,660,391	13.08	8.42	1,773,576	6.11	4.08
事後変化	+2,268,002			+641,555		
計	5,928,393	21.18	13.64	2,415,131	8.33	5.56
社会	4,854,629	17.34	11.17	7,316,808	25.23	16.84
事後変化				+180,890		
計				7,497,698	25.85	17.25
労農	200,066	0.71	0.46	471,649	1.63	1.09
選挙結果小計	5,054,695	18.06	11.63	7,788,457	26.85	17.92
変化後小計				7,969,347	27.48	18.34
共産	1,333,872	4.76	3.07	1,637,451	5.65	3.77
諸派	391,031	1.40	0.90	545,711	1.88	1.26
無所属	7,632,526	27.27	17.56	3,465,956	11.95	7.97
事後変化	−2,340,654			−505,615		
計	5,291,872	18.90	12.18	2,960,341	10.21	6.81
合計	27,993,393	100.00	64.41	29,004,939	100.00	66.74
棄権・無効などの率			35.58			33.26
当日有権者数	43,461,371	投票率 72.19%				

備考）この回以降，投票率は全国区と地方区で小数点以下二桁までは等しいので一つだけ記す．

〔**第3回**〕　(1953. 4. 24)

		全国区				地方区				合計				議席率	選挙前		前回当選	前々回当選
		候補	当選	非改	合計	候補	当選	非改	合計	候補	当選	非改	合計		議席	議席率		
吉自	e	38	16	15	31	46	30	32	62	84	46	47	93					
	x		+1		+1						+1		+1					
	t		17	15	32		30	32	62		47	47	94	37.6	82	34.2	—	—
鳩自		1	0	0	0	8	0	2	2	9	0	2	2	0.8	5	2.1	—	—
改進		17	3	4	7	26	5	3	8	43	8	7	15	6.0	16	6.7	—	—
小計	e	56	19	19	38	80	35	37	72	136	54	56	110					
	x		+1		+1						+1		+1					
	t		20	19	39		35	37	72		55	56	111	44.4	103	42.9	63	—
緑風	e	23	8	11	19	12	8	7	15	35	16	18	34					
	x		+8		+8		+5		+5		+13		+13					
	t		16	11	27		13	7	20		29	18	47	18.8	55	22.9	16	—
右社		16	3	3	6	24	7	13	20	40	10	16	26	10.4	31	12.9	—	—
左社	e	24	8	11	19	26	10	11	21	50	18	22	40					
	x		+1		+1		+2		+2		+3		+3					
	t		9	11	20		12	11	23		21	22	43	17.2	31	12.9	—	—
社小計	e	40	11	14	25	50	17	24	41	90	28	38	66					
	x		+1		+1		+2		+2		+3		+3					
	t		12	14	26		19	24	43		31	38	69	27.6	62	25.8	39	—
共産		3	0	1	1	13	0	0	0	16	0	1	1	0.4	3	1.3	2	—
諸派	e	14	0	1	1	5	1	1	2	19	1	2	3					
	x						−1		−1		−1		−1					
	t		0	1	1		0	1	1		0	2	2	0.8	4	1.7	0	—
無所属	e	104	15	1	16	60	14	6	20	164	29	7	36					
	x		−10		−10		−6		−6		−16		−16					
	t		5	1	6		8	6	14		13	7	20	8.0	13	5.4	12	—
合計		240	53	47	100	220	75	75	150	460	128	122	250	100.0	240	100.0	132	—

	全国区			地方区		
	得票数	得票率		得票数	得票率	
		相対率	絶対率		相対率	絶対率
吉田自由	6,149,927	22.75	13.07	8,803,131	31.43	18.72
事後変化	＋307,389					
計	6,457,316	23.89	13.73			
鳩山自由	110,889	0.41	0.24	522,540	1.87	1.11
改進	1,630,507	6.03	3.47	2,840,345	10.14	6.04
選挙結果小計	7,891,323	29.19	16.78	12,166,016	43.43	25.87
変化後小計	8,198,712	30.33	17.43			
緑風	3,301,011	12.21	7.02	2,096,103	7.48	4.46
事後変化	＋2,378,523			＋1,183,508		
計	5,679,534	21.01	12.07	3,279,611	11.71	6.97
右派社会	1,740,423	6.44	3.70	2,952,803	10.54	6.28
左派社会	3,858,552	14.27	8.20	3,917,837	13.99	8.33
事後変化	＋362,293			＋498,103		
計	4,220,845	15.61	8.97	4,415,940	15.77	9.39
選挙結果小計	5,598,975	20.71	11.90	6,870,640	24.53	14.61
変化後小計	5,961,268	22.05	12.67	7,368,743	26.31	15.67
共産	293,877	1.09	0.62	264,729	0.95	0.56
諸派	445,433	1.65	0.95	600,116	2.14	1.28
事後変化				−256,059		
計				344,057	1.23	0.73
無所属	9,504,220	35.16	20.21	6,013,363	21.47	12.78
事後変化	−3,048,205			−1,425,552		
計	6,456,015	23.88	13.73	4,587,811	16.38	9.75
合計	27,034,839	100.00	57.48	28,010,967	100.00	59.55
棄権・無効などの率			42.52			40.45
当日有権者数	47,036,554	投票率 63.18％				

〔**第4回**〕 (1956. 7. 8)

		全国区				地方区				合計				議席率	選挙前		前回当選	前々回当
		候補	当選	非改	合計	候補	当選	非改	合計	候補	当選	非改	合計		議席	議席率		
自民	e	54	19	23	42	64	42	38	80	118	61	61						
	x		1死	+1	±0		+2,1死	+1	+2		+2,2死	+2						
	t		18	24	42		43	39	82		61	63	124	50.0	122	50.0	55	63
緑風	e	14	5	13	18	5	0	13	13	19	5	26	31	12.5				
	x			−1	−1			−1	−1			−2	−2					
	t		5	12	17		0	12	12		5	24	29	11.7	43	17.6	29	16
公明		4	2	0	2	2	1	0	1	6	3	0	3	1.2	0	0.0	0	0
社会	e	29	21	10	31	53	28	21	49	82	49	31	80	32.3				
	x							+1	+1			+1	+1					
	t		21	10	31		28	22	50		49	32	81	32.7	68	27.9	31	37
労農		1	0	0	0	2	0	0	0	3	0	0	0	0.0	2	0.8	—	2
社計		30	21	10	31	55	28	22	50	85	49	32	81	32.7	70	28.7	31	39
共産		3	1	0	1	31	1	0	1	34	2	0	2	0.8	1	0.4	0	2
諸派	e	9	1	0	1	8	0	0	0	17	1	0	1					
	x		−1		−1						−1		−1					
	t		0	0	0		0	0	0		0	0	0	0.0	0	0.0	0	0
無所属	e	36	3	2	5	26	3	3	6	62	6	5	11					
	x		+1		+1		−2	−1	−3		−1	−1	−2					
	t		4	2	6		1	2	3		5	4	9	3.6	8	3.3	13	12
合計		150	51	48	99	191	74	75	149	341	125	123	248	100.0	244	100.0	128	132

備考）この回と第5回の「公明」は，無所属のなかの創価学会員．

	全国区			地方区		
	得票数	得票率		得票数	得票率	
		相対率	絶対率		相対率	絶対率
自民	11,356,874	39.69	22.63	14,353,960	48.35	28.61
事後変化				+295,706		
計				14,649,666	49.35	29.20
緑風	2,877,101	10.05	5.73	653,843	2.20	1.30
公明	991,547	3.46	1.98	422,538	1.42	0.84
社会	8,549,939	29.88	17.04	11,156,060	37.58	22.23
労農	181,518	0.63	0.36	120,414	0.41	0.24
社会+労農	8,731,507	30.51	17.40	11,276,474	37.99	22.47
共産	599,253	2.09	1.19	1,149,009	3.87	2.29
諸派	607,838	2.12	1.21	115,862	0.39	0.23
事後変化	−370,389					
計	237,449	0.83	0.47			
無所属	3,452,338	12.06	6.88	1,713,960	5.77	3.42
事後変化	+370,389			−295,706		
計	3,822,727	13.36	7.62	1,418,254	4.78	2.83
合計	28,616,411	100.00	57.03	29,685,646	100.00	59.16
棄権・無効などの率			42.97			40.84
当日有権者数	50,177,888	投票率 62.11%				

〔第5回〕　(1959. 6. 2)

		全国区				地方区				合計				議席率	選挙前		前回当選	前々回当
		候補	当選	非改	合計	候補	当選	非改	合計	候補	当選	非改	合計		議席	議席率		
自民	e	36	22	17	39	65	49	45	94	101	71	62	133					
	x		+1		+1		+1		+1		+2		+2					
	t		23	17	40		50	45	95		73	62	135	54.2	127	52.9	61	55
緑風		5	4	5	9	7	2	0	2	12	6	5	11	4.4	20	8.3	5	29
公明		5	5	2	7	1	1	1	2	6	6	3	9	3.6	3	1.3	3	—
社会	e	25	17	20	37	53	21	27	48	78	38	47	85	34.1				
	x							−1	−1			−1	−1					
	t		17	20	37		21	26	47		38	46	84	33.7	78	32.5	49	31
共産		2	1	1	2	34	0	1	1	36	1	2	3	1.2	2	0.8	2	0
諸派	e	10	1	0	1	13	0	0	0	23	1	0	1					
	x		−1		−1						−1		−1					
	t		0	0	0		0	0	0		0	0	0	0.0	0	0.0	0	0
無所属	e	39	2	3	5	35	2	1	3	74	4	4	8					
	x		+1,−1				−1		−1		−1		−1					
	t		2	3	5		1	1	2		3	4	7	2.8	10	4.2	5	13
合計		122	52	48	100	208	75	74	149	330	127	122	249	100.0	240	100.0	125	128

	全国区			地方区		
	得票数	得票率		得票数	得票率	
		相対率	絶対率		相対率	絶対率
自民	12,120,597	41.20	22.65	15,667,021	52.00	29.28
事後変化	＋628,262			＋148,701		
計	12,748,859	43.33	23.82	15,815,722	52.49	29.55
緑風	2,382,703	8.10	4.45	731,383	2.43	1.37
公明	2,486,801	8.45	4.65	471,472	1.56	0.88
社会	7,794,753	26.49	14.57	10,265,393	34.07	19.18
共産	551,915	1.88	1.03	999,255	3.32	1.87
諸派	753,261	2.56	1.41	155,189	0.52	0.29
事後変化	－441,725					
計	311,536	1.06	0.58			
無所属	3,330,386	11.32	6.22	1,839,640	6.11	3.44
事後変化	－186,537			－148,701		
計	3,143,849	10.69	5.87	1,690,939	5.61	3.16
合計	29,420,414	100.00	54.97	30,129,354	100.00	56.30
棄権・無効などの率			45.03			43.70
当日有権者数	53,516,473	投票率 58.75％				

〔第 6 回〕 (1962. 7. 1)

	全国区				地方区				合計				議席率	選挙前		前回当選	前々回当
	候補	当選	非改	合計	候補	当選	非改	合計	候補	当選	非改	合計		議席	議席率		
自民 e	39	21	24	45	61	48	49	97	100	69	73	142					
x						+1		+1		+1		+1					
t		21	24	45		49	49	98		70	73	143	57.2	137	56.1	73	61
同志会 e	5	2	4	6	1	0	3	3	6	2	7	9					
x		+1		+1		+1		+1		+2		+2				緑風	〃
t		3	4	7		1	3	4		4	7	11	4.4	11	4.5	6	5
公明	7	7	5	12	2	2	1	3	9	9	6	15	6.0	9	3.7	6	3
社会	19	15	13	28	50	22	16	38	69	37	29	66	26.4	65	26.6	38	49
民社	5	3	2	5	19	1	5	6	24	4	7	11	4.4	16	6.6	—	—
共産	2	2	1	3	45	1	0	1	47	3	1	4	1.6	3	1.2	1	2
諸派	7	0	0	0	5	0	0	0	12	0	0	0	0.0	0	0.0	0	0
無所属 e	23	1	0	1	38	2	0	2	61	3	0	3					
x		−1		−1		−2		−2		−3		−3					
t		0	0	0		0	0	0		0	0	0	0.0	3	1.2	3	5
合計	107	51	49	100	221	76	74	150	328	127	123	250	100.0	244	100.0	127	125

〔第 7 回〕 (1965. 7. 4)

	全国区				地方区				合計				議席率	選挙前		前回当選	前々回当
	候補	当選	非改	合計	候補	当選	非改	合計	候補	当選	非改	合計		議席	議席率		
自民	36	25	20	45	59	46	49	95	95	71	69	140	56.2	144	59.3	70	73
社会	16	12	15	27	50	24	22	46	66	36	37	73	29.3	65	26.7	37	38
公明	9	9	7	16	5	2	2	4	14	11	9	20	8.0	13	5.3	9	6
民社	5	2	3	5	16	1	1	2	21	3	4	7	2.8	9	3.7	4	—
共産	2	2	1	3	46	1	0	1	48	3	1	4	1.6	3	1.2	3	1
諸派	9	0	0	0	27	0	0	0	36	0	0	0	0.0	4	1.6	同志4	緑風6
無	22	2	2	4	30	1	0	1	52	3	2	5	2.0	5	2.1	0	3
合計	99	52	48	100	233	75	74	149	332	127	122	249	100.0	243	100.0	127	127

	全国区			地方区		
	得票数	得票率		得票数	得票率	
		相対率	絶対率		相対率	絶対率
自民	16,581,636	46.37	29.54	17,112,986	47.13	30.48
事後変化				+171,936		
計				17,284,922	47.60	30.79
同志会	1,660,465	4.64	2.96	128,834	0.35	0.23
事後変化	+518,795			+382,318		
計	2,179,260	6.09	3.88	511,152	1.41	0.91
社会	8,666,909	24.24	15.44	11,917,674	32.82	21.23
公明	4,124,269	11.53	7.35	958,176	2.64	1.71
民社	1,899,756	5.31	3.38	2,649,422	7.30	4.72
共産	1,123,946	3.14	2.00	1,760,257	4.85	3.14
諸派	295,602	0.83	0.53	58,621	0.16	0.10
無所属	1,404,048	3.93	2.50	1,725,947	4.75	3.07
事後変化	−518,795			−554,254		
計	885,253	2.48	1.58	1,171,693	3.23	2.09
合計	35,756,634	100.00	63.69	36,311,922	100.00	64.68
棄権・無効などの率			36.31			35.32
当日有権者数	56,137,295	投票率 68.22%				

	全国区			地方区		
	得票数	得票率		得票数	得票率	
		相対率	絶対率		相対率	絶対率
自民	17,583,490	47.17	29.53	16,651,284	44.20	27.96
社会	8,729,655	23.42	14.66	12,346,650	32.77	20.74
公明	5,097,682	13.68	8.56	1,910,975	5.07	3.21
民社	2,214,375	5.94	3.72	2,303,860	6.12	3.87
共産	1,652,363	4.43	2.78	2,608,771	6.92	4.38
諸派	298,400	0.80	0.50	185,990	0.49	0.31
無所属	1,700,848	4.56	2.86	1,664,639	4.42	2.80
合計	37,276,815	100.00	62.60	37,672,170	100.00	63.27
棄権・無効などの率			37.40			36.73
当日有権者数	59,544,407	投票率 67.02%				

〔第 8 回〕　(1968. 7. 7)

	全国区				地方区				合計				議席率	選挙前		前回当選	前々回当
	候補	当選	非改	合計	候補	当選	非改	合計	候補	当選	非改	合計		議席	議席率		
自民	34	21	24	45	59	48	44	92	93	69	68	137	54.8	139	56.0	71	70
社会	15	12	11	23	47	16	26	42	62	28	37	65	26.0	73	29.4	36	37
公明	9	9	9	18	5	4	2	6	14	13	11	24	9.6	20	8.1	11	9
民社	4	4	2	6	12	3	1	4	16	7	3	10	4.0	6	2.4	3	4
共産	3	3	2	5	46	1	1	2	49	4	3	7	2.8	4	1.6	3	3
二院ク e	0	0	0	0	0	0	0	0	0	0	0	0					
x		+2	+1	+3			+1	+1		+2	+2	+4					
t		2	1	3		0	1	1		2	2	4	1.6	3	1.2	—	同志会 4
諸派	7	0	0		8	0	0		15	0	0	0	0.0	0	0.0	0	0
無所属 e	21	2	1	3	35	3	1	4	56	5	2	7					
x		−2	−1	−3			−1	−1		−2	−2	−4					
t		0	0	0		3	0	3		3	0	3	1.2	3	1.2	3	0
合計	93	51	49	100	212	75	75	150	305	126	124	250	100.0	248	100.0	127	127

〔第 9 回〕　(1971. 6. 27)

	全国区				地方区				合計				議席率	選挙前		前回当選	前々回当
	候補	当選	非改	合計	候補	当選	非改	合計	候補	当選	非改	合計		議席	議席率		
自民 e	34	21	21	42	60	42	51	93	94	63	72	135	53.6				
x		+1*		+1		+1		+1		+2		+2					
t		22	21	43		43	51	94		65	72	137	54.4	136	55.5	69	71
社会 e	13	11	11	22	47	28	16	44	60	39	27	66	26.2				
x		−1死		−1						−1		−1					
t		10	11	21		28	16	44		38	27	65	25.8	61	24.9	28	36
公明	8	8	9	17	2	2	4	6	10	10	13	23	9.1	24	9.8	13	11
民社	4	4	4	8	7	2	3	5	11	6	7	13	5.2	9	3.7	7	3
共産	5	5	3	8	46	1	1	2	51	6	4	10	4.0	7	2.9	4	3
諸派	3	0	0	0	7	0	0	0	10	0	0	0	0.0	0	0.0	0	0
無所属 e	39	1	2	3	33	1	1	2	72	2	3	5	2.0				
x						−1		−1		−1		−1					
t		1	2	3		0	1	1		1	3	4	1.6	8	3.3	5	3
合計	106	50	50	100	202	76	76	152	308	126	126	252	100.0	245	100.0	126	127

備考）1. 無所属総計 4 のうち 3 は二院クラブ.
2. ＊印は繰り上げ当選(社会党・山本伊三郎の死去で，自民党・黒住忠行).

	全国区			地方区		
	得票数	得票率		得票数	得票率	
		相対率	絶対率		相対率	絶対率
自民	20,120,089	46.71	30.54	19,405,545	44.86	29.45
社会	8,542,199	19.83	12.97	12,617,680	29.17	19.15
公明	6,656,771	15.45	10.10	2,632,528	6.09	4.00
民社	2,578,580	5.99	3.91	3,010,089	6.96	4.57
共産	2,146,878	4.98	3.26	3,577,179	8.27	5.43
二院ク	0	0.00	0.00	0	0.00	0.00
事後変化	+1,870,596					
計	1,870,596	4.34	2.84			
諸派	157,500	0.37	0.24	106,587	0.25	0.16
無所属	2,872,278	6.67	4.36	1,910,371	4.42	2.90
事後変化	−1,870,596					
計	1,001,682	2.33	1.52			
合計	43,074,295	100.00	65.38	43,259,979	100.00	65.66
棄権・無効などの率			34.62			34.34
当日有権者数	65,886,145	投票率 68.94%				

	全国区			地方区		
	得票数	得票率		得票数	得票率	
		相対率	絶対率		相対率	絶対率
自民	17,759,395	44.47	24.95	17,915,348	44.02	25.17
事後変化				+157,894		
計				18,073,242	44.41	25.39
社会	8,494,264	21.27	11.93	12,597,644	30.95	17.70
公明	5,626,292	14.09	7.90	1,391,855	3.42	1.96
民社	2,441,508	6.11	3.43	1,919,643	4.72	2.70
共産	3,219,306	8.06	4.52	4,878,570	11.99	6.85
諸派	48,299	0.12	0.07	77,376	0.19	0.11
無所属	2,342,516	5.87	3.29	1,916,490	4.71	2.69
事後変化				−157,894		
計				1,758,596	4.32	2.47
合計	39,931,583	100.00	56.10	40,696,926	100.00	57.18
棄権・無効などの率			43.90			42.82
当日有権者数	71,177,667	投票率 59.24%				

〔**第10回**〕　　　　　　(1974. 7. 7)

		全国区				地方区				合計				議席率	選挙前		前回当選	前々回当
		候補	当選	非改	合計	候補	当選	非改	合計	候補	当選	非改	合計		議席	議席率		
自民	e	35	19	22	41	60	43	42	85	95	62	64	126	50.0				
	x						+1		+1		+1		+1					
	t		19	22	41		44	42	86		63	64	127	50.4	134	54.9	65	69
社会		12	10	7	17	45	18	27	45	57	28	34	62	24.6	59	24.2	38	28
公明		9	9	8	17	36	5	2	7	45	14	10	24	9.5	23	9.4	10	13
民社		5	4	3	7	9	1	2	3	14	5	5	10	4.0	11	4.5	6	7
共産		8	8	5	13	46	5	2	7	54	13	7	20	7.9	11	4.5	6	4
二院ク	e	0	0	1	1	0	0	0	0	0	0	1	1					
	x		+2		+2		+1		+1		+3		+3					
	t		2	1	3		1	0	1		3	1	4	1.6	4	1.6	—	2
諸派	e	5	0	0	0	6	1	0	1	11	1	0	1					
	x						−1		−1		−1		−1					
	t		0	0	0		0	0	0		0	0	0	0.0	0	0.0	0	0
無所属	e	38	4	0	4	35	3	1	4	73	7	1	8	3.2				
	x		−2		−2		−1		−1		−3		−3					
	t		2	0	2		2	1	3		4	1	5	2.0	2	0.8	1	3
合計		112	54	46	100	237	76	76	152	349	130	122	252	100.0	244	100.0	126	126

備考）共産地方区の候補，票数には，神奈川地方区の陶山圭之輔（無）を含む.

	全国区			地方区		
	得票数	得票率		得票数	得票率	
		相対率	絶対率		相対率	絶対率
自民	23,332,773	44.34	30.96	21,132,372	39.50	28.04
事後変化				+182,363		
計				21,314,735	39.84	28.29
社会	7,990,456	15.18	10.60	13,907,864	26.00	18.46
公明	6,360,419	12.09	8.44	6,732,937	12.59	8.93
共産	4,931,649	9.37	6.54	6,846,468	12.80	9.22
民社	3,114,895	5.92	4.13	2,353,397	4.40	3.12
二院ク	0	0.00	0.00	0	0.00	0.00
事後変化	+3,771,787			+261,396		
計	3,771,787	7.17	5.01	261,396	0.49	0.35
諸派	74,345	0.14	0.10	332,716	0.62	0.44
事後変化				−294,205		
計				38,511	0.07	0.05
無所属	6,820,199	12.96	9.05	2,191,646	4.10	2.91
事後変化	−3,771,787			−149,554		
計	3,048,412	5.79	4.05	2,042,092	3.82	2.71
合計	52,624,736	100.00	69.83	53,497,401	100.00	71.13
棄権・無効などの率			30.17			29.01
当日有権者数	75,356,068	投票率 73.20%				

〔**第 11 回**〕 (1977. 7. 10)

		全国区				地方区				合計				議席率	選挙前		前回当選	前々回当
		候補	当選	非改	合計	候補	当選	非改	合計	候補	当選	非改	合計		議席	議席率		
自民	e	22	18	16	34	55	45	45	90	77	63	61	124	49.8				
	x		+1	−1			+2	−1	+1		+3	−2	+1					
	t		19	15	34		47	44	91		66	59	125	50.2	126	50.6	63	65
新自ク	e	4	1	0	1	9	2	1	3	13	3	1	4	1.6				
	x		+1		+1						+1		+1					
	t		2	0	2		2	1	3		4	1	5	2.0	1	0.4	—	—
小計	e	26	19	16	35	64	47	46	93	90	66	62	128	51.4				
	x		+2	−1	+1		+2	−1	+1		+4	−2	+2					
	t		21	15	36		49	45	94		70	60	130	52.2	127	51.0	63	65
社会		12	10	11	21	47	17	18	35	59	27	29	56	22.5	61	24.5	28	38
公明		9	9	9	18	6	5	5	10	15	14	14	28	11.2	24	9.6	14	10
共産		7	3	6	9	45	2	5	7	52	5	11	16	6.4	20	8.0	13	6
民社		4	4	4	8	7	2	1	3	11	6	5	11	4.4	10	4.0	5	6
二院ク	e	0	0	3	3	0	0	1	1	0	0	4	4					
	x		+1		+1						+1		+1					
	t		1	3	4		0	1	1		1	4	5	2.0	4	1.6	3	—
市連		2	1	0	1	8	0	0	0	10	1	0	1	0.4	0	0.0	—	—
革自連	e	5	1	0	1	5	0	0	0	10	1	0	1					
	x		−1		−1						−1		−1					
	t		0	0	0		0	0	0		0	0	0	0.0	0	0.0	—	—
諸派	e	12	0	0	0	15	1	0	1	27	1	0	1					
	x						−1		−1		−1		−1					
	t		0	0	0		0	0	0		0	0	0	0.0	0	0.0	0	0
無所属	e	25	3	0	3	21	2	0	2	46	5	0	5	2.0				
	x		−2		−2		−1		−1		−3		−3					
	t		1	0	1		1	0	1		2	0	2	0.8	3	1.2	4	1
合計		102	50	48	98	218	76	75	151	320	126	123	249	100.0	249	100.0	130	126

	全国区			地方区		
	得票数	得票率		得票数	得票率	
		相対率	絶対率		相対率	絶対率
自　民	18,160,060	35.83	23.19	20,440,156	39.46	26.10
事後変化	＋741,646			＋598,689		
計	18,901,706	37.29	24.13	21,038,845	40.62	26.86
新自ク	1,957,902	3.86	2.50	2,951,975	5.70	3.77
事後変化	＋944,275					
計	2,902,177	5.73	3.71			
選挙結果小計	20,117,962	39.69	25.69	23,392,131	45.16	29.87
変化後小計	21,803,883	43.02	27.84	23,990,820	46.32	30.63
社　会	8,805,617	17.37	11.24	13,403,215	25.88	17.11
公　明	7,174,458	14.16	9.16	3,206,719	6.19	4.09
民　社	3,387,540	6.68	4.33	2,318,386	4.48	2.96
共　産	4,260,049	8.41	5.44	5,159,141	9.96	6.59
二院ク	0	0.00	0.00	0	0.00	0.00
事後変化	＋758,911					
計	758,911	1.50	0.97			
社市連	1,418,855	2.80	1.81	610,505	1.18	0.78
革自連	1,381,699	2.73	1.76	475,560	0.92	0.61
事後変化	−758,911					
計	622,788	1.23	0.80			
諸　派	368,747	0.73	0.47	748,228	1.44	0.96
事後変化				−326,263		
計				421,965	0.81	0.54
無所属	3,767,661	7.43	4.81	2,485,292	4.80	3.17
事後変化	−1,685,921			−272,426		
計	2,081,740	4.11	2.66	2,212,866	4.27	2.83
合　計	50,682,588	100.00	64.71	51,799,177	100.00	66.14
棄権・無効などの率			35.29			33.86
当日有権者数	78,321,715	投票率　68.49％				

〔第 12 回〕　　(1980. 6. 22)

		全国区				地方区				合計				議席率	選挙前		前回当選	前々回当
		候補	当選	非改	合計	候補	当選	非改	合計	候補	当選	非改	合計		議席	議席率		
自民	e	23	21	19	40	54	48	47	95	77	69	66	135	53.8				
	x			+1	+1		+1		+1		+1	+1	+2					
	t		21	20	41		49	47	96		70	67	137	54.6	124	50.4	66	63
自ク		1	0	1	1	1	0	1	1	2	0	2	2	0.8	2	0.8	4	—
小計	e	24	21	20	41	55	48	48	96	79	69	68	137					
	x			+1	+1		+1		+1		+1	+1	+2					
	t		21	21	42		49	48	97		70	69	139	55.4	126	51.2	70	63
社会		10	9	9	18	39	13	16	29	49	22	25	47	18.7	52	21.1	27	28
公明	e	9	9	9	18	5	3	5	8	14	12	14	26					
	x						+1		+1		+1		+1					
	t		9	9	18		4	5	9		13	14	27	10.8	28	11.4	14	14
民社	e	4	4	4	8	7	2	2	4	11	6	6	12					
	x		−1死		−1		+1		+1		±1		±0					
	t		3	4	7		3	2	5		6	6	12	4.8	10	4.1	6	5
共産		6	3	3	6	46	4	2	6	52	7	5	12	4.8	16	6.5	5	13
一院ク	e	0	0	1	1	0	0	0	0	0	0	1	1					
	x		+2		+2		+1		+1		+3		+3					
	t		2	1	3		1	0	1		3	1	4	1.6	5	2.0	1	3
社民連	e	1	0	2	2	0	0	0	0	1	0	2	2					
	x		+1＊		+1						+1		+1					
	t		1	2	3		0	0	0		1	2	3	1.2	3	1.2	1	—
諸派	e	4	1	0	1	19	1	0	1	23	2	0	2					
	x		−1		−1		−1		−1		−2		−2					
	t		0	0	0		0	0	0		0	0	0	0.0	0	0.0	0	0
無所属	e	35	3	2	5	21	5	2	7	56	8	4	12					
	x		−1	−1	−2		−3		−3		−4	−1	−5					
	t		2	1	3		2	2	4		4	3	7	2.8	6	2.4	2	4
合計		93	50	50	100	192	76	75	151	285	126	125	251	100.0	246	100.0	126	130

備考） 1. ＊印は繰り上げ当選（民社党・向井長年の死去で社民連・秦豊）.

2. 新自ク 2 人と社民連 3 人，ほか 2 人で「新政クラブ」をつくった.

3. 正副議長とほか 3 人が純無所属.

	全国区			地方区		
	得票数	得票率		得票数	得票率	
		相対率	絶対率		相対率	絶対率
自民	23,778,189	42.49	29.38	24,533,082	43.27	30.32
事後変化				+1,315,583		
計				25,848,665	45.59	31.94
新自ク	351,291	0.63	0.43	349,989	0.62	0.43
選挙結果小計	24,129,480	43.12	29.82	24,883,071	43.89	30.75
変化後小計				26,198,654	46.21	32.37
社会	7,341,827	13.12	9.07	12,715,880	22.43	15.71
公明	6,669,386	11.92	8.24	2,817,379	4.97	3.48
事後変化				+617,145		
計				3,434,524	6.06	4.24
共産	4,072,019	7.28	5.03	6,652,310	11.73	8.22
民社	3,364,478	6.01	4.16	2,917,239	5.14	3.60
事後変化				+943,189		
計				3,860,428	6.81	4.77
二院ク	0	0.00	0.00	0	0.00	0.00
事後変化	+5,032,155			+282,926		
計	5,032,155	8.99	6.22	282,926	0.50	0.35
社民連	627,272	1.12	0.78	0	0.00	0.00
諸派	1,675,493	2.99	2.07	628,055	1.11	0.78
事後変化	−1,619,629			−282,926		
計	55,864	0.10	0.07	345,129	0.61	0.43
無所属	8,077,785	14.44	9.98	6,086,620	10.73	7.52
事後変化	−3,412,526			−2,875,917		
計	4,665,259	8.34	5.76	3,210,703	5.66	3.97
合計	55,957,745	100.00	69.15	56,700,556	100.00	70.07
棄権・無効などの率			30.85			29.93
当日有権者数	80,925,034	投票率 74.54%				

〔第 13 回〕　　　　(1983. 6. 26)

		比例代表区				選挙区				合計				議席率	選挙前		前回当選	前々回当
		候補	当選	非改	合計	候補	当選	非改	合計	候補	当選	非改	合計		議席	議席率		
自民		30	19	19	38	60	49	50	99	90	68	69	137	55.0	134	54.5	70	66
社会		18	9	9	18	46	13	13	26	64	22	22	44	17.7	48	19.5	22	27
公明		17	8	9	17	6	6	4	10	23	14	13	27	10.8	27	11.0	13	14
共産		25	5	3	8	46	2	4	6	71	7	7	14	5.6	12	4.9	7	5
民社	e	17	4	3	7	15	2	3	5	32	6	6	12					
	x						+1		+1		+1		+1					
	t		4	3	7		3	3	6		7	6	13	5.2	12	4.9	6	6
自ク連	e	9	1	0	1	1	1	1	2	10	2	1	3					
	x						+1		+1		+1		+1					
	t		1	0	1		2	1	3		3	1	4	1.6	6	2.4	1	5
二院		10	1	1	2	0	0	0	0	10	1	1	2	0.8	1	0.4	3	1
サラ		10	2	0	2	0	0	0	0	10	2	0	2	0.8	0	0.0	—	—
福祉		10	1	0	1	0	0	0	0	10	1	0	1	0.4	1	0.4	—	—
無党		10	0	1	1	0	0	0	0	10	0	1	1	0.4	2	0.8	—	—
平和		10	0	0	0	0	0	0	0	10	0	0	0	0.0	0	0.0	—	—
諸派	e	25	0	0	0	54	2	0	2	79	2	0	2					
	x						−1		−1		−1		−1					
	t		0	0	0		1	0	1		1	0	1	0.4	1	0.4	0	0
無所属	e	—	—	2	2	11	1	1	2	11	1	3	4					
	x						−1				−1		−1					
	t		—	2	2		0	1	1		0	3	3	1.2	2	0.8	4	2
合計		191	50	47	97	239	76	76	152	430	126	123	249	100.0	246	100.0	126	126

備考）無党派，二院ク，サラリーマン，福祉，諸派，無所属の 10 人は院内に「参議院の会」をつくった．

	比例代表区			選挙区		
	得票数	得票率		得票数	得票率	
		相対率	絶対率		相対率	絶対率
自民	16,441,437	35.33	19.65	19,975,033	43.24	23.87
社会	7,590,331	16.31	9.07	11,217,515	24.28	13.40
公明	7,314,465	15.72	8.74	3,615,994	7.83	4.32
共産	4,163,877	8.95	4.98	4,859,333	10.52	5.81
民社	3,888,429	8.36	4.65	2,638,780	5.71	3.15
事後変化				+867,308		
計				3,506,088	7.59	4.19
自ク連	1,239,169	2.66	1.48	563,811	1.22	0.67
事後変化				+963,146		
計				1,526,957	3.31	1.82
無党派	509,104	1.09	0.61	—	—	—
二院ク	1,142,349	2.45	1.37	—	—	—
福祉	1,577,630	3.39	1.89	—	—	—
サラリーマン	1,999,244	4.30	2.39	—	—	—
平和	155,448	0.33	0.19	—	—	—
諸派	515,445	1.11	0.62	1,561,835	3.38	1.87
事後変化				−963,146		
計				598,689	1.30	0.72
無所属	—	—	—	1,768,021	3.83	2.11
事後変化				−867,308		
計				900,713	1.95	1.08
合計	46,536,928	100.00	55.61	46,200,324	100.00	55.21
棄権・無効などの率			44.39			44.79
当日有権者数	83,682,416	投票率 57.00%				

〔**第 14 回**〕　　　（1986. 7. 6）

		比例代表区				選挙区				合計				議席率	選挙前		前回当選	前々回当
		候補	当選	非改	合計	候補	当選	非改	合計	候補	当選	非改	合計		議席	議席率		
自民	e	25	22	20	42	58	50	51	101	83	72	71	143	56.7				
	x					+8	+2		+2	+8	+2		+2					
	t	25	22	20	42	66	52	51	103	91	74	71	145	57.5	134	55.6	68	70
社会	e	18	9	9	18	40	11	12	23	58	20	21	41	16.3				
	x					+3	+1		+1	+3	+1		+1					
	t	18	9	9	18	43	12	12	24	61	21	21	42	16.7	41	17.0	22	22
公明	e	17	7	8	15	4	3	6	9	21	10	14	24	9.5				
	x					+1	+1		+1	+1	+1		+1					
	t	17	7	8	15	5	4	6	10	22	11	14	25	9.9	26	10.8	14	13
共産		25	5	5	10	46	4	2	6	71	9	7	16	6.3	14	5.8	7	7
民社		17	3	4	7	10	2	3	5	27	5	7	12	4.8	14	5.8	7	6
新自		7	1		1					7	1		1	0.4	1	0.4	1	1
社民				1	1							1	1	0.4	1	0.4	1	3
二院		10	1	1	2			1	1	10	1	2	3	1.2	3	1.2	1	
サラ		9	1	2	3					9	1	2	3	1.2	2	0.8	2	
税金		9	1		1	1		1	1	10	1	1	2	0.8	1	0.4		
福祉		10								10							1	
諸派		96				81				177							2	
無所属	e					23	6		6	23	6		6	2.4				
	x					−12	−4		−4	−12	−4		−4					
	t					11	2		2	11	2		2	0.8	4	1.7		4
合計		243	50	50	100	263	76	76	152	506	126	126	252	100.0	241	100.0	126	126

備考）非改選議席は 86 年 8 月 10 日佐賀補選の自民当選者を含む.

	比例代表区			選挙区		
	得票数	得票率		得票数	得票率	
		相対率	絶対率		相対率	絶対率
自民	22,132,573	38.58	25.61	26,111,258	45.07	30.21
無・保				1,612,850	2.78	1.87
計				27,724,108	47.85	32.08
社会	9,869,088	17.20	11.42	12,464,578	21.51	14.42
無・社				821,798	1.42	0.95
計				13,286,376	22.93	15.37
公明	7,438,501	12.97	8.61	2,549,037	4.40	2.95
無・公				629,493	1.09	0.73
計				3,178,530	5.49	3.68
共産	5,430,838	9.47	6.28	6,617,486	11.42	7.66
民社	3,940,325	6.87	4.56	2,643,370	4.56	3.06
無・民				549,508	0.95	0.64
計				3,192,878	5.51	3.69
税金	1,803,051	3.14	2.09	327,444	0.57	0.38
サラ新	1,759,484	3.07	2.04			
二院ク	1,455,532	2.54	1.68			
新自ク	1,367,291	2.38	1.58			
福祉	570,995	1.00	0.66			
諸派	1,595,064	2.78	1.85	1,192,794	2.06	1.38
無所属				6,032,259	10.41	6.98
各系へ				−3,613,649	−6.24	−4.18
残				2,418,610	4.17	2.80
合計	57,362,742	100.00	66.37	57,938,226	100.00	67.04
棄権・無効	29,064,103		33.63	28,488,619		32.96
当日有権者数	86,426,845	投票率 71.40％				

〔**第15回**〕　（1989.7.23）

		比例代表区				選挙区				合計				議席率	選挙前		前回当選	前々回当
		候補	当選	非改	合計	候補	当選	非改	合計	候補	当選	非改	合計		議席	議席率		
自民	e	25	15	22	37	53	21	51	72	78	36	73	109	43.3				
	x					+14	+2		+2	+14	+2		+2					
	t	25	15	22	37	67	23	51	74	92	38	73	111	44.0	143	56.7	74	68
社会	e	25	20	9	29	30	26	13	39	55	46	22	68	27.0				
	x					+5	+6		+6	+4	+6		+6					
	t	25	20	9	29	35	32	13	45	60	52	22	74	29.4	43	17.1	21	22
公明		17	6	7	13	5	4	4	8	22	10	11	21	8.3	25	9.9	11	14
共産		25	4	5	9	46	1	4	5	71	5	9	14	5.6	16	6.3	9	7
連合						12	11	1	12	12	11	1	12	4.8	1	0.4	1	1
民社	e	17	2	3	5	8	1	2	3	25	3	5	8	3.2				
	x					+1	+1			+1	+1		+1					
	t	17	2	3	5	9	2	2	4	26	4	5	9	3.6	12	4.8	5	7
税金		9	1	1	2	1	1		1	10	2	1	3	1.2	2	0.8	1	
二院		10	1	1	2	1	1		1	11	2	1	3	1.2	3	1.2	1	1
サラ		9		1	1	1				10		1	1	0.4	2	0.8	1	2
スポ		10	1		1					10	1		1					
太陽		9				1				10					1	0.4		1
社民															1	0.4		
諸派		229		1	1	85				314		1	1		1	0.4		3
無所属	e					42	10	1	11	42	10	1	11	4.4				
	x					−20	−9		−9	−20	−9		−9					
	t					22	1	1	2	22	1	1	2	0.8	2	0.8	2	
合計		385	50	50	100	285	76	76	152	670	126	126	252	100.0	252	100.0	126	126

	比例代表区			選挙区		
	得票数	得票率		得票数	得票率	
		相対率	絶対率		相対率	絶対率
自民	15,343,455	27.32	17.07	17,466,406	30.70	19.43
無・保				2,370,308	4.17	2.64
計				19,836,714	34.86	22.07
社会	19,688,252	35.05	21.90	15,009,451	26.38	16.70
無・社				3,188,276	5.60	3.55
計				18,197,727	31.98	20.24
公明	6,097,971	10.86	6.78	2,900,947	5.10	3.23
共産	3,954,408	7.04	4.40	5,012,424	8.81	5.58
無・共				350,784	0.62	0.39
計				5,363,208	9.43	5.97
連合				3,878,783	6.82	4.31
民社	2,726,419	4.85	3.03	2,066,533	3.63	2.30
無・民				804,626	1.41	0.90
計				2,871,159	5.05	3.19
税金	1,179,939	2.10	1.31	889,633	1.56	0.99
二院ク	1,250,022	2.23	1.39	337,250	0.59	0.38
サラ新	872,326	1.55	0.97	256,678	0.45	0.29
スポーツ	993,989	1.77	1.11			
太陽	147,090	0.26	0.16	11,226	0.02	0.01
進歩	711,980	1.27	0.79	863,185	1.52	0.96
諸派	3,205,477	5.71	3.57	844,394	1.48	0.94
無所属				7,362,723	12.94	8.19
各系へ				−6,713,994	−11.80	−7.47
残				648,729	1.14	0.72
合計	56,171,328	100.00	62.49	56,899,633	100.00	63.30
棄権・無効	33,720,030		37.51	32,991,725		36.70
当日有権者数	89,891,358	投票率 65.02％				

備考）二院クの選挙区得票数は喜屋武真栄.

〔第 16 回〕　　（1992. 7. 26）

		比例代表区				選挙区				合計				議席率	選挙前		前回当選	前々回当
		候補	当選	非改	合計	候補	当選	非改	合計	候補	当選	非改	合計		議席	議席率		
自民	e	27	19	16	35	55	50	23	73	82	69	39	108	42.9				
	x					+8	+1		+1	+8	+1		+1					
	t	27	19	16	35	63	51	23	74	90	70	39	109	43.3	114	45.2	40	77
社会	e	25	10	20	30	18	12	29	41	43	22	49	71	28.2				
	x					+7	+2		+2	+7	+2		+2					
	t	25	10	20	30	25	14	29	43	50	24	49	73	29.0	71	28.2	52	21
公明		17	8	6	14	6	6	4	10	23	14	10	24	9.5	20	7.9	10	11
連合						22	0	12	12	22	0	12	12	4.8	13	5.2	11	
共産		25	4	4	8	46	2	1	3	71	6	5	11		14	5.6	5	9
民社	e	17	3	2	5	3	1	3	4	20	4	5	9	3.6				
	x					+2	+1			+2	+1		+1					
	t	17	3	2	5	5	2	3	5	22	5	5	10	4.0	8	3.2	4	5
日本新		16	4		4					16	4		4					
スポ		10	1	1	2					10	1	1	2	0.8	1	0.4	1	
二院ク	e	10	1	1	2	0	0	1	1	10	1	2	3	1.2		0.0		
	x					+2	+2		+2	+2	+2		+2					
	t	10	1	1	2	2	2	1	3	12	3	2	5		2	0.8	1	1
社民		9	0	0	0			1	1	9	0	1	1	0.4	1	0.4	0	
進歩						1	0	0	0	1	0		0		0	0.0		
諸派	e	173	0	0	0	121	2	0	2	294	2	0	2					
	x					−2	−2		−2	−2	−2	0	−2					
	t	173	0	0	0	119	0	0	0	292	0	0	0		1	0.4		
無所属	e					39	4	1	5	42	4	1	5	2.0				
	x					−17	−4		−4	−20	−4		−4					
	t					22	0	1	1	22	0	1	1	0.4	5	2.0	2	2
合計		329	50	50	100	311	77	75	152	640	127	125	252	100.0	250	99.2	126	126

備考）無所属は紀平悌子.

	比例代表区			選挙区		
	得票数	得票率		得票数	得票率	
		相対率	絶対率		相対率	絶対率
自民	14,961,199	33.29	16.04	19,711,045	43.43	21.14
無・保				817,248	1.80	0.88
計				20,528,293	45.23	22.01
社会	7,981,726	17.76	8.56	5,846,238	12.88	6.27
無・社，諸				1,300,902	2.87	1.40
計				7,147,140	15.75	7.66
公明	6,415,503	14.27	6.88	3,550,060	7.82	3.81
連合				4,399,684	9.69	4.72
共産	3,532,956	7.86	3.79	4,817,001	10.61	5.17
民社	2,255,423	5.02	2.42	1,039,979	2.29	1.12
無・民				857,007	1.89	0.92
計				1,896,986	4.18	2.03
日本新	3,617,246	8.05	3.88			
スポーツ	1,375,791	3.06	1.48			
二院ク	1,321,639	2.94	1.42	0		
無，諸派から				1,220,752	2.69	1.31
計				1,220,752	2.69	1.31
社民連	671,594	1.49	0.72			
進歩				348,264	0.77	0.37
諸派	2,815,620	6.26	3.02	1,225,123	2.70	1.31
事後変化				−495,536	−1.09	−0.53
計				729,587	1.61	0.78
無所属				4,445,793	9.80	4.77
各系へ				−3,700,373	−8.15	−3.97
残				745,420	1.64	0.80
合計	44,948,697	100.00	48.20	45,383,187	100.00	48.67
棄権・無効	48,305,328		51.80	47,870,838		51.33
当日有権者数	93,254,025	投票率 50.72％				

〔**第 17 回**〕　(1995. 7. 23)

	比例代表区				選挙区				合計				議席率	選挙前		前回当選	前々回当
	候補	当選	非改	合計	候補	当選	非改	合計	候補	当選	非改	合計		議席	議席率		
自民	29	15	17	32	37	31	48	79	66	46	65	111	44.1	94	37.3	70	38
新進	30	18	10	28	32	22	7	29	62	40	17	57	22.7	35	13.9	—	—
社会	18	9	10	19	22	7	11	18	40	16	21	37	14.7	63	25.0	24	52
共産	25	5	4	9	47	3	2	5	72	8	6	14	5.6	11	4.4	6	5
さきがけ	10	2	0	2	5	1	0	1	15	3	0	3	1.2	1	0.4	—	—
民改連	0	0	0	0	11	2	0	2	11	2	0	2	0.8	8	3.2		
二院ク	5	1	1	2	0	—	0	0	5	1	1	2	0.8	2	0.8	3	2
平和市民	4	0	0	0	3	1	1	2	7	1	1	2	0.8	4	1.6		
スポーツ	3	0	1	1	0	—	0	0	3	0	1	1	0.4	2	0.8	1	1
諸派・無所属	53	0	2	2	222	9	1	10	275	9	3	12	4.8	18	7.1	23	18
公明	0	—	5	5	0	—	6	6	0	—	11	11	4.4	12	4.8		10
合計	177	50	50	100	379	76	76	152	556	126	126	252	100.0	250	99.2	127	126

	比例代表区			選挙区		
	得票数	得票率		得票数	得票率	
		相対率	絶対率		相対率	絶対率
自民	11,096,972	27.29	11.47	10,557,547	25.40	10.91
新進	12,506,322	30.75	12.93	11,003,681	26.47	11.37
社会	6,882,919	16.92	7.11	4,926,003	11.85	5.09
共産	3,873,955	9.53	4.00	4,314,830	10.38	4.46
さきがけ	1,455,886	3.58	1.50	1,059,353	2.55	1.09
民改連	—	—	—	1,854,175	4.46	1.92
二院ク	1,282,596	3.15	1.33	—	—	—
平和市民	377,786	0.93	0.39	579,377	1.39	0.60
スポーツ	541,894	1.33	0.56	—	—	—
諸派・無所属	2,649,930	6.52	2.74	7,278,089	17.51	7.52
合計	40,668,260	100.00	42.03	41,573,055	100.00	42.97
棄権・無効	56,090,765		57.97	55,185,970		57.03
当日有権者数	96,759,025	投票率 比例代表区 44.50% 選挙区 44.52%				

〔第18回〕 (1998. 7. 12)

	比例代表区				選挙区				合計				議席率	選挙前		前回当選	前々回当
	候補	当選	非改	合計	候補	当選	非改	合計	候補	当選	非改	合計		議席	議席率		
自民	30	14	17	31	57	30	42	72	87	44	59	103	40.9	119	47.2	46	70
民主	25	12	7	19	23	15	13	28	48	27	20	47	18.7	38	15.1	—	—
共産	25	8	5	13	45	7	3	10	70	15	8	23	9.1	14	5.6	8	6
公明	18	7	7	14	2	2	6	8	20	9	13	22	8.7	24	9.5	0	14
自由	12	5	4	9	9	1	2	3	21	6	6	12	4.8	11	4.4	—	—
社民	17	4	4	8	20	1	4	5	37	5	8	13	5.2	20	7.9	16	24
さきがけ	3	0	2	2	0	—	1	1	3	0	3	3	1.2	3	1.2	3	—
改革ク	0	—	0	0	0	—	3	3	0	—	3	3	1.2	3	1.2		
二院ク	3	0	1	1	0	—	0	0	3	0	1	1	0.4	2	0.8	1	3
諸派・無所属	25	0	3	3	160	20	2	22	185	20	5	25	9.9	16	6.4	52	10
合計	158	50	50	100	316	76	76	152	474	126	126	252	100.0	250	99.2	126	127

	比例代表区			選　挙　区		
	得　票　数	得票率		得　票　数	得票率	
		相対率	絶対率		相対率	絶対率
自　民	14,128,719	25.17	14.26	17,033,851	30.45	17.20
民　主	12,209,685	21.75	12.33	9,063,939	16.20	9.15
共　産	8,195,078	14.60	8.27	8,758,759	15.66	8.84
公　明	7,748,301	13.80	7.82	1,843,479	3.30	1.86
自　由	5,207,813	9.28	5.26	980,249	1.75	0.99
社　民	4,370,763	7.79	4.41	2,403,649	4.30	2.43
さきがけ	784,591	1.40	0.79	—	—	—
二院ク	579,714	1.03	0.59	—	—	—
諸派・無所属	2,912,359	5.19	2.94	15,852,135	28.34	16.00
合　計	56,137,023	100.00	56.68	55,936,064	100.00	56.47
棄権・無効	42,911,677		43.32	43,112,636		43.53
当日有権者数	99,048,700	投票率　比例代表区　58.83％ 選挙区　58.84％				

〔**第19回**〕　(2001. 7. 29)

	比例代表区				選挙区				合計				議席率	選挙前		前回当選	前々回当
	候補	当選	非改	合計	候補	当選	非改	合計	候補	当選	非改	合計		議席	議席率		
自民	27	20	14	34	49	44	33	77	76	64	47	111	44.9	108	42.9	45	46
民主	28	8	12	20	35	18	21	39	63	26	33	59	23.9	56	22.2	27	—
公明	17	8	7	15	5	5	3	8	22	13	10	23	9.3	23	9.1	9	0
共産	25	4	8	12	47	1	7	8	72	5	15	20	8.1	23	9.1	15	8
自由	17	4	2	6	14	2	0	2	31	6	2	8	3.2	5	2.0	6	—
社民	10	3	4	7	14	0	1	1	24	3	5	8	3.2	12	4.8	5	16
無所属の会	1	0	0	0	0	—	4	4	1	0	4	4	1.6	4	1.6		—
保守	5	1	3	4	0	—	1	1	5	1	4	5	2.0	7	2.8	—	—
二院ク	10	0	0	0	0	—	1	1	10	0	1	1	0.4	1	0.4	0	1
自由連合	47	0	0	0	45	0	0	0	92	0	0	0	0.0	1	0.4	0	—
新風	2	0	0	0	8	0	0	0	10	0	0	0	—	0	—		
女性	2	0	0	0	8	0	0	0	10	0	0	0	—	0	—		
新社会	3	0	0	0	13	0	0	0	16	0	0	0	—	0	—		
自由と希望	10	0	0	0	0	—	0	0	10	0	0	0	—	0	—		
諸派・無所属	0	—	0	0	54	3	5	8	54	3	5	8	3.2	10	4.0	19	15
合計	204	48	50	98	292	73	76	149	496	121	126	247	100.0	250	99.2	126	126

	比例代表区			選挙区		
	得票数	得票率		得票数	得票率	
		相対率	絶対率		相対率	絶対率
自民	21,114,727	38.57	20.84	22,299,825	41.04	22.03
民主	8,990,524	16.42	8.87	10,066,552	18.53	9.94
公明	8,187,804	14.96	8.08	3,468,664	6.38	3.43
共産	4,329,210	7.91	4.27	5,362,958	9.87	5.30
自由	4,227,148	7.72	4.17	3,011,787	5.54	2.98
社民	3,628,635	6.63	3.58	1,874,299	3.45	1.85
無所属の会	157,204	0.29	0.16	—	—	—
保守	1,275,002	2.33	1.26	—	—	—
二院ク	669,872	1.22	0.66	—	—	—
自由連合	780,389	1.43	0.77	1,243,790	2.29	1.23
新風	59,385	0.11	0.06	72,066	0.13	0.07
女性	469,692	0.86	0.46	732,153	1.35	0.72
新社会	377,013	0.69	0.37	386,966	0.71	0.38
自由と希望	474,885	0.87	0.47	—	—	—
諸派・無所属	—	—	—	5,819,420	10.71	5.75
合計	54,741,495	100.00	54.03	54,338,483	100.00	53.68
棄権・無効	46,568,185		45.97	46,897,546		46.32
当日有権者数 比例代表区 選挙区	 101,309,680 101,236,029	投票率 比例代表区 56.42% 選挙区 56.44%				

〔**第20回**〕　　(2004. 7. 11)

	比例代表区				選挙区				合計				議席率	選挙前		前回当選	前々回当
	候補	当選	非改	合計	候補	当選	非改	合計	候補	当選	非改	合計		議席	議席率		
自民	33	15	20	35	50	34	46	80	83	49	66	115	47.5	116	47.7	64	45
民主	26	19	8	27	48	31	24	55	74	50	32	82	33.9	70	28.8	26	27
公明	17	8	8	8	3	3	5	8	20	11	13	24	10.0	23	9.5	13	9
共産	25	4	4	8	46	0	1	1	71	4	5	9	3.7	20	8.2	5	15
社民	5	2	3	5	10	0	0	0	15	2	3	5	2.0	5	2.0	3	5
みどり	10	0	0	0	0	—	0	0	10	0	0	0	0.0	1	0.4		
女性	9	0	0	0	0	—	0	0	9	0	0	0	—				
新風	2	0	0	0	9	0	0	0	11	0	0	0	—				
諸派・無所属	0	—	0	0	28	5	2	7	28	5	2	7	2.9	6	2.5	3	19
合計	127	48	43	83	194	73	78	151	321	121	121	242	100.0	241	99.1	114	120

	比例代表区			選挙区		
	得票数	得票率		得票数	得票率	
		相対率	絶対率		相対率	絶対率
自民	16,797,686	30.03	16.39	19,687,954	35.08	19.21
民主	21,137,457	37.79	20.62	21,931,984	39.09	21.40
公明	8,621,265	15.41	8.41	2,161,764	3.85	2.11
共産	4,362,574	7.80	4.26	5,520,141	9.84	5.39
社民	2,990,665	5.35	2.91	984,338	1.75	0.96
みどり	903,775	1.62	0.88	—	—	—
女性	989,882	1.77	0.97	—	—	—
新風	128,478	0.23	0.13	126,162	0.22	0.12
諸派・無所属	—	—	—	5,696,505	10.15	5.56
合計	55,931,785	100.00	54.57	56,108,848	100.00	54.74
棄権・無効	46,575,741		45.44	46,398,678		45.26
当日有権者数 比例代表区 選挙区	— 102,507,526	投票率 比例代表区 — 選挙区 56.57%				

〔**第21回**〕　　(2007. 7. 29)

	比例代表区				選挙区				合計				議席率	選挙前		前回当選	前々回当
	候補	当選	非改	合計	候補	当選	非改	合計	候補	当選	非改	合計		議席	議席率		
自民	33	14	13	27	48	23	33	56	83	37	46	83	34.30	110	45.45	49	64
民主	35	20	19	39	45	40	30	70	80	60	49	109	45.04	81	33.47	50	26
公明	17	7	8	15	5	2	3	5	22	9	11	20	8.26	23	9.50	11	13
共産	17	3	0	3	46	0	4	4	63	3	4	7	2.89	9	3.72	4	5
社民	9	2	2	4	14	0	1	1	23	2	3	5	2.07	6	2.48	2	3
国民	14	1	1	2	9	1	1	2	23	2	2	4	1.65	4	1.65		
新党日本	3	1	0	1	0	—	0	0	3	1	0	1	0.41	0	0.00		
新風	3	0	0	0	7	0	0	0	10	0	0	0	—				
9条ネット	9	0	0	0	1	0	0	0	10	0	0	0	—				
共生新党	5	0	0	0	5	0	0	0	10	0	0	0	—				
女性	12	0	0	0	0	—	0	0	12	0	0	0	—				
諸派・無所属	0	—	5	5	38	7	1	8	38	7	6	13	5.37	7	2.89	5	3
合計	159	48	48	96	218	73	73	146	377	121	121	242	100.00	240	99.17	121	114

	比例代表区			選挙区		
	得票数	得票率		得票数	得票率	
		相対率	絶対率		相対率	絶対率
自民	16,544,761	28.08	15.95	18,606,193	31.35	17.94
民主	23,256,247	39.48	22.42	24,006,817	40.45	23.15
公明	7,765,329	13.18	7.49	3,534,672	5.96	3.41
共産	4,407,932	7.48	4.25	5,164,572	8.70	4.98
社民	2,634,713	4.47	2.54	1,352,018	2.28	1.30
国民新党	1,269,209	2.15	1.22	1,111,005	1.87	1.07
新党日本	1,770,707	3.01	1.71	—	—	—
新風	170,509	0.29	0.16	129,222	0.22	0.12
9条ネット	273,745	0.46	0.26	185,773	0.31	0.18
共生新党	146,984	0.25	0.14	128,622	0.22	0.12
女性	673,559	1.14	0.65	—	—	—
諸派・無所属	—	—	—	5,128,733	8.65	4.95
合計	58,913,695	99.99	56.80	59,347,627	100.00	57.22
棄権・無効	44,796,340		43.19	44,362,408		42.78
当日有権者数 比例代表区 選挙区	— 103,710,035	投票率 比例代表区 — 選挙区 58.64%				

〔**第 22 回**〕　　(2010. 7. 11)

	比例代表区				選挙区				合計				議席率	選挙前		前回当選	前々回当
	候補	当選	非改	合計	候補	当選	非改	合計	候補	当選	非改	合計		議席	議席率		
自民	35	12	12	24	49	39	21	60	84	51	33	84	34.71	71	29.34	37	49
民主	45	16	19	35	61	28	43	71	106	44	62	106	43.80	116	47.93	60	50
公明	17	6	7	13	3	3	3	6	20	9	10	19	7.85	21	8.68	9	11
共産	18	3	3	6	46	0	0	0	64	3	3	6	2.48	7	2.89	3	4
国民	7	0	1	1	2	0	2	2	9	0	3	3	1.24	6	2.48	2	
改革	5	1	1	2	7	0	0	0	12	1	1	2	0.83	6	2.48		
社民	6	2	2	4	8	0	0	0	14	2	2	4	1.65	5	2.07	2	2
たちあがれ日本	9	1	1	2	4	0	1	1	13	1	2	3	1.24	3	1.24		
みんな	23	7	0	7	21	3	1	4	44	10	1	11	4.55	1	0.41		
幸福	5	0	1	1	19	0	0	0	24	0	1	1	0.41	1	0.41		
諸派・無所属	16	0	1	1	31	0	2	2	47	0	3	3	1.24	4	1.65	6	5
合計	186	48	48	96	251	73	73	146	437	121	121	242	100.00	241	99.59	119	121

	比例代表区			選挙区		
	得票数	得票率		得票数	得票率	
		相対率	絶対率		相対率	絶対率
自民	14,071,671	24.07	13.53	19,496,083	33.38	18.74
民主	18,450,140	31.56	17.74	22,756,000	38.97	21.87
公明	7,639,432	13.07	7.34	2,265,818	3.88	2.18
共産	3,563,557	6.10	3.43	4,256,400	7.29	4.09
国民新党	1,000,036	1.71	0.96	167,555	0.29	0.16
改革	1,172,395	2.01	1.13	625,431	1.07	0.60
社民	2,242,736	3.84	2.16	602,684	1.03	0.58
たちあがれ日本	1,232,207	2.11	1.18	328,475	0.56	0.32
みんな	7,943,650	13.59	7.64	5,977,391	10.24	5.75
幸福	229,026	0.39	0.22	291,810	0.50	0.28
諸派・無所属	908,583	1.55	0.87	1,633,160	2.80	1.57
合計	58,453,437	100.00	56.20	58,400,807	100.00	56.14
棄権・無効	45,575,698		43.81	45,628,328		43.86
当日有権者数 比例代表区 選挙区	 — 104,029,135	投票率 比例代表区 — 選挙区 57.92%				

〔**第23回**〕　(2013. 7. 21)

	比例代表区				選挙区				合計				議席率	選挙前		前回当選	前々回当
	候補	当選	非改	合計	候補	当選	非改	合計	候補	当選	非改	合計		議席	議席率		
自民	29	18	12	30	49	47	38	85	78	65	50	115	47.52	84	35.44	51	37
民主	20	7	15	22	35	10	27	37	55	17	42	59	24.38	86	36.29	44	60
公明	17	7	6	13	4	4	3	7	21	11	9	20	8.26	19	8.02	9	9
維新	30	6	1	7	14	2	0	2	44	8	1	9	3.71	3	1.27		
共産	17	5	3	8	46	3	0	3	63	8	3	11	4.54	6	2.53	3	3
みんな	15	4	7	11	19	4	3	7	34	8	10	18	7.44	13	5.49	10	
社民	4	1	2	3	5	0	0	0	9	1	2	3	1.24	4	1.69	2	2
生活	6	0	1	1	5	0	1	1	11	0	2	2	0.83	8	3.38		
大地	9	0	0	0	2	0	0	0	11	0	0	0	—	1	0.42		
改革	0	0	1	1	0	0	0	0	0	0	1	1	0.41	2	0.84		
緑の党	9	0	0	0	1	0	0	0	10	0	0	0	—	0	—		
みどりの風	3	0	0	0	5	0	0	0	8	0	0	0	—	4	1.69		
幸福	3	0	0	0	47	0	0	0	50	0	0	0	—	0	—		
諸派・無所属	0	0	0	0	39	3	1	4	39	3	1	4	1.24	7	2.95	0	6
合計	162	48	48	96	271	73	73	146	433	121	121	242	100.00	237	97.94	119	117

	比例代表区			選　挙　区		
	得　票　数	得票率		得　票　数	得票率	
		相対率	絶対率		相対率	絶対率
自　民	18,460,335	34.68	17.72	22,681,192	42.74	21.78
民　主	7,134,215	13.40	6.85	8,646.371	16.29	8.30
公　明	7,568,082	14.22	7.27	2,724,447	5.13	2.62
維　新	6,355,299	11.94	6.10	3,846,649	7.25	3.69
共　産	5,154,055	9.68	4.95	5,645,937	10.64	5.42
みんな	4.755,160	8.93	4.57	4,159,961	7.84	3.99
社　民	1.255.235	2.36	1.21	271,547	0.51	0.26
生　活	943,836	1.77	0.91	618,355	1.17	0.59
大　地	523,146	0.98	0.50	409,007	0.77	0.39
緑の党	457,862	0.86	0.44	58,032	0.11	0.06
みどりの風	430,742	0.81	0.41	620,272	1.17	0.60
幸　福	191,643	0.36	0.18	606,692	1.14	0.58
諸派・無所属	—	—	—	2,784,014	5.24	2.67
合　　計	53,229,614	100.00	51.11	53,072,476	100.00	50.96
棄権・無効	50,920,032		48.89	51,078,784		49.04
当日有権者数 比例代表区 選挙区	 104,152,590 104,152,590	投票率 比例代表区　52.61％ 選挙区　52.61％				

〔**第 24 回**〕　　　　(2016. 7. 10)

	比例代表区				選挙区				合計				議席率	選挙前		前回当選	前々回当
	候補	当選	非改	合計	候補	当選	非改	合計	候補	当選	非改	合計		議席	議席率		
自民	25	19	18	37	48	36	47	83	73	55	65	120	49.59	115	47.42	65	51
民進	22	11	10	21	33	21	7	28	55	32	17	49	20.25	62	25.73	17	44
公明	17	7	4	11	7	7	7	14	24	14	11	25	10.33	20	8.30	14	9
共産	42	5	5	10	14	1	3	4	56	6	8	14	5.79	11	4.55	8	3
維新	18	4	3	7	10	3	2	5	28	7	5	12	4.96	7	2.90	8	
社民	7	1	1	2	4	0	0	0	11	1	1	2	0.83	3	1.24	1	2
生活	5	1	1	2	0	—	0	0	5	1	1	2	0.83	3	1.24	0	
日本のこころ	5	0	3	0	10	0	0	0	15	0	3	3	1.24	3	1.24		
新党改革	9	0	0	0	1	0	0	0	10	0	0	0	—	2	0.83		
国民怒りの声	10	0	0	0	1	0	0	0	11	0	0	0	—	0	—		
幸福	2	0	0	0	45	0	0	0	47	0	0	0	—	0	—		
支持政党なし	2	0	0	0	8	0	0	0	10	0	0	0	—	0	—		
諸派・無所属	0	—	3	6	44	5	7	12	44	5	10	15	6.20	15	6.22	4	0
合計	164	48	48	96	225	73	73	146	389	121	121	242	100.00	241	99.59	117	109

	比例代表区			選　挙　区		
	得　票　数	得票率		得　票　数	得票率	
		相対率	絶対率		相対率	絶対率
自　民	20,114,788	35.91	18.93	22,590,793	39.94	21.27
民　進	11,751,015	20.98	11.06	14,215,956	25.14	13.39
公　明	7,572,960	13.52	7.13	4,263,422	7.54	4.01
共　産	6,016,194	10.74	5.66	4,103,514	7.26	3.86
維　新	5,153,584	9.20	4.85	3,303,419	5.84	3.11
社　民	1,536,238	2.74	1.45	289,899	0.51	0.27
生　活	1,067,300	1.91	1.00	—	—	—
日本のこころ	734,024	1.31	0.69	535,516	0.95	0.50
新党改革	580,653	1.04	0.55	60,431	0.11	0.06
国民怒りの声	466,706	0.83	0.44	82,357	0.15	0.08
幸福	366,815	0.65	0.35	963.585	1.70	0.91
支持政党なし	647,071	1.16	0.61	127.366	0.23	0.12
諸派・無所属	—	—	—	60,19,133	10.64	5.66
合　計	56,007,352	100.00	52.74	56,555,392	100.00	53.25
棄権・無効	50,195,043		47.26	49,647,480		46.75
当日有権者数 比例代表区 選挙区	 106,202,873 106,202,873	投票率 比例代表区　54.69％ 選挙区　54.70％				

〔**第 25 回**〕　(2019. 7. 21)

	比例代表区				選挙区				合計				議席率	選挙前		前回当選	前々回当
	候補	当選	非改	合計	候補	当選	非改	合計	候補	当選	非改	合計		議席	議席率		
自民	33	19	19	38	49	38	37	75	82	57	56	113	46.12	122	51.48	55	65
立憲民主	22	8	6	14	20	9	9	18	42	17	15	32	13.06	24	10.17		
公明	17	7	7	14	7	7	7	14	24	14	14	28	11.43	25	10.55	14	11
国民民主	14	3	5	8	14	3	10	13	28	6	15	21	8.57	23	9.70		
維新	14	5	3	8	8	5	3	8	22	10	6	16	6.53	13	5.37	7	8
共産	26	4	5	9	14	3	1	4	40	7	6	13	5.31	14	5.91	6	8
社民	4	1	1	2	3	0	0	0	7	1	1	2	0.82	2	0.84	1	1
れいわ	9	2	0	2	1	0	0	0	10	2	0	2	0.82	0	—		
NHKから国民を守る	4	1	0	1	37	0	0	0	41	1	0	1	0.41	0	—		
オリーブの木	4	0	0	0	6	0	0	0	10	0	0	0	—	0	—		
幸福	3	0	0	0	9	0	0	0	12	0	0	0	—	0	—		
労働者	4	0	0	0	6	0	0	0	10	0	0	0	—	0	—		
安楽死制度を考える	1	0	0	0	9	0	0	0	10	0	0	0	—	0	—		
諸派・無所属	0	—	2	2	32	9	6	15	32	9	8	17	6.39	12	5.06	4	3
合計	155	50	48	98	215	74	73	147	370	124	121	245	100.00	237	96.73	87	96

	比例代表区			選　挙　区		
	得票数	得票率		得票数	得票率	
		相対率	絶対率		相対率	絶対率
自　民	17,712,373	35.37	16.73	20,030.330	39.77	18.92
立憲民主	7,917,720	15.81	7.48	7,951.430	15.79	7.51
公　明	6,536,336	13.05	6.17	3,913,359	7.77	3.70
国民民主	3,481,078	6.95	3.29	3,256,859	6.47	3.08
維　新	4,907,844	9.80	4.64	3,664,530	7.28	3.46
共　産	4,483,411	8.95	4.23	3,710,768	7.37	3.50
社　民	1,046,011	2.09	0.99	191,820	0.38	0.18
れいわ	2,280,252	4.55	2.15	214,438	0.43	0.20
NHKから国民を守る	987,885	1.97	0.93	1,521,344	3.02	1.44
オリーブの木	167,897	0.34	0.16	91,675	0.18	0.09
幸　福	202,278	0.40	0.19	187,491	0.37	0.18
労働者	80,055	0.16	0.08	75,317	0.15	0.07
安楽死制度を考える	269,052	0.54	0.25	215,181	0.43	0.20
諸派・無所属	—	—	—	5,339,227	10.60	5.04
合　計	50,072,198	100.00	47.29	50,363,770	100.00	47.56
棄権・無効	55,811,894		52.71	55,521,449		52.44
当日有権者数 比例代表区 選挙区	 105,886,064 105,886,063	投票率 比例代表区　48.79% 選挙区　48.80%				

事 項 索 引

あ 行

か 行

事項索引

さ 行

た 行

な 行

は 行

ま 行

や 行

ら 行

人 名 索 引

あ 行

か 行

さ 行

た 行

な 行

は 行

ま 行

や 行

ら 行

わ 行

石川真澄

1933-2004年
朝日新聞社政治部記者，同編集委員(政治担当)などを経て，新潟国際情報大学教授，桜美林大学教授を歴任.
著書に『戦後政治構造史』(日本評論社)，『人物戦後政治』(岩波現代文庫)，『戦争体験は無力なのか』(国正武重編，岩波書店)ほか多数.

山口二郎

1958年生まれ
北海道大学法学部教授を経て，現在，法政大学法学部教授．行政学・政治学.
著書に『政権交代とは何だったのか』『民主主義は終わるのか』(以上，岩波新書)，『民主主義へのオデッセイ──私の同時代政治史』(岩波書店)，『内閣制度』(東京大学出版会)ほか多数.

戦後政治史 第四版　　岩波新書(新赤版)1871

2021年3月19日　第1刷発行
2024年9月5日　第3刷発行

著　者　石川《いしかわ》真澄《ますみ》　山口《やまぐち》二郎《じろう》

発行者　坂本政謙

発行所　株式会社 岩波書店
〒101-8002 東京都千代田区一ツ橋2-5-5
案内 03-5210-4000　営業部 03-5210-4111
https://www.iwanami.co.jp/

新書編集部 03-5210-4054
https://www.iwanami.co.jp/sin/

印刷製本・法令印刷　カバー・半七印刷

ISBN 978-4-00-431871-2　　Printed in Japan

岩波新書新赤版一〇〇〇点に際して

ひとつの時代が終わったと言われて久しい。だが、その先にいかなる時代を展望するのか、私たちはその輪郭すら描きえていない。二〇世紀から持ち越した課題の多くは、未だ解決の緒を見つけることのできないままであり、二一世紀が新たに招きよせた問題も少なくない。グローバル資本主義の浸透、憎悪の連鎖、暴力の応酬――世界は混沌として深い不安の只中にある。

現代社会においては変化が常態となり、速さと新しさに絶対的な価値が与えられた。消費社会の深化と情報技術の革命は、種々の境界を無くし、人々の生活やコミュニケーションの様式を根底から変容させてきた。ライフスタイルは多様化し、一面では個人の生き方をそれぞれが選びとる時代が始まっている。同時に、新たな格差が生まれ、様々な次元での亀裂や分断が深まっている。社会や歴史に対する意識が揺らぎ、普遍的な理念に対する根本的な懐疑や、現実を変えることへの無力感がひそかに根を張りつつある。そして生きることに誰もが困難を覚える時代が到来している。

しかし、日常生活のそれぞれの場で、自由と民主主義を獲得し実践することを通じて、私たち自身がそうした閉塞を乗り超え、希望の時代の幕開けを告げてゆくことは不可能ではあるまい。そのために、いま求められていること――それは、個と個の間で開かれた対話を積み重ねながら、人間らしく生きることの条件について一人ひとりが粘り強く思考することではないか。その営みの糧となるものが、教養に外ならないと私たちは考える。歴史とは何か、よく生きるとはいかなることか、世界そして人間はどこへ向かうべきなのか――こうした根源的な問いとの格闘が、文化と知の厚みを作り出し、個人と社会を支える基盤としての教養となった。まさにそのような教養への道案内こそ、岩波新書が創刊以来、追求してきたことである。

岩波新書は、日中戦争下の一九三八年一一月に赤版として創刊された。創刊の辞は、道義の精神に則らない日本の行動を憂慮し、批判的精神と良心的行動の欠如を戒めつつ、現代人の現代的教養を刊行の目的とする、と謳っている。以後、青版、黄版、新赤版と装いを改めながら、合計二五〇〇点余りを世に問うてきた。そして、いままた新赤版が一〇〇〇点を迎えたのを機に、人間の理性と良心への信頼を再確認し、それに裏打ちされた文化を培っていく決意を込めて、新しい装丁のもとに再出発したいと思う。一冊一冊から吹き出す新風が一人でも多くの読者の許に届くこと、そして希望ある時代への想像力を豊かにかき立てることを切に願う。

（二〇〇六年四月）